사회 속의 아동

-영국의 아동 관련법과 정책에 나타난 변화와 도전-

황 옥 경

창지사

이 저서는 2008년도 서울신학대학교 연구년 연구비지원에 의해 수행되었음.

머리말

아동들은 과거 어느 때 보다도 급격한 변화의 시대에 살고 있다. 근래 들어 아동은 건강한 삶과 보다 나은 삶을 위한 교육의 기회를 제공받고 있지만 이전과 다른 많은 불확실성과 위험요인에 노출되어 있다. 여성 경제참여율의 급격한 증가, 이혼 등으로 인한 가족해체 현상의 심화 등과 같은 가족과 가정의 기능 변화는 불행하게도 아동기를 더욱 불안하게 만들고 있다. 아동의 무차별한 정보노출, 인터넷 중독, 사교육의 증가, 아동학대의 위험 그리고 빈곤가정 아동의 증가는 아동들에게 정신적, 신체적인 위해 요소가 되기도 한다. 교육수준의 향상과 더불어 경쟁이 더욱 치열해 졌고, 아동은 더 우수한 역량을 갖고 있어야 한다. 급격하게 감소하는 출산율로 아동의 수가 줄어들면서 국가 인적 자원으로서의 아동의 가치는 그 어느 때보다 높아졌다. 아동에 대한 국가 투자의 중요성이 강조되고 있다.

이 책은 아동을 둘러싼 이와 같은 시대적 변화를 인식하고 아동관련법, 정책 및 서비스가 아동의 삶의 변화에 충분히 대응할 수 있어야 한다는 것을 전제하였다. 저자는 아동은 무능하고, 비사회적이며 수동적이기 때문에 성인기가 되어야 비로소 안정적인 지위를 획득할 수 있다는 아동발달에 대한 왜곡된 이해를 극복하고 현재와 미래의 존재로서 아동의 특성을 포괄하고 조화로운 아동발달을 성취할 수 있는 정책과 서비스를 모색하고자 노력하였다. 특히 이 책은 아동 특히 영유아기에 대한 국가의 투자가 이들의 역량을 결정하며, 이는 곧 국가 미래 인력의 질과 직결된다는 사실을 확인하면서 최근 몇 년 동안 아동정책의 개발에 심혈을 기울이고 있는 영국의 아동관련 법과 정책의 변화 및 이의 실행과정을 구체적으로 살펴봄으로써 향후 우리나라 아동정책의 방향을 모색해 보고자 하였다. 이러한 작업을 통하여 조기개입 기반이 취약하고 선별주의 서비스가 주류를 이루며, 아동관련 예산이 부족하고, 서비스 제공기관 간의 협조 체계가 제대로 구축되지 않은 우리나라 아동관련법 및 정책의 문제점을 해소하는 데 중요한 시사점을 제공할 수 있을 것으로 기대한다.

이 책은 제1장 아동과 환경, 제2장 아동법의 역사, 제3장 아동정책의 구조, 제4장 아동권리 제5장 아동건강서비스, 제6장 영유아보육, 제7장 아동보호서비스, 제8장 빈곤아동정책, 제9장 연장학교, 제10장 아동정책 전달 체계 및 정책 전망으로 구성되었다. 이 책은 아동의 삶과 관련된 대부분의 영역을 망라하여 다루고자 하였기 때문에 대학이나 대학원에서 아동정책에 관심이 있거나 연구하고자 하는 모든 사람들이 참고할 수 있을 것이다. 이 책을 집필하는 과정에서 영국의 행정구조나 서비스 전달 체계의 상이함으로 인해서 야기될 수 있는 난해함을 극복하고자 노력하였다. 그러나 여전히 남아있는 미흡한 부분에 대해서는 독자들의 애정 어린 충고를 통해 보완될 수 있을 것으로 기대한다. 끝으로 이 책이 나오기까지 많은 수고를 해 주신 창지사 관계자 여러분께도 깊은 감사의 말씀을 전한다.

2009년 5월

저자

차례

CHAPTER 01

아동과 환경

영국의 0세에서 18세까지 아동인구는 2005년 현재 1천 3백여만 명이다. 영국 정부는 전 세계에서 아동이 가장 살기 좋은 곳을 만든다는 아동정책의 비전을 수립하고 그 어느 때 보다도 아동정책에 막대한 투자를 하고 있다. 미래의 국가 인적 자원으로서 아동이 갖고 있는 경제적 투자가치에 대한 인식은 아동이 영국 정부의 주요한 정책 대상으로 부각되는 데 기여하였다.

01 아동 환경의 변화와 사회적 위치

Barnardo의 최근 조사결과 영국 성인 인구의 절반은 아동에 대해 근본적으로 편견을 갖고 있으며 이들의 행동을 '버릇없다'고 생각하고 있는 것으로 나타났다(2008. 11. 17. The Guardian). 2,000명의 성인을 대상으로 YouGov가 실시한 조사에 따르면, 49%의 성인은 아동이 사회에 위험이 되고 있으며 54%는 '과격하게 행동한다'고 생각하고 있었다. Barnardo 대표인 Martin Narey는 아동의 행동이 과격하게 행동한다거나, 버릇없이 행동한다는 표현이 일부 아동에게는 해당되지 않는 것이 사실이지만, 이것은 아동을 보는 일부 대중의 시각임을 부인할 수 없다고 말한다. 오늘날 젊은 세대가 이전 세대보다 통제력이 떨어지고 범죄에 훨씬 더 많이 노출되어 있는 것은 분명하다. YouGov의 조사 결과 성인의 43%가 아동으로부터 성인을 보호하기 위한 조치가 필요하며, 49%의 성인은 문제가 있는 아동을 잘 이해하지 못하고 있었다. 이들은 아동들이 전문가의 도움이 필요하다고 생각하지 않는 것으로 나타났다(2008. 11. 17. The Guardian). 유엔아동권리위원회(UN Committee of the Rights of the Child)도 Barnardo나 YouGov의 조사 결과와 마찬가지로 아동에 대한 환상을 버릴 수 있는 방안을 시급하게 마련해야 한다고 지적하였다.

행복한 아동기(The Good Childhood Inquiry)에 관한 연구가 The Children's Society에 의해서 2006년 9월부터 시작되었고 2009년 2월 최종보고서가 출간되었다. 이는 민간기관에 의해서 최초로 시도된 행복한 아동기에 대한 국가 차원의 연구이다. 이 연구의 목적은 현대 사회에서 아동기에 대한 이해를 재조명해 보고 아동과의 관계를 증진시키고자 하는 것이었다(The Children's Society, 2009).

아동에 대한 영국 내 성인의 부정적인 시각을 해소할 수 있어야 하고, 현재 아동에 대한 투자가 미래 국가 인적 자원의 질을 결정한다는 영국 정부의 시각은 아동에 대한 집중 투자로 이어졌다. 1990년대 말부터 영국 정부는 아동 생활환경을 개선하고자 재정 지원을 확대하였다. 아동에 대한 영국 정부의 투자는 중앙 정부와 지방 정부를 축으로 하는 아동정책 실행 체계를 탄생시켰다. 특히 토니블레어 정부는 영유아보육정책에 대한 전면 검토, 방과 후 교육과 보육의 활성화, 학교의 기능 확대, 아동보호서비스 체계의 정비, 그리고 아동수당제도의 정비 등을 적극적으로 시행하였다. 이와 같은 노력에 의해서 지난 10여 년 동안 영국 내 아동의 삶은 진전을 보였다.

등록된 아동보호시설의 수가 두 배 이상 증가하였고, 8세 이하 아동 중 4명중 1명의 아동이 등록된 아동보호시설의 서비스를 받고 있다. 학교 환경이 나아졌으며, 11세, 14세, 16세, 19세 아동의 학업성취는 그 어느 때보다 가장 높은 수준이다. 과거보다 청소년들의 대학진학률도 높아졌고 학업성적이 뒤처지거나 중도에 학교를 그만두는 청소년의 수는 가장 낮은 수준이다. 상대적 빈곤아동 수는 60만 명으로 감소하였으며, 십대 임신도 최근 20년 동안 가장 낮은 수치이다. Every Child Matters를 실행한 이후로 각 지역의 아동서비스정책 및 방식은 크게 변화되었다.

그러나 아동의 안전하고 건강한 성장을 위협하는 환경이 여전히 있다. 가족과 아동은 이전보다 더 많은 기회를 갖게 되었고, 삶의 질도 나아졌지만 부모들은 급변하는 세계에 부응하기가 더욱 어렵다고 말한다. 부모들은 육아를 지원해 줄 사람을 찾기가 어려워 일과 자녀양육을 양립할 수 없다고 호소한다. 안전의 위협 때문에 자녀들이 바깥에서 혼자 놀도록 둘 수도 없다. 또한 건강하게 생활하는 방식에 대해서는 더 많이 알고 있지만 아동비만을 야기하는 비디오게임, TV 시청을 더 많이 빼앗기고 기름진 음식을 먹인다. 현재의 아동들이 교육을 마치고 취업을 해야 하는 시기에는 더 우수한 실력을 갖고 있어야 한다.

소외계층 아동의 학업성취 수준은 기대 이하로 낮다. 대다수의 많은 학교와 교사들이 세계 최고 수준의 우수한 능력을 소유하고 있지만 학교 간 그리고 교사 간 질적인 편차가 크다. 이 결과 아동은 자신이 갖고 있는 능력을 충분히 발휘하지 못하고 있다. 너무나 많은 아동이 불리한 조건에서 살고 있고, 해결되지 않거나 너무 늦게 다루어진 문제 때문에 불행한 아동기를 보내고 있다.

유니세프가 21개 서방국가 아동을 대상으로 실시한 연구 결과에 따르면 영국 아동들의 행복지수가 가장 낮게 나타났다(2007. 2. 14. The Times). 대부분의 청소년들은 음주와 흡연, 그리고 성문제에 노출되어 있다. 건강 상태가 조사 대상국

중 가장 나빴고, 학교를 싫어하고 현재 생활에 대해서도 불만족한 것으로 나타났다. 상대적 빈곤감이 높고, 부모와 함께 식사를 하는 시간이 거의 없으며, 친구를 믿지 못하는 등 유니세프의 연구 결과 영국 아동의 복지 상태가 서방국가 중 가장 낮았다. Bradshaw는 "1979년부터 1999년까지 영국의 아동들은 상대적으로 방임되었으며, 이런 와중에 아동빈곤이 급속하게 늘었고, 특히 실직가정에서 자라는 아동이 늘었을 뿐만 아니라 교육받지 않는 아동도 증가하였다"고 지적하였다.

이와 같은 일련의 연구 결과가 발표된 이후, 영국 정부는 아동건강증진과 영유아 보육의 확충, 학교교육 투자, 방과 후 학교 확충, 빈곤가정 아동에 대한 지원확대 및 빈곤근절 정책 추진 등을 위해서 막대한 재정을 투입하였고, 최근 이의 효과가 관찰되고 있다. 과거에는 대다수의 14세나 16세 아동이 부모로부터 독립하여 취업하였다. 그러나 현재 영국 정부는 이들 연령의 아동 90%가 18세까지 학교교육을 받을 수 있도록 한다는 목표를 세웠다. 유니세프의 조사 결과에 따르면 십대 청소년의 4분의 1이 빈곤하며, 11세에서 15세 사이의 아동은 학교생활에 대한 만족도가 하위 6개국에 포함될 정도로 낮았다. 이런 양상이 나타난 것을 Bradshaw는 영국 사회의 불평등에서 기인한 것으로 보고 있다. 사회가 불평등할수록 상대적인 박탈감이 더 심하다. 아동빈곤율은 1979년에 비해 두 배나 증가하였다.

유니세프의 조사에 따르면, 상대적 빈곤, 아동안전, 학업성취, 부모와의 관계, 약물남용 등 40개의 아동복지지표에서 북유럽 국가, 즉 네덜란드, 스웨덴, 덴마크, 핀란드는 상위에 랭크되었고, 영국과 미국은 하위에 랭크되었다. 이 보고서에 의하면, 국가의 GDP 수준과 아동복지 수준 간에 상관이 높지 않았다. 체코는 전반적으로 아동복지지표에서 다른 부유한 유럽 국가보다 상위에 랭크되었다.

유니세프의 보고 이후 영국 아동과 단체들은 영국 사회의 경각심을 촉구하였다. 특히 잉글랜드 아동커미셔너인 'Albert Aynsley-Green'은 이 연구보고서를 계기로 영국 사회가 건강하고 행복한 아동을 양육하지 못하는 원인을 분석할 수 있어야 한다고 주장하였다.

02 아동 생활 실태

1) 아동인구

2004년 발표된 자료에 따르면 7천 4백만 가족 중 아동은 1천 3백만이었다. 이중 8천 5백여 명(66%)의 아동이 결혼한 가족과 함께 살고 있었다. 4명 중 1명의 아동은 한부모 가족이었다. 가족당 평균 자녀 수는 1971년 2명에서 2004년 1.8명으로 감소하였다.

〈표 1-1〉 가족 유형에 따른 아동 수(2004)

가족 유형	천 명	백분율
결혼한 부부	8,585	66
동거 가족	1,412	11
모자 가족	2,829	22
부자 가족	254	2
가족과 살고 있는 아동	13,080	100

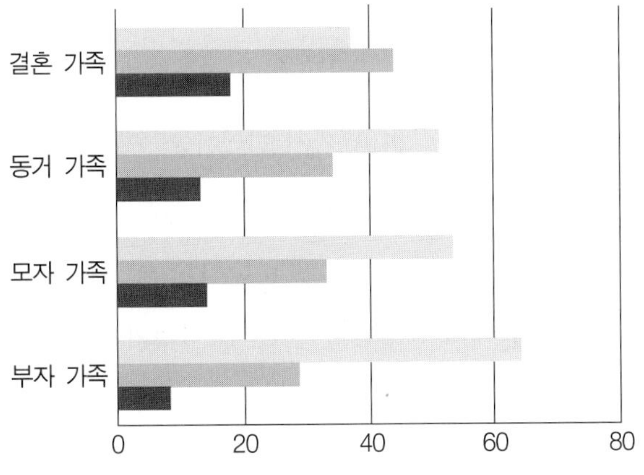

[그림 1-1] 가족 형태와 자녀 수(2004, UK)

2004년 아버지와 동거하는 한부모 가정 아동의 3분의 2(64%)는 외동이었다. 결혼한 가족이 다른 가족 유형보다 3명 이상의 자녀를 둔 경우가 더 많았다. 어떤 아동들은 부모의 이혼 등으로 가족의 형태가 달라졌는데, 2003년의 경우 부모가 이혼할 당시 16세 이하의 아동들은 15만 3천 5백 명이었다. 이들 아동 5명 중 1명의 아동이 5세 미만 아동이었다. 2001년 13만 9천 명의 아동이 원 가정에서 생활하고 있지 않다. 5만 2천 명의 아동이 아동양육시설과 같은 시설에서 생활하고 있다(출처: Census, 2001, Office for National Statistics; General Register Office for Scotland; Northern Ireland Statistics and Research Agency; Labour Force Survey, spring 2004, Office for National Statistics; General Household Survey, 1971 and 1972, Office for National Statistics; Children of divorced couples, Office for National Statistics).

2) 아동빈곤

2008년 6월 10일자 가디언지 기사에 따르면 2백 9십만 명의 아동이 최저 생계 수준 이하에서 생활하고 있는 것으로 나타났다. 이는 2005 - 2006년에 비해 10만 명이 증가한 수치이다. 2006 - 2007년 사이 2백 5십만 명의 기초생활수급대상자가 있었던 것과 비교해 보면 40만 명이 증가한 것이다. 아동빈곤의 증가와 기초생활수급대상자가 증가하고 있는 것은 수치스러운 일로 정부는 3천억 파운드를 빈곤퇴치에 투입하고 있다. 블레어 총리는 2010년까지 빈곤아동 수를 절반으로 줄이고 2020년에는 아동빈곤을 근절하겠다고 천명하였다.

아동빈곤행동단체(The Child Poverty Action Group)는 2010년까지 빈곤 수준을 절반으로 줄인다는 정부의 계획이 실패한 것은 '도덕성의 결여' 때문이며, 정부는 3천억 파운드의 추가 예산을 투입해야 한다고 주장하였다. 자선단체연합회 회장인 Kate Green은 2010년까지 빈곤아동을 절반 수준으로 줄이겠다는 정부의 목표는 달성 가능한 것이었다고 지적하면서 기금 조성이 무엇보다 중요하다는 것을 더욱 절감하고 있다고 주장한다. Green은 2010 계획이 실패한 것은 국가의 재정 부족과는 상관없고 원칙적으로 도덕적 지도력의 부재에 따른 것으로 분석했다. 영국 내 많은 수의 아동들이 실직 가정이나 부모 중 모 한 사람만이 경제 활동을 하는 가정에서 자라고 있다. 그러나 이 경우 부모의 수입이 가정생활을 하기에 충분하지 않다는 데 문제가 있다.

Save the Children의 대변인인 Phillipa Hunt는 정부가 투입한 1천억 원의 예산에 대한 효과가 나타나지 않고 있으며 정부의 추가지원이 긴급하게 요청된다고 주장하였다. 노동당 국회위원인 Field는 최근 통계를 보면 지난 20여 년 간 정부의 노력에도 불구하고 세금을 통한 빈곤가정지원정책은 위기를 맞고 있다고 평가하였다(The Guardian. 2008. 6. 10.).

3) 알코올중독과 약물중독

약물남용은 아동의 행동문제 및 이와 관련한 또 다른 문제를 야기한다. 약물남용과 알코올중독은 공격적인 행동을 발달시키는 주요한 요인이다. TellUs2(2007)의 조사에 따르면 11세부터 15세 사이의 아동 17%, 16세부터 19세 사이의 아동 24.8%가 불법약물을 복용한 것으로 나타났다. 8학년과 10학년 아동의 80%는 약물을 복용한 적이 없는 것으로 나타났지만, 이것은 다섯 명 중 한명의 아동은 약물을 복용한다는 의미이다. 아동이 약물복용의 위험에 직면해 있는 경우 부모와 다른 성인들도 약물복용의 위험에 노출되어 있다. 약물복용은 가정폭력과 성학대의 주요한 요인이다. 부모의 약물복용으로 인해 학대와 방임을 경험한 아동들은 장기적인 발달적 위험에 처할 가능성이 높다. 영국 내에서 대략 약 25만 명의 아동이 위험한 수준의 약물사용자로 알려져 있다.

2007 - 2008년 사이 2만 3,900명 그리고 2005 - 2006년 사이 1만 7,000명의 아동이 약물법 문제로 치료를 받았다. 전문가들은 음주와 약물중독의 아동 수가 증가한 것이라기보다는 이를 치료하려는 아동의 수가 증가한 것으로 해석하고 있다. 메타돈 처방을 받은 아동의 수는 2005 - 2006년 사이 7,0363명이었고, 2007 - 2008년 사이는 146,999명으로 이는 2년 전에 비해 23%가 증가한 것이다. 약물복용 아동들의 0.2%가 수용, 보호 조치되었다. 이는 노동당 정부의 약물중독 감소정책이 지속적으로 실패하고 있음을 보여준다. 2007년도에는 167명이 메타돈의 복용으로 목숨을 잃었다. 이

또한 2005년 98명에서 증가한 수치로 이들의 17%만이 치료 프로그램에 참여하였다. 그러나 국가의료보험기구 정보센터(NHS Information Centre)에 의하면 2007년 한 해 동안 4분의 1의 청소년이 약물을 복용한 경험이 있었는데, 이는 2001년의 29%에 비해 다소 감소한 수치이다(2009. 1. 23. Telegraph).

아동의 약물남용을 예방하기 위해서는 관련기관 간의 협조 체계가 무엇보다 중요하다. 치료에 의뢰되는 청소년의 수가 증가하고 있으며 10일 이내에 전문가의 판정을 받을 수 있는 지역도 있다. 각 지역에서 약물남용으로 인해 병원 치료를 받는 아동의 수도 줄고 있다. 영국 정부는 약물중독 치료를 위해서 2009 - 2010년에 2억 4천 7백만 파운드의 기금을 조성하였다.

약물남용을 줄이기 위한 노력

Warrington는 약물남용을 줄이기 위해 획기적인 방법을 시도하였다. 약물남용자들을 대상으로 약물남용 인식 프로그램을 실시하고 또래들과 자신의 경험을 나누었다. 이 프로그램의 효과가 긍정적으로 나타났으며, 이는 부모가 약물남용을 하는 아동과 청소년들에게 효과적인 프로그램이다. 프로그램을 실시한 Derbyshire의 청소년들은 약물남용의 영향을 충분히 인식할 수 있게 되었다.

2007년도에는 하루에 20명의 아동이 알코올중독 문제로 치료를 받았다. 지난 4주 동안 19%의 아동이 최소한 한번 술을 마셔본 경험이 있는 것으로 나타났다. 음주와 약물복용 문제를 둘 다 갖고 있는 아동의 수가 최고치에 달하고 있다. 11세부터 15세 사이의 아동 중 술을 마신 적이 전혀 없는 아동은 2001년 39%에서 2007년 46%로 증가하였다. 1백 3십만 명의 아동이 알코올 남용자의 부모와 살고 있다. 알코올중독 환자들은 주로 심리사회적인 '말하기(talking)' 치료를 받았으며 이 중 57%는 치료과정을 성공적으로 마쳤다.

영국 십대들은 유럽 국가 중 덴마크와 아일랜드의 뒤를 이어 세 번째로 높은 음주율을 보이고 있으며 15세 소년의 3분의 1은 지난 일 년 동안 20회 이상 술을 마신 경험이 있었다. 교육표준국(Ofsted, 2008)이 111,000명의 10세부터 15세 사이의 아동을 대상으로 조사한 결과, 10세에서 11세 사이의 아동 20명 중 1명의 아동은 지난 4주 동안 알코올중독 교육 프로그램에 참여하였다. 10명 중 1명의 중등학교 학생이 마리화나를 사용해 본 경험이 있으며 이중 3%는 심각한 약물중독 상태였다. 5분의 1의 아동이 6학년 때 처음으로 술을 마시며, 4%는 한 달에 한두 차례, 1%는 한 달에 3~4회 술을 마신다. 알코올 소비는 학령기 동안 증가하며, 14세와 15세 아동의 74%가 알코올을 마셔본 적이 있고, 37%는 술을 자주 마시고 있었다. 5,000명의 아동이 2007년 알코올 과다로 병원 치료를 받았다. 이는 2006 - 2007년 매주 약 100명의 아동이 병원 치료를 받았다는 National Health Service와 비슷한 수치이다(2008. 5. 22. Telegraph).

4) 게임중독

컴퓨터 게임이 아동을 죽이고 있다. 2009년 3월 6일 아무것도 하지 않고 소파에 앉아 게임을 하는 것은 아동을 죽음으로 몰아갈 수 있다고 한 여성지가 광고하고 나섰다. 아동들은 적당히 움직이고, 운동하고, 잘 먹을 수 있어야 한다. 앉아서 책을 읽고, 음악을 듣고, 숙제를 하거나 TV를 시청하는 것 등은 모두 운동하는 것 보다는 훨씬 덜 움직이는 행동이다.

5) 아동범죄

스코틀랜드에 살고 있는 59%의 남아와 잉글랜드에 살고 있는 45%의 남아는 4명 이상의 친구들과 저녁시간을 함께 보내고 있는 것으로 나타났다. 15세 남아의 거의 절반가량인 약 44%의 남아가 지난 1년 동안 싸워본 경험이 있었는데, 이는 동일 연령 독일 남아의 28%보다 높은 것이다.

Cameron 보수당 당수는 아동의 비행에 대해 그들을 처벌함으로써 사회적 책무를 다하는 것과 이들의 바른 행동을 격려하는 사회적 분위기가 균형을 이룰 수 있어야 한다고 강조하였다(2006. 11. 3. The Times). 아울러 그는 비행아동을 처벌하는 단순한 처리방식을 지양해야 하며 그들이 필요로 하는 것은 오로지 사랑이라고 말하였다. 16세의 한 남아는 아버지로부터 버림받았고, 어머니는 그를 방임했으며, 약물남용과 과잉행동 문제를 갖고 있었다. 결국 그 남아는 소년교도소에 수감됨으로써 그 행동에 종지부를 찍게 되었다. Cameron은 Tony Blair가 범죄를 막고 범죄를 유발하는 요인을 감소시키겠다고 약속했는데 이를 지키지 못했다고 정부를 맹렬히 비난하였다. 정부가 범죄의 요인을 막아내지 못한다면 그 사회는 결코 안전할 수 없다.

공공정책연구소(IPPR: Institute for Public Policy Research, 2008)가 15세 이하 영국 청소년을 대상으로 한 연구에 따르면, 영국의 청소년들은 어른들로부터 자신의 행동규범을 배우기보다는 대부분의 시간을 친구들과 보내면서 친구들의 행동을 배우는 것으로 나타났다.

영국 내에서 아동과 성인의 관계가 심각하게 단절된 것에 대한 비판이 있다. 3분의 2의 아동만이 식탁에서 부모와 함께 식사하는 것으로 나타났으며 이는 이태리의 93% 프랑스의 89%에 비해 낮은 수치이다. 공공정책연구소 대표 Pearce는 아동들은 더 이상 어른들로부터 행동규범을 배우고 있지 않다고 지적하였다. 15세 이하의 남아들은 어른들과 제대로 상호작용할 기회를 갖지 못하기 때문에 그들의 삶이 손상을 입을 수 있다고 말하였다. 아동과 성인 간의 세대 차이는 청소년기에 겪게 될 어려움을 가중시킨다.

6) 수감아동

잉글랜드와 웨일즈에서 수감된 아동은 지난 10년 동안 5배 증가하였다(Barnardo, 2008. 9. 22.). 1996년에서 2006년 사이 10세부터 14세 교도소 수감 남아는 550% 증가하였다. Narey는 소년범죄의 급증은 납득할 수 없는 일이며 인정하기 어려운 사실이라고 하였다. 소년범죄는 심각하지만 2006년 한 해 동안 10세부터 14세 아동 중 실형을 선고받은 경우가 7%에 불과하다(Barnardo, 2008. 9. 22). 심각한 수준의 소년범죄에 대응하기 위해서 2천 7백만 파운드가 매년 필요하다. Narey는 잉글랜드와 웨일즈에서 어린 아동의 보호감호를 감소시킬 수 있어야 한다고 주장한다.

1997년 영국 정부는 아동의 범죄 연령을 14세에서 10세로 낮추었다. 이로써 러시아와 우크라이나에 이어 잉글랜드와 웨일즈의 수감아동 수가 유럽 국가 중 세 번째로 높다. 자선단체들에 따르면, 수감시설을 유지하는 비용이 연간 185,780파운드에 이른다. 이는 이튼스쿨의 6년간의 학교교육과 맞먹는 수준의 비용이다. 1996년부터 2006년까지 정부가 수행한 'Locking up or giving up-is custody for children always the right answer?'(Barnardo, 2008) 연구를 보면, 10세부터 14세의 아동 78%가 수감이 전혀 효과가 없었으며, 석방 후 12개월 내에 재범을 한다.

지방 정부가 아동 수감비용을 모두 지불해야 하는데, Barnardo는 지방 정부의 재정 부족이 위탁서비스 등의 질적으로 우수한 예방서비스의 실시를 어렵게 하고 있다는 점을 우려하고 있다. 자선단체는 영유아기에 문제를 발견하고 아동과 그들의 가족을 적절한 시기에 지원할 수 있는 서비스에 더 많은 투자를 해야 한다고 강조한다.

7) 아동실종

영국에서는 5분마다 1명의 아동이 실종되고 있다. 그러나 실종아동에 대한 대응이 여전히 산발적이고 조직화되어 있지 않다(PACT, 2007). 실종아동 문제는 매우 복잡하게 얽혀 있다. 원인도 다양하다. 버려지거나 가출하거나, 살해되거나, 사고를 당하거나 의도적인 납치에 의해서 아동이 실종된다. 각 원인에 따라 관련 정책이나 치료적 접근도 달라야 한다.

영국에서는 현재까지 실종아동에 대한 합의된 정의가 없다(PACT, 2007). 경찰은 '어떤 사람이 어디에 있는지 어떤 환경에 있는지를 알지 못하는 경우'라고 정의하고 있을 뿐이다. 이 정의는 아동과 성인실종의 차이를 언급하고 있지 않고 아동실종을 별개의 범주로 다루고 있지 않다.

이런 상황에서 문제의 심각성을 추정하기란 어렵다. 얼마나 많은 아동이 실종되고 있으며, 그 이유는 무엇인지 등을 파악할 수 없다. 그리고 효과적인 정책을 제안하는 것도 불가능하다. 현재 파악된 정보만 가지고 필요한 것이 무엇인지를 발견해

내는 것이 불가능하다. 현재의 통계는 서로 각기 다른 방식과 다른 시점에 수집된 것이고, 특히 '실종(missing)'과 '아동'을 다른 개념으로 사용하였다. 실종아동 수에 대한 국가 차원의 수집 방법이 없다. 경찰의 통계는 그나마 다른 자료와는 달리 여러 범주의 실종 형태를 제시하고 있다. 가출, 버려짐, 비가족유괴, 가족유괴, 본의 아닌 실종, 잃어버림, 상해, 그리고 기타로 분류하고 있다. 중앙 통계수집 체계가 없기 때문에 정확한 통계를 근거로 한 정책 수립이 어렵고 정책 실행의 효율성을 떨어뜨리고 있다. 이는 또한 실종아동 범주가 지역마다 다르고 관련 자료들의 일관성 부재로 이어지고 있다.

영국 정부는 국가자원센터(National Resource Centre)의 설립으로 이 문제를 극복하고자 한다. 이 기관은 아동실종에 대응하기 위해서 정부의 관련 부처와 NGO 단체들 간의 원스톱서비스 체제를 마련하였다. 이로써 불필요한 절차를 줄이고 실종아동과 그들의 가족들을 하나의 국가 보호 체계 안에서 보호함으로써 효과적인 정책을 수행할 수 있는 협력 체계 구축이 가능해 졌다.

8) 아동보호

42만 3천 명의 아동들이 2007년 3월 31일 현재 위탁보호자와 함께 생활하고 있으며 5천 1백 명의 아동은 아동양육시설에서 생활하고 있다. 위탁가정과 아동양육시설은 국가기준(NMS: National Minimum Standards)을 충족시켜야 한다. 2007년 4월과 12월에 실시된 지도 점검에서 7%의 민간기관과 10%의 지방위탁기관이 부적합 판정을 받았다. 아동양육시설의 경우 61%의 시설이 아동을 양육할만하다거나 더 나아졌다는 판정을 받았고, 단지 29%만이 아동양육에 적합하며, 10%는 아동을 양육하기에 부적합하다는 판정을 받았다.

10만 명당 3명의 아동이 사고로 사망하고 있다. 사고로 인해 대략 2백만 명이 아동 관련 사고로 관련 기관에 출석하고 있다. 이는 대부분 예방 가능한 것이다. 대략 사고로 인해 아동이 사망하거나 심각한 상해를 입는 사례는 1995년 이후 감소해 왔다. 그러나 화상, 낙상, 감염 등과 같은 상해는 여전히 1세에서 14세 아동의 주요 사망원인이다. 매년 약 12만 명의 아동이 이로 인해 병원 치료를 받고 있다.

5세 이하 아동의 사고를 줄이기 위한 노력

Burnley, Pendle 그리고 Rossendale은 PCT의 사고예방팀 및 A&E Department와 긴밀한 공조 체제를 구축하고 5세 이하 아동의 사고를 예방하기 위해 캠페인을 성공적으로 벌였다. 그리고 열악한 지역에 아동안전설비를 무료로 설치해 주었다. 이러한 노력은 1백 9십만 파운드의 지방재정이 절감되는 효과를 보여주었다.

아동보호서비스는 영국에서 최근 몇 년 사이에 괄목할만한 변화를 보이고 있다. 특히 최근 들어서 모든 아동을 대상으로 한 보호 및 피학대아동이나 방임아동에 대한 관련 기관 간의 협조 체계 구축을 중시하고 있다. 아동법 2004에서 언급된 아동보호서비스 규정은 Every Child Matter에 충분히 반영되어 있다. 아동보호서비스는 국가의료보호서비스(National Health Service) 내에서 이루어져야 한다는 인식이 확대되었다. 아동을 위한 보호서비스의 개선을 위해 법이 상정되어 있고 정부는 시설에서 보호되고 있는 아동의 경험을 개선시키기 위해서 노력을 기울이고 있다.

지방 정부의 아동보호서비스에 대한 평가가 2005년 이후 매년 실시되고 있다. 각 지방 정부는 아동보호서비스에 대한 연간 수행평가보고서(APA: Annual Performance Assessment)를 발표해야 한다. 이 보고서는 지역연합분석(JARs: Joint Area Reviews)에 의해서 평가되고 이루어지고 잉글랜드 150개 지역의 평가 결과가 동시에 발표된다. 이러한 평가는 아동보호서비스가 아동들의 건강한 발달을 위해서 제대로 기능하고 있는지를 알아보기 위한 것이다.

Evidence shows children in care more likely to be excluded from school

The Children and Young Persons Bill(2008)은 아동보호 체계에 대한 정부기관의 구조를 좀 더 강화해야 할 필요가 있다고 지적한다. 아동이 보다 양질의 보살핌과 지원을 받으려면 서비스 전달 체계를 개선해야 한다는 것이다. 아동들은 아동양육시설(children's home), 특수학교, 위탁보호, 입양가족 등 다양한 형태의 보호를 받고 있다. 2008년 1월 교육표준국(Ofsted)은 1,995개의 아동양육시설과 276개소의 독립위탁기관과 149개의 지방위탁기관에 대한 시설 평가를 실시하였다. 이들 보호시설을 이용하는 아동 수는 줄었지만 보호를 받는 기간은 점점 더 길어지고 있다.

〈표 1-2〉 보호아동 수(2004/05 – 2006/07) (단위 : 명)

	2004-2005	2005-2006	2006-2007
보호아동 총 수	61,000	60,300	60,000
보호대상에 포함된 아동 수	24,900	24,600	23,700
보호종료 아동 수	25,900	25,900	24,700
성별(3월 31일)			
남	55%	55%	56%
여	45%	45%	44%
국가(3월 31일)			
백인	79%	79%	78%
아시아계 혹은 아시아계 영국인	2%	2%	3%
흑인 혹은 흑인 영국인	8%	8%	8%
혼혈 소수 인종	8%	8%	8%
그 외	1%	2%	2%

출처: 아동, 학교, 가족부(Department of Child, School. and Family)의 보호아동통계보고서, 2008.

아동이 자신이 살고 있는 환경을 어느 정도 안전하다고 생각하는지가 아동보호의 성과를 측정할 때 중요하게 고려된다. TellUs2(2007) 연구에 따르면 95%의 아동들은 그들이 꽤 안전한 가정에서 살고 있다고 느끼고 있었으며 학교에 가거나 학교 내에서도 85%의 아동들이 안전하다고 느끼고 있는 것으로 나타났다. 자신이 살고 있는 지역이 상당히 안전한 편이라고 생각하는 아동들은 74%로 가정과 학교보다는 낮은 수준이었으며, 교통수단이 안전하다고 지각한 것은 68%에 불과하다. 무엇이 그들을 안전하다고 생각하게 만드는 가에 대한 질문에서 아동들은 범죄자와 가까이 하지 않고(17%), 믿을만한 사람과 함께하며(15%), 총이나 칼 같은 것을 소지하면(11%)

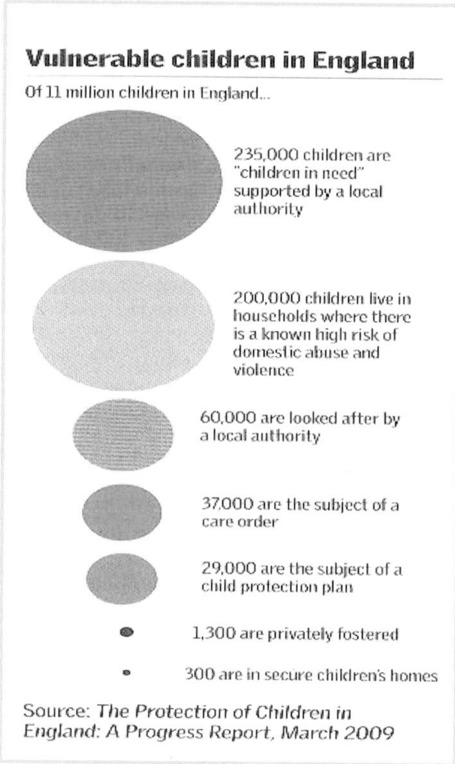

안전할 것이라고 생각하였다.

대부분의 아동은 집과 자신들이 생활하는 공간에서 어느 정도 안전하다고 느끼고 있고, 실제로도 안전한 것으로 나타나고 있었다. 그러나 여전히 몇몇 아동들은 위험한 환경에서 지내고 있는 것으로 드러났는데 이런 아동을 위한 특별보호가 필요하다.

9) 십대 부모

영국은 서구 유럽 국가 중 십대 부모가 가장 많은 국가이다. 정부는 십대부모의 발생을 사회적 박탈의 한 증후로 본다. 1980년 이후부터 16세 이하의 임신이 계속해서 증가해 왔다. 1990년 13세에서 15세 사이의 여자 1,000당 10.1명이 임신하여 십대 임신이 최고조에 달했다. 1997년에는 8.9명으로 다소 감소하였으나 여전히 걱정할 만한 수준이다. 십대 부모의 분포는 지역에 따라 차이가 있다.

십대 부모를 줄이기 위한 정부의 노력이 다각도로 진행되고 있는데, 주로 성교육과 대중캠페인 등을 하고 있다. APA(2007) 연구에 따르면 십대 부모들은 신체 건강, 정서적, 정신적 건강의 문제를 갖고 있을 뿐만 아니라 경제적 어려움에도 직면하는 것으로 나타났다. 이들을 위한 보호서비스를 제공하는 데 어려움이 있다. 특히 십대 부모의 11% 가량이 교도소에 수감되어 있는 현실이 이들에 대한 서비스를 어렵게 한다.

영국 정부는 1998년 통계를 기준으로 2010년까지 십대 부모를 절반으로 줄이려고 노력하고 있으며, 특히 16세 이하 십대 부모의 비율이 증가하는 것을 감소시키려고 노력하고 있다. 십대 부모의 학교교육 및 직업교육 참여 비율을 늘리고 사회적으로 배척되는 등의 장기적인 위험도 줄이려고 노력하고 있다. 그러나 이러한 국가의 노력에도 불구하고 십대 부모는 약 10%의 증가를 보이고 있다. 각 지역의 관련 기관들은 서로 연계하여 십대 임신을 감소시키려는 노력을 펼치고 있는데, 학교교육과 직업교육을 제공하고, 성교육도 강화해 나가고 있다.

십대 임신을 줄이기 위한 노력

APA 2007은 South Tyneside를 십대 임산부가 다시 반복해서 의도되지 않은 임신을 하지 않도록 예방하는 프로그램을 운영하는 지역으로 선정되었다. 그 결과 15세부터 17세 사이 십대 여아의 임신비율이 1998년을 기준으로 25.8%가 감소하였다.
Stockport에서는 특히 효과적인 성교육, 상담, 치료, 교육 등을 실시하였고 서비스 결과 15세부터 17세 사이의 십대 임신율이 23.9% 감소하였다.

---

10) 가정폭력

가정폭력은 아동의 삶에 직접적, 간접적으로 영향을 미친다. 가정폭력에 대한 성공적인 개입을 하려면 광범위하게 산재해 있는 위험 요소를 조기에 발견해야 한다.

보고되지 않은 가정폭력은 상당수에 이른다. 가정폭력을 확인하는 데에는 한계가 있다. 아동보호서비스 체계에 의해서 기소된 가정폭력 수는 2004 - 2005년과 2007 - 2008년 사이 약 3만 5천 건에서 6만 건으로 증가하였다. 이것은 가정폭력이 증가했다기보다는 가정폭력으로 입증될 수 있는 규정이 마련되었기 때문이다. 대부분 지방정부의 아동계획에서 가정폭력은 최우선적으로 다루어져야 할 사안이다.

가정폭력은 경찰, 보건당국, 그리고 지방 정부가 특별히 공조체제를 유지하면서 서비스를 제공해야 하는 영역이다. 그러나 가정폭력서비스 과정에서 관련 기관 간 협조 체제가 잘 이루어지고 있지 않다.

11) 따돌림

따돌림과 따돌림을 당할 것이라는 불안은 대다수 아동의 주된 관심사이다. TellUs2(2007)의 조사에 의하면, 25%의 아동이 가장 많이 걱정하는 것이 따돌림인 것으로 나타났다. 아동은 자신이 생활하고 있는 장소에서 따돌림을 당할까봐 걱정하고 있다. 학교에서의 따돌림보다 더 힘들어한다. 70%의 아동은 따돌림을 당해본 적이 없으며 20명 중 한명의 아동에 해당하는 5%의 아동이 하루 중 대부분의 시간에 따돌림을 당했다고 보고하였다. 3분의 1의 아동이 학교에서 따돌림에 적절하게 행동하지 못한다고 답변하였다.

따돌림은 학습장애나 무능력을 가져온다. 아동권리디렉터(Children's Rights Director, 2008)는 따돌림에 대한 조사에서, 41%의 아동이 따돌림을 '아주 나쁜 것'으로 생각하고 있었고, 23%는 '조금 나쁜 것'으로 인식하고 있었다.

핸드폰의 문자메시지, 이메일, 웹사이트에 불건전한 그림이나 언어 등의 전자폭력(electronis bullying)이 점차 늘어나고 있다. 40%의 아동들이 전자폭력을 경험한 것으로 나타났다. 따돌림은 우울하게 만들고 행복하지 않으며 때로 자살을 생각하게 하고 낮은 자존감을 갖게 한다고 응답하였다. 57%의 아동들은 성인에 의한 개입 프로그램이 따돌림을 멈추는데 도움이 된다고 응답한 반면, 24%의 아동들은 별효과가 없는 것으로 인식하고 있었다. 19%의 아동들은 오히려 어른이 개입함으로써 더 나빠진다고 생각하고 있었다.

생각하기

1. 우리나라 아동이 처한 위기상황을 우선순위별로 생각해 보자.

2. 과거 아동의 삶과 오늘날 아동의 삶의 실태를 비교해 보자.

3. 나의 'Good Childhood'를 생각해 보자.

▌참고문헌▐

Barnardo C.(2008. 11. 17.). Britain in danger of demonising its children, The Guardian.

Barnardo C.(2008. 9. 22.). Jail rates for under-14s among Europe's highest. The Guardian.

Bennett R., & Webster P.(2006.11. 3.). Troubled teens? All they need is love, says Cameron. The Times.

Blair A.(2007. 2. 14.). Britain's children are unhappiest in the Western world. The Times.

Jenny Percival and agencies (2008. 6. 10.). Number of children living in poverty rises. The Guardian.

Pilling K., PA.(2008. 9. 22.). Number of children locked up 'rises fivefold'. The Independent: UK.

Smith R.(2008. 5. 22.). Thousands of children admitted to hospital over alcohol abuse. Telegraph.

Smith R.(2009. 1. 23.). Highest ever number of children in treatment for drink and drugs. The Telegraph.

Barnardo C.(2008). Locking up or giving up-is custody for children always the right answer?.

Children's Rights Director for England(2007). Children and safeguarding: children's views for the DfES priority review.

Children's Rights Director for England(2008). Children on bullying: a children's views report.

HM Government(2008). Staying safe: action plan. London: TSO.

Office for National Statistics(2004). Number of dependent children in a family: by family type.

PACT(2007). Beyond 'Every Five Minutes': A Blueprint for Action on Missing Children in the UK. London: PACT.

The Children's Society(2009). A Good Childhood: Serching for Values in a Comprtitive Age. Penguin Books.

The TellUs2 survey(2007). children and young people in a sample of schools across England.

CHAPTER 02

아동법의 역사

영국은 잉글랜드, 웨일즈, 스코틀랜드, 그리고 북아일랜드가 연합하여 한 국가를 이루고 있는데, 지역마다 각기 독특한 문화적 배경과 전통을 갖고 있다. 각 지역 모두 독립의회가 구성되어 있고, 특히 스코틀랜드와 북아일랜드는 다양한 영역에서 독자적인 아동법을 제정 · 운용하고 있다.

잉글랜드와 스코틀랜드는 독립적인 아동법을 1989년과 1995년 제정함으로써 아동정책과 서비스의 법적 근간을 마련하였다. 이 두 법 모두 분산되어 있던 아동 관련 법률을 통합 · 보완하여 탄생되었다. 잉글랜드 아동법 1989는 빅토리아 클림비(Victoria Climbié) 사건을 계기로 전면 개정되어 잉글랜드 아동법 2004로 대체되었다. 본 장에서는 잉글랜드 아동법을 중심으로 살펴보고자 한다.

01 아동법(The Children Act) 제정 배경

잉글랜드는 분산되어 있던 아동 관련 법률을 한 곳에 모아 아동법 1989를 탄생시켰다. 아동법 1989는 제정 당시 포괄적이고 획기적인 아동보호 입법으로 평가되었다. 아동법이 제정되기 이전에는 아동을 보호하는 과정에서 중앙 정부와 지방 정부가 서로 다른 법을 적용하는 등의 혼란이 있었다. 아동법은 형법과 민법의 성격을 동시에 갖고 있으며 아동의 보호, 위탁, 입양 등 다양한 아동문제를 포괄하고 있다.

스코틀랜드는 Kilbrandon 보고서를 근간으로 수립된 1968년 사회사업법(Social Work Act 1968)에 의해서 아동보호서비스를 제공하는 데 한계를 느끼고 1995년 아동법을 탄생시켰다. Kilbrandon 보고서는 아동 개인이 처한 전체 환경적 맥락과 가족과의 상호협력과 개입(Breustelt, Kearney, Steven, Sutherland, 1997)을 중시하였고, 현재 스코틀랜드 아동보호제도의 가장 핵심이 되는 아동청문제도를 탄생시켰다는 데에서 아동보호와 아동복지를 향상시키는 데 기여했다고 평가받고 있다(황옥경, 2002). Kilbrandon 보고서는 모든 아동은 보호받아야 한다는 것을 강조하면서 아동이 범죄의 대상자가 되든지, 아동이 범죄에 연루되었던지, 그리고 아동에 대한 처벌 여부와 상관없이 아동의 입장에서 이들의 필요를 충족시킬 수 있는 사회복지를 구현할 것을 강하게 주장하였다(Fabb & Guthrie, 1998; Hallet, 1998; Hill, 1996; Kelly, 1996; Norrie, 1997).

Kilbrandon 보고서와 1968년 사회사업법(Social Work Act 1968)의 아동보호에 대한 확고한 전제에도 불구하고 아동청문제도의 운영에 있어서 부모와 국가 역할의 모호함, 기본 원칙의 취약 등으로 인해 아동법 1995가 제정되었다. 이 법은 그동안 여러 법에 산재해 있던 아동복지와 보호를 하나의 법으로 통합한 것이다. 스코틀랜드 아동법 1995는 1968년 사회사업법에서 제시한 아동청문제도의 주요 내용과 기본 원리, 운영 방식 등의 기본 골격을 유지하면서(Hallet, 1998; Norrie, 1997) 몇 가지 세부 절차와 내용을 수정하였다.

이 두 아동법은 모두 UN 아동권리협약에서 천명하고 있는 아동의 권리보장을 중요하게 다루고 있다. 그리고 아동복지와 가족복지를 성취할 수 있는 서비스를 적극적으로 제공해야 한다는 점과 아동은 가족에 의해 양육되어야 한다는 점을 강조한다. 아동은 개별적으로 다루어져야 하고, 자신이 영향을 받을 수 있는 어떤 이슈나 결정에 대해 자신의 의견을 표현할 권리를 가지며, 아동은 그들이 누구이든 어디에 살고 있는 지와 상관없이 모든 형태의 학대, 방임, 착취로부터 보호받아야 할 권리가 있으며, 긍정적인 자아정체감을 가질 권리가 있다고 전제한다. 아동법은 아동복지와 아동보호 체계의 구심적 역할을 하고 있다.

02 아동법의 변화

1) 잉글랜드 아동법 1989(The Children Act 1989)

잉글랜드 아동법 1989는 총 12부 108개 조항으로 구성된다. 제1부는 총칙으로 아동복지의 중요성과 아동양육에 대한 부모의 책임을 규정하고 있다. 제1부 총칙에서 아동양육의 일차적 책임은 부모 혹은 양육자에게 있다는 점을 분명하게 언급하면서 부모 혹은 양육자의 자녀양육 책임 소재에 대해서도 상세하게 규정하고 있다. 제2부는 가사소송 중의 아동에 대해 법원이 수행하는 8개의 명령을 명시하고 있다. 아동에 관한 주거 명령, 재정지원 명령, 그리고 아동접촉 명령 등이 포함되어 있다. 제3부는 아동과 가족에 대한 지방 정부의 지원 및 서비스에 관한 내용이다. 특히, 지방 정부는 경찰의 보호 혹은 구금 중에 있는 아동에게 일시보호시설을 제공하고, 사례 검토와 조사, 관련 기관 간의 협조, 보육서비스 등을 규정하고 있다. 제4부는 보호와 감독에 관한 법원의 보호 명령, 슈퍼비전 명령, 법원의 권한, 후견인의 권한을 규정하였다. 제5부는 아동의 보호에 관한 규정이 명시되어 있다. 아동사정 명령과 긴급보호 명령, 경찰보호, 그리고 지방 정부의 조사의무 등을 규정한다. 제6부는 공공보호시설의 제공과 운영에 관한 사항, 제7부는 민간보호시설의 운영에 관한 규정, 제8부는 등록된 아동양육시설에 관한 사항, 제9부는 민간가정위탁에 관련된 사항, 제10부는 아동보육서비스에 관한 사항으로 2002년 4월 이후부터 개정, 시행되었다. 제11부는 국가의 감독기능과 책임, 제12부는 기타 사항에 대한 규정이다(White R., Harbour A. & Williams R., 2004).

영국의 아동법을 보면, 아동보호 과정에서 지방 정부와 부모에 대한 법원의 명령이 중요한 부분을 차지하고 있다. 아동복지서비스는 민간부분과 공공부분이 역할을 분담하도록 구성되어 있으나 핵심추진 주체는 지방 정부가 된다. 지방 정부는 아동복지를 실행하는 과정에서 계획을 수립하고 실행하는 중심적인 역할을 수행하지만 이 과정에서 민간기관과의 협력이 필수적이다.

아동법 1989는 아동복지에 관한 기본법으로써 아동복지서비스의 전반적이면서 주요 사항을 규정하고 있다. 입양과 위탁에 대해서는 별도의 법이 마련되어 있다.

〈표 2-1〉 영국 아동법 1989의 개요

Part	조항
제1부 총칙	1. 아동복지 2. 아동에 대한 부모의 책임 3. 부모 책임의 정의 4. 아버지에 대한 부모 책임 부여 5. 후견인의 지명 6. 안내: 취소와 포기 7. 복지보고서
제2부 가사소송 중의 아동에 관한 법원의 명령	8. 아동의 주거, 접촉 및 기타 명령 9. 명령 8에 대한 제한 10. 명령 8에 관한 법원의 권한 11. 일반 원칙과 보조 규정 12. 주거 명령과 부모 책임 13. 아동 이름의 변경 혹은 관할 구역의 이전 14. 주거 명령의 집행 15. 아동에 관한 재정지원 명령 16. 가족지원 명령
제3부 아동과 가족에 대한 지방 정부 지원 및 서비스 제공	17. 아동, 가족을 위한 서비스 제공 18. 학령 전 아동을 위한 보육 19. 보육서비스의 검토 20. 일반 아동을 위한 보호시설 21. 경찰의 보호, 구금 중에 있는 아동을 위한 아동 일시보호시설 22. 지방 정부의 아동보호 책임 23. 지방 정부의 아동보호시설 제공 의무

	24. 특정 해당 아동을 위한 조언과 보조 25. 자유를 제한하는 아동보호시설의 활용 26. 사례분석과 조사 27. 관련 기관 간의 협조 28. 지방교육심의회 29. 서비스에 대한 비용 보조 등 30. 기타
제4부 보호와 감독	31. 보호와 지도, 감독 명령 32. 명령 처리 소요 기간 33. 보호 명령의 효과 34. 보호 중인 아동과 부모와의 접촉 등 35. 감독 명령 36. 교육지도 명령 37. 일정 가사 사건의 절차에 대한 법원의 권한 38. 중간 명령 39. 보호 명령과 감독 명령의 해제와 변경 40. 보호 혹은 감독 명령에 대한 사건 41. 보호과정에서 아동과 아동의 이익의 대변 42. 지방 정부 기록을 열람할 후견인의 권리
제5부 아동의 보호	43. 아동사정 명령 44. 아동긴급보호 명령 45. 긴급보호 명령의 기간과 보충 규정 46. 긴급상황에서의 경찰에 의한 아동의 격리와 보호 47. 지방 정부의 조사의무 48. 긴급보호가 필요한 아동의 발견 49. 유괴아동의 보호 등 50. 유괴아동의 회복 등 51. 위기아동을 위한 피난처 52. 규칙과 규정
제6부 아동시설	53. 지방 정부의 공공보호시설 제공 54. 공공보호시설 이용 종료에 관한 사항 55. 공공보호시설의 분쟁, 해결 56. 민간기관에 의해 운영되는 공공보호시설 위탁취소 규정 57. 지방 정부에 의해 운영되는 공공보호시설 폐쇄에 관한 규정 58. 공공보호시설에 대한 재정지원 중단
제7부 민간시설과 조직	59. 민간비영리기관의 아동보호시설 운영 60. 민간시설의 등록과 규정 61. 민간비영리조직의 의무 62. 지방 정부의 의무
제8부 등록아동시설	63. 미등록 아동시설에 수용될 수 없는 아동 64. 아동시설에서의 아동복지 65. 아동시설을 운영하거나 고용될 수 없는 사람
제9부	66. 민간가정위탁 아동

민간가정위탁	67. 민간가정위탁 아동복지 68. 민간가정위탁 부모 미자격자 69. 민간가정위탁을 금지하는 권한 70. 위법사항
제10부 보육교사	71. 등록 72. 보육교사가 준수해야 할 규정 73. 보육기관의 의무 74. 등록의 취소 75. 응급상황의 아동보호 76. 조사 77. 항의 78. 위법사항 79. 스코틀랜드에서의 적용
제11부 국가의 역할과 책임	80. 국가 혹은 공공기관에 의한 아동시설 조사 81. 요구사항 82. 국가에 의한 재정지원 83. 조사와 정보의 순환 84. 법적 의무를 이행하지 않는 지방 정부: 국가의 권한 불이행
제12부 기타	85. 보건당국과 지방교육당국에서 보호하는 아동 86. 주거보호, 요양 및 정신요양시설에서 보호하는 아동 87. 독립학교에 수용된 아동의 복지 88. 입양 법률의 개정 89. 친권을 수립하는 심사 90. 비행 소송에서의 보호와 감독 명령 91. 명령의 효과와 기간 92. 법정 권한 93. 법정의 규칙 94. 이의 제기 95. 아동의 의견 청취하기 96. 아동의 관점에서 평가 97. 과정에서 아동의 생활을 고려 98. 자기 고발 99. 법률 구조 100. 후견인의 제한 101. 잉글랜드, 웨일즈, 북아일랜드, 섬 명령의 효과 102. 아동조사권에서 필요한 권한 103. 법인의 위반행위 104. 법규와 명령 105. 해석 106. 재정적 지원 107. Channel lslands에서 적용 108. 약칭, 시행 및 범위 등

아동법 1989는 '아동 최선의 이익'과 '아동의 소리를 들어야 한다'는 유엔아동권리협약의 두 가지 기본 전제를 충실하게 반영하는 것으로 평가되었다. 아동법 1989를 근거로 아동자문위원회(Children Act Advisory Committee)가 설립되었다. 아동자문위원회(Children Act Advisory Committee)는 사법 영역 업무를 담당하였다. 아동법 1989에 의거, 아동법 2004가 제정되기 전까지는 상원의장(Lord Chancellor), 내무부장관(Home Secretary), 보건부장관(Secretary of State for Health), 그리고 가족담당 대법관에게 매년 아동실태조사 보고서를 제출하였고, 보건부장관은 아동법의 이행 상황을 의회에 보고하였다. 이 보고서는 관련 통계자료, 연구보고서, 조사 결과들과 보건부의 전문가 의견을 포함하였다(이승기, 황옥경, 2008).

영국의 아동법 1989의 주된 목적은 다음과 같다. 첫째, 사법과 공법을 포괄하고자 한다. 둘째, 국가의 개입을 통해서 더 나은 아동보호와 부모의 자녀양육을 도모하고자 한 것이다. 셋째, 아동과 관련된 법정 단체와 부모가 파트너십을 구축하도록 한다. 넷째, 자발적인 참여 및 행동을 촉진하기 위한 것이다. 다섯째, 가사소송 과정에 개입된 법원의 관련 기구를 재조직하기 위한 것이다.

아동법 1989 실행의 기본 원칙은 다음과 같다(White R., Harbour A. & Williams R., 2004). 첫째, 아동복지는 아동의 입장을 충분히 고려하는 것이 최우선되어야 한다. 둘째, 부모의 권리와 의무(parental right and duty)란 개념은 부모의 책임(parental responsibility)이란 개념으로 대체되어야 한다. 셋째, 아동은 사법 과정에서 부모와는 독립적으로 법적 당사자가 될 수 있다. 넷째, 지방 정부는 아동의 욕구, 보호, 복지증진을 위해 부여된 의무를 이행해야 한다. 다섯째, 아동과 가족의 서비스를 위해서 지방 정부에게 일정한 의무와 권한을 준다. 여섯째, 법원은 최종 판결을 내리기 전에 여러 가지 요인들을 고려해야 한다. 일곱째, 아동법에 명시된 명령은 아동에게 더 나은 환경을 제공하는 것이라는 확신이 있을 때에만 내려질 수 있다.

영국의 아동법 1989에 명시된 법 준행 원칙을 통해서 아동복지를 실행하는 영국 정부의 방침을 정리할 수 있다. 첫째, 아동양육의 일차적 책임은 가족에게 있음을 분명히 한다. 대부분 아동 최선의 이익은 가족들과 함께 생활할 때 구현될 수 있다고 본다. 특히 아동법 1989은 '부모의 책임', '아동과 가족의 지원', 그리고 '파트너십'을 중시하였다. '부모의 권리와 의무'라는 개념 대신 '부모의 책임'이라는 개념을 도입하였고, 이를 강조하였다. 아동양육에 있어서 가족의 역할을 새롭게 강조하면서 동시에 가족지원 명령, 교육과 감독 명령, 위기보호 명령, 그리고 아동사정 명령 등 새로운 법적 조처들이 도입되었다. 둘째, 인종, 문화, 언어 및 종교는 법원이나 지방 정부가 아동에 대한 어떤 결정을 내릴 때 중요하게 고려되어야 한다는 점을 인식하고 있다. 셋째, 아동이 가정이나 시설에서 지방 정부의 서비스를 받을 때 아동과 가족 및 지방 정부는 협조적인 관계를 유지해야 한다는 입장이다. 넷째, 아동의 욕구를 법적으로 고려하였으며, 아동이 자신의 생활에 영향을 미치는 과정에 합법적으로 참여할 수 있는 통로를 마련하였다. 구금, 보호, 통제와 같은 낡은 개념들은 폐지되었다. 다섯째, 가족을 위한 대리서비스는 장기적으로 가족 해체를 막는데 도움이 되는 서비스가 되어야 한다. 여섯째, 지방 정부가 제공하는 서비스는 포괄적이어야 한다. 일곱째, 국가가 가족생활에 개입할 수 있는 경우는 법원을 통하거나 아동이 심각한 고통을 겪고 있거나 겪을 위험에 처해있을 때만 가능하다(이민희, 2006).

2) 잉글랜드 아동법 2004(The Children Act 2004)

2000년 빅토리아 클림비(Victoria Climbié) 학대 사망 사건으로 인해 2001년 라밍경(Lord Lamming)이 이끄는 연구조사팀이 발족되었다. 이 연구팀은 잉글랜드 아동법 1989를 전면 검토하였다. Victoria Climbié 사건이 발생하게 된 것은 'Working Together'가 지역사회에서 효과적으로 작동하지 못하기 때문으로 분석하고, 아동법 1989를 보완한 새로운 연계 체계 모델이 제시되어야 할 필요성을 인식하기 시작하였다. Tony Blair는 10개월 동안 최소한 10회의 위기개입 시점을 놓쳐서 Victoria Climbié 사건이 발생한 것이라고 평가하고, 기존의 아동보호제도를 '실패한 아동보호서비스'로 규정하였다. 이 사건은 아동보호서비스 정책을 개발하는 준거인 아동법 1989의 전면 개정을 촉발하였다. 2004년 영국은 새로운 아동법을 탄생시켰고 이 아동법 2004는 'Working Together'를 보완하고 있으며 아동 관련 기관 간의 연계 체계가 법의 핵심이다(이승기, 황옥경, 2008).

개정 아동법은 2003년에 발표된 'The Green Paper Every Child Matters : Change for Children(2003)'에서 혁신적으로 새롭게 제안된 아동서비스의 법적 근거가 되었다. 아동법 2004는 모든 아동이 어떤 배경과 상황에서도 아동이 건강하고, 안전하며, 즐겁게 배울 수 있고, 사회에 기여하며, 그리고 경제적 역량을 획득하는 데 필요한 서비스를 제공해야 할 의무를 규정하였다. 아동법 2004가 마련됨으로써 아동 및 가족은 자기가 살고 있는 지역에서 필요한 서비스에 대한 정보와 조언을 보다 더 쉽게 구할 수 있게 되었다. 취약계층의 부모지원이 확대되었고, 서비스 제공 과정에서 사회복지 및 교육 인력이 공조 체제를 유지할 수 있게 되었다. 모든 기관들은 아동에 대한 책임을 수행하는 것을 최우선 순위에 놓아야 한다. 취약계층 아동의 복지와 안전에 만전을 기하도록 하였다(보건복지부, 한국아동단체협의회, 한국아동권리학회, 2006).

아동법 2004는 다양한 영역에서의 아동의 삶의 질 향상을 목표로 한다. 아동법의 주안점은 다음과 같다(윤철경, 박선영, 2008). 첫째, 부모와 가정, 아동에 대한 통합적인 지원 서비스, 둘째, 특히 저학년 아동을 위한 지역 맞춤 서비스와 종합적인 서비스, 셋째, 각각의 다른 기관과 시설에서 모인 종사자들이 개별 아동에 대해 같은 정보를 공유하는 서비스, 넷째, 다양한 아동지도 팀 운영, 다섯째, 공통의 평가 시스템, 여섯째, 전문화되고 복합적인 보호정책과 운영, 일곱째, 아동들이 지역 학교시스템을 거점으로 보호 받고 혜택을 누릴 수 있도록 운영, 여덟째, 자원 활동 그룹, 종교 단체, 지역사회 단체는 물론 비영리 단체나 영리 단체 모두가 함께 아동 보호정책과 시스템에 합류하는 것에 초점을 맞추고 있다.

아동법 2004년에서 가장 주목해야 할 것은 아동학대를 개선하기 위한 다양한 수준의 보호시스템을 명시하고 잉글랜드에 아동커미셔너(Children's Commissioner for England)를 임명하도록 하였으며, 지역아동보호국(LSCB: The Local Safeguarding Children Boards)을 설치하도록 하였다(DfES, The Children Act 2004). 이는 갑작스런 아동 사망의 경우, 사망 원인을 밝혀내도록 검사집단을 구성할 수 있도록 하는 등 아동학대와 보호를 위한 진일보한 서비스를 가능하게 하였다(보건복지부, 한국아동단체협의회, 한국아동권리학회, 2006).

출처: http://www.gmsafeguardingchildren.co.uk/wp-content/uploads/kids.jpg

특히 아동법 2004는 아동보호서비스의 전 과정이 지방 정부의 주도로 실행되도록 규정하고 있다. 아동법 1989에 비해서 지방 정부의 역할이 더욱 강화된 것으로 아동발달 및 이들에게 필요한 서비스를 공적 체계에서 주도적으로 계획하고 실행할 수 있는 기반을 마련하였다.

아동법 2004를 근거로 한 아동커미셔너의 임명은 아동권리모니터링을 수행할 수 있는 기구를 창설해야 한다는 유엔아동권리위원회의 권고를 수용한 것이다. 아동커미셔너는 아동의 권리 보호 활동과 옹호 활동을 주도하는 것으로서 그 동안 민간 차원에서 정부에게 이 기구의 설치를 꾸준히 요구해 왔다. 아동커미셔너는 '아동 최선의 이익'을 보장하기 위해 노력하며, '아동의 의견'을 청취하도록 명시하고 있다. 특히 아동커미셔너는 아동의 신체적, 정신적 위험을 보호하고, 아동 자신이 필요로 하는 여가와 교육 활동을 할 수 있도록 해야 하며, 사회적 활동에 적극적으로 참여할 수 있도록 돕고, 아동의 자립을 지원할 수 있어야 한다고 명시하고 있다. 아동법 2004의 아동커미셔너의 지정은 아동권리증진 활동의 주체를 지정하였다는 점에서 의미가 있다(이승기, 황옥경, 2008).

아동법 2004의 법률 체계는 총 6부로 구성되어 있으며 69개 조항으로 구성되어 있다. 제1부는 아동커미셔너에 대한 내용을 담고 있으며, 제2부는 잉글랜드의 아동서비스, 지역아동보호위원회, 지방 정부의 행정, 아동서비스의 지도 감독으로 구성된다. 제3부는 웨일즈의 아동서비스에 대한 내용으로 일반적 개요와 지역아동보호위원회를 포함하며, 제4부는 가사소송을 위한 후견인, 지지서비스와 양도를 명시하였다. 제5부는 사적 위탁과 아동보육, 지방 정부의 서비스, 다른 조항으로 구성되며

제6부는 일반적 개요를 포함한다.

〈표 2-2〉 아동법 2004 개요

Part		조항
제1부 아동커미셔너		1. 설립 2. 일반적 기능 3. 커미셔너 청문회 제안 4. 커미셔너 청문회 개최 5. 웨일즈 커미셔너의 기능 6. 스코틀랜드 커미셔너의 기능 7. 북아일랜드 커미셔너의 기능 8. 연례 보고서 9. 학습된 무기력을 가진 청소년의 시설 이용
제2부 잉글랜드 아동서비스	일반	10. 복지향상을 위한 협력 11. 복지증진과 보장 조치 12. 정보 데이터
	지역아동보호국 (LSCBs)	13. LSCBs의 설립 14. LSCBs의 기증과 절차 15. LSCBs의 재정 16. LSCBs 부칙
	지역행정	17. 아동과 청소년 계획 18. 아동서비스의 감독관(director) 19. 아동서비스를 위한 지도원(Lead member)
	아동서비스 감사	20. 연합지역조사(Joint area reviews) 21. 구성 체계 22. 협동과 대표 23. 20~22항 해석 24. 사회서비스 지표 달성 평가
제3부 웨일즈 아동서비스	일반사항	25. 복지증진을 위한 협조 체계: 웨일즈 26. 아동과 청소년 계획: 웨일즈 27. 25항과 26항 수행 책임 28. 복지증진과 보장을 위한 조치: 웨일즈 29. 정보 데이터베이스: 웨일즈 30. 감사
	지역아동보호국 (LSCBs)	31. 웨일즈 LSCBs의 설립 32. 웨일즈의 LSCBs의 기능과 절차 33. 웨일즈의 LSCBs의 재정 34. 웨일즈의 LSCBs 부칙
제4부 가사소송을	웨일즈의 CAFCASS의 기능	35. 가사소송과 관련된 의회의 기능 36. 의회의 부수적 권한

<table>
<tr><td rowspan="2">위한 자문 및
지지서비스</td><td></td><td>37. 웨일즈의 가사소송 사무소
38. 감사
39. 아동의 보호
40. 가사소송을 위한 자문 및 지지서비스
41. 정보의 공유</td></tr>
<tr><td>아동</td><td>42. CAFCASS에서 의회로의 재산의 이동
43. CAFCASS에서 직원의 의회 이동</td></tr>
<tr><td rowspan="4">제5부
기타</td><td>민간위탁</td><td>44. 공고 계획
45. 잉글랜드에서 등록 계획 수립 권한
46. 웨일즈에서 등록 계획 수립 권한
47. 45항, 46항의 권한 파기</td></tr>
<tr><td>아동양육과 보육</td><td>48. 아동양육과 보육</td></tr>
<tr><td>지역서비스</td><td>49. 위탁부모에 대한 비용 지불
50. 개입
51. 지방교육당국의 감사
52. 교육성취를 촉진하기 위한 지역당국의 의무
53. 아동의 욕구 확인
54. 아동에 대한 정보
55. 사회서비스위원회
56. 사회서비스 기능</td></tr>
<tr><td>기타 조항들</td><td>57. 입양위원에 대한 비용 지급
58. 합리적 처벌
59. 재정보조 권한
60. 법률 소송집 출판
61. 웨일즈 아동커미셔너: 가입 권한
62. 법률 소송집 출판
63. 국내 수입에 의한 정보의 발표</td></tr>
<tr><td colspan="2">제6부
일반사항</td><td>64. 해자
65. 해석
66. 규제와 명령
67. 착수
68. 만료
69. 약어</td></tr>
</table>

03 영국 아동법의 특징 및 시사점

1) 영국 아동법의 특징

아동법 1989와 아동법 2004를 통해 영국 아동법의 특징을 살펴보면 다음과 같다(이승기, 황옥경, 2008).

첫째, 영국은 아동의 권리, 복지, 보호, 그리고 영유아보육과 관련된 내용이 모두 포함된 통합된 형태의 아동법을 갖고 있다. 아동폭력, 비행, 기아, 영유아보육 등과 관련한 내용이 모두 아동법에 포함되어 있다. 이로써 아동보호의 각 영역에서 발생하는 요구와 문제들에 대한 관련 기관 간의 효과적인 협조 체계가 가능한 법 구조를 갖고 있다. 따라서 보호가 필요한 아동이 발생했을 경우, 이것이 학대인가, 입양인가, 위탁인가, 빈곤아동인가, 아니면 비행인가를 먼저 규정하기 전에 지방 정부가 중심이 되는 아동보호서비스 체계로 보고되고, 그 이후 해당 아동에 대한 문제 확인 및 진단, 서비스 제공 기관 등을 결정하게 된다. 이것은 통합 아동보호서비스를 제공하는 데 기본 조건이다.

둘째, 지방 정부가 모든 아동보호정책과 서비스 전달 체계의 구심점이 되고 있다는 점이다. 아동복지를 추진하고, 적합한 서비스를 제공할 법적인 의무를 갖고 있는 지방 정부는 아동보호서비스의 전 과정을 수행하는 가장 핵심적인 역할을 한다. 이것은 아동보호서비스를 주도적으로 실행하는 의사결정체로서의 아동보호서비스의 주체임을 의미하는 것이 아니라 아동보호제도에서 결정된 서비스 프로그램을 제공할 수 있도록 도와주는 역할을 한다. 아동법 1989는 지방 정부의 역할을 강조하고 있다. 그러나 잉글랜드 정부는 Victoria Climbié 사건이 발생하자 아동법 2004를 통하여 지방 정부의 역할을 더욱 강화하였다. 특히 눈에 띄는 점은 지방 정부의 모든 공직자가 아동보호서비스의 책임을 진다는 점이다. 즉, 아동 업무를 담당하는 지방 공직자가 아니고 지역의 성인 대상 업무를 수행하는 공직자들이라 할지라도 아동보호서비스의 책임이 있다. 모든 공직자에게 아동보호의 책임을 부여하고 있다. 아동보호서비스 전달의 공적 체계인 지방 정부의 주도 하에 문제 발견, 사정,

평가 및 서비스 계획 등이 수립되고, 민간위탁기관이 서비스를 전달하는 체계를 유지하고 있다. 아동보호와 관련된 모든 업무는 지방 정부의 주도 하에 처리될 수 있도록 함으로써 어떠한 위험에 처한 아동이라도 정상적인 발달 상태를 성취하고 유지할 수 있는 기반을 제공할 수 있게 하였다. 아동보호서비스에 참여하는 모든 관련 기관들이 협력하여 개입 프로그램을 제공해야 한다는 점도 아울러 강조하고 있다.

셋째, 아동 관련 기관 간의 연계를 아동서비스 전달에서 가장 중요한 메커니즘으로 보고 있다. 영국(특히 잉글랜드 지역)은 지금 '아동보호서비스의 연계 체계 구축'과 관련한 각종 정책자료, 시행지침, 평가지표 등을 무더기로 쏟아내고 있다. 연계 체계 구축과 관련해서 다루고 있는 대상이나 양이 엄청나 영국 정부가 얼마나 긴급하게 아동보호서비스에서 연계 체계를 중요하게 여기고 있는지를 짐작케 한다. 출간된 자료들을 보면 아동보호서비스 관련 기관들 간의 연계 체계가 아동보호서비스의 성패를 가늠한다고 확신하고 있다. 기이한 것은 영국은 이미 보건부, 교육기술부, 내무부가 합동으로 아동보호서비스 과정에서의 연계 체계 방안을 'Working Together'라는 가치 아래 내놓았다는 것이다. 이 체계는 상당히 실효성 있는 연계 체계 모델로 평가되었다.

넷째, 아동과 부모의 참여를 강조하고 있다. 영국의 아동법에서 아동보호 과정에 아동과 부모를 참여시키는 것이 얼마나 중요한지를 언급하고 있다.

아동법은 자녀를 양육해야 할 책임은 부모에게 있지만 필요시에 국가가 아동양육에 개입할 수 있다고 명시한다. 이러한 맥락에서 부모는 자녀가 처한 상황을 파악하고 이해하며 어떤 조치가 필요한 지에 대한 이해를 갖고 있어야 하기 때문에 자녀의 아동보호 과정에 참여해야 할 의무가 있다고 본다. 또한 부모가 아동보호 과정에 참여함으로써 아동보호서비스에 대한 이해를 높이고, 서비스 프로그램을 결정하는 과정에서 부모 자신이 실제로 중요한 정보제공자가 될 수 있다(Thoburn, Lewis, & Shemmings, 1996)는 인식은 아동보호에 부모의 적극적인 참여를 유도할 수 있는 정책의 입안으로 이어졌다. Sinclair(1996)는 성공적인 아동보호가 되려면 아동 자신, 부모, 가족원을 아동보호서비스 과정에 참여시켜야 한다고 주장한다.

아동법의 원칙이 얼마나 효과적으로 정책에 반영되고 실행되고 있는지에 대한 평가는 대체로 긍정적이다. 아동법 제정 이후, 전통적으로 부모의 고유 권한으로 인식되어 온 자녀양육에 지방 정부가 개입할 수 있는 근거를 마련할 수 있게 되었고, 이를 통해 가족들에게 다양한 형태의 서비스를 제공하게 된 것은 아동법이 가져온 놀라운 변화 중 하나이다. 아동들이 자신들의 가정에서 안전하게 성장할 수 있도록 적극적으로 도왔다. 그러나 일각에서는 '아동 이익 최우선의 원칙'이 정책 수립과 서비스 실행 과정에서 제대로 지켜지지 않고 있다는 우려의 소리도 있다.

2) 시사점

아동복지의 일관성과 구체성을 위해서 우리나라도 영국의 경우처럼 통합 아동법을 제정해야 한다. 2008년 정부 조직 개편으로 아동의 통합이 정비되고 있는 것은 반가운 일이다. 그러나 여전히 정책 대상의 통합만이 시도될 뿐 정책의 내용에 대한 합의가 어렵고 논의되고 있는 내용 또한 매우 제한적이다. 통합 아동법의 탄생을 전제하고 이 통합 아동법에 반드시 포함되어야 할 몇 가지 내용을 정리하면 다음과 같다.

첫째, 아동법 실천의 이념과 책임의 명료화이다. 법 이념과 원칙 및 책임은 법 실행 과정에서 근본 틀을 제공한다. 이제까지 우리나라의 아동복지법은 이 부분이 상당히 취약하였고, 거의 선언적 수준의 언급에 그치거나 명목상의 조항에 불과하였다. 영국 아동법은 법 이념과 추진 원칙, 그리고 책임 소재를 분명히 함으로써 실천적 근거로서의 법 기능을 하고 있다. 법과 실제 서비스의 일체감을 높이며 책임을 언급하여 아동 관련 정책 및 서비스가 적극적으로 추진될 수 있는 조건을 마련하였다.

둘째, 중앙 정부와 지방 정부의 장 · 단기 아동정책 수립을 의무화해야 한다. 영국 아동법에서 가장 인상적인 것은 중앙 정부의 아동정책과 지방 정부의 아동정책이 동일한 목적 및 체계 하에서 수립된다는 점이다. 각 지역 사정에 따라 성취 지표 및 성취 수준이 다를 뿐이다. 이는 아동정책에 대한 국가의 장기 비전을 실행해 나갈 수 있도록 하며, 국가의 주도 하에 아동을 양육할 기반을 마련하는 것이다.

영국 정부의 이러한 법 체계를 통해서 국가 인력 자본으로서 아동이 사회적으로 받아들여지고 있음을 분명하게 알 수 있다.

셋째, 통합 서비스 체계의 확립이다. 우리나라 아동정책의 분절화 및 핵심 추진 주체의 부재는 오랫동안 지적되어 온 문제이다. 아동법 2004에서 더욱 구체화한 것이 관련 기관들 간의 연계 체계 구축을 통한 통합 서비스의 제공이다. 연계 체계의 구축을 통해서 개별화된 서비스, 그리고 전문화된 서비스를 제공할 수 있다고 영국 정부는 판단한다.

넷째, 국가와 지방자치 단체 역할의 명료화이다. 아동의 발달을 지원하는 서비스 프로그램을 제공하는 과정에서 과도한 민간기관 의존이 그동안 문제로 지적되어 왔다. 이러한 구조는 서비스 질의 편차를 유발하고, 공적 기구, 즉 국가와 지방자치 단체의 책임을 소홀하게 한다. 그리고 행정력의 부재로 인해 관련 기관의 서비스 참여를 이끌어 내는 것도 한계가 있다. 아동서비스 과정에서 공적 기구의 적극적 개입이 더 많이 요구된다.

아울러 지나친 지방 분권화로 인해서 중앙 정부와 지방 정부의 정책이 혼선을 빚거나 과도한 차이가 있다. 중앙 정부의 아동발달에 대한 국가 청사진 하에 각 지방 정부가 지역 사정을 반영한 정책을 개발, 실행해야 한다. 큰 틀에서의 정책 구조는 중앙 정부와 지방 정부가 동일해야 할 것이다.

생각하기

1. 영국 아동법의 특징을 논의해 보자.
2. 아동법과 아동정책의 관계를 생각해 보자.
3. 우리나라 아동 관련법과 영국의 아동법을 비교해 보자.

▎참고문헌 ▎

국가인권위원회(2006). 아동학대실태조사 - 방임아동을 중심으로. 국가인권위위회.

오정수, 이혜원, 정익중(2005). 선진복지국가 아동정책 비교와 21세기 한국아동정책의 발전방안. 보건복지부, 한국아동복지학회.

윤철영, 박선영(2008). 2000년대 이후 영국의 아동, 청소년 정책동향과 시사점. 한국아동학회 추계학술대회자료집.

이민희(2006). 우리나라 아동학대 대처방안에 관한 연구. 배재대 대학원 석사학위논문.

이승기, 황옥경(2008). 저출산에 대응한 건강한 아동육성방안 연구. 보건복지가족부, 남서울대학교.

이재연 외(2006). 한국의 유엔아동권리협약 이행 모니터링. 보건복지부, 한국아동단체협의회, 한국아동권리학회.

황옥경(2002). 영국의 아동보호 제도 분석-스코틀랜드의 아동문제 청취제도를 중심으로-. **아동권리연구**, 6(1), 5-30.

Breustelt, R., Kearney, B., Steven, A., & Sutherland, E. E.. (1997). *The Evolution of the Children's Hearings System Over the Last Twenty-Five Years*, Scottish Law and Quarterly, 2, 73-89.

Children(Scotland) Act 1995

Children Act 1998

Children Act 2004

Fabb, J., & Guthrie, T. G. (1998). *Social Work and the Law in Scotland*, Edinburgh : Burtherworth.

Hallet, C., & Hazel, N. (1998). *Evaluation of the Children's Hearings System in Scotland: Volume 2* The International Context-Trends in Juvenile Justice and Child welfare, HMSO, Edinburgh.

Hill, M., & Aldgate, J. (1996). The Children Act 1989 and Recent Developments in Research in England and Wales, 3-23. In M. Hill, & J. Aldgate(Eds.), *Child welfare Services*. Jessica Kingley Publishers: London.

HM Government(2003). *Every Child Matters, Green paper*. London: Iso.

Kelly, A. (1996). *Scottish Children's Panel*. Waterside Press : UK

Norrie, K. M. (1997). *Children's Hearings in Scotland*. Edinburgh: Sweet and Maxwell.

Sinclair, R.(1996). Children's and Yonug People's Participation in Decision-Making : The legal Framework in Social service and education. In M. Hill & J. Social work (Scotland) Act 1968

Thoburn, J., Lewis, A., & Shemmings, D.(1996). Paternalism or partnership? Involving families in the Child Protection process. HMSO.

White R., Harbour A., & Williams, R.(2004). Safeguards for Young Minds: Young People and Protective Legislation (Second edition).

http://www.gmsafeguardingchildren.co.uk/wp-content/uploads/kids.jpg

CHAPTER 03

아동정책의 구조

자녀양육에 대한 가족의 책임을 강조해 오던 영국 정부는 급변하는 사회에 부모들이 적절하게 대처하는 데 많은 어려움이 있다는 것을 인식하고, 아동 특히 영유아기에 대한 국가의 투자가 이들의 역량을 결정하며, 이는 곧 국가 미래 인력의 질과 직결된다는 사실을 확인하면서 아동을 위한 정책 개발에 심혈을 기울이고 있다.

01 영국의 아동정책 발달 배경

전통적으로 영국은 아동의 보살핌에 대한 가족의 권리와 책임을 강조하면서 필요한 경우에만 국가가 가족에 개입하는 자유주의 국가이다. 그런데, 1997년 토니블레어 정부부터 현재 고든브라운 정부에 이르기까지 영국 정부는 교육과 복지에 혁신적인 정책 개발과 집중지원을 하고 있다. 아동이 영국 복지정책 변화의 핵심 대상이 되고 있다. 그동안 정책에서 소외되어 왔던 아동들이 점차 정부의 새로운 정책지원의 핵심 대상으로 부상한 이유는 무엇보다도 아동들이 직면한 위기가 과거보다 훨씬 더 다양해졌다는 사실이다. 여성의 경제참여율 증가, 가족 해체의 심화, 그리고 전통적인 가족 역할에 대한 도전 등으로 인해 가족 내 아동의 보살핌은 더욱 어려워졌다.

영국 정부는 아동이 처한 위기가 곧 사회 전반의 엄청난 위기를 낳는다고 인식한다. 고령화에 따라 과거보다 훨씬 무거운 사회적 부담을 떠안게 될 아동들의 현실을 고려할 때 그들이 안전한 보살핌을 보장받지 못한다면, 성인이 된 이후 그들 자체가 사회적 비용을 요하는 대상으로 전락할 수 있다고 본다. 이와 같은 국가 인력의 역량 저하는 곧 경제적 위기를 불러오고 궁극적으로 국가 위기로 연계된다고 본다.

영국 노동당 정부는 아동정책이 향후 미래 인구의 질과 직결된다는 인식을 하고 있다. 단지 미래인구의 수를 늘리는 것보다 잠재능력을 최대한 발휘하도록 도와서 아동의 역량을 강화하는 것이 시급하다고 본다. 아동권리 보장을 통해 자신에게 부여된 사회적 부담을 자신들의 삶과 조화하며 살아갈 수 있는 역량을 갖춘 성인으로 성장할 수 있는 기회를 제공하는 것이다.

이러한 정책 기조를 근간으로 1997년 이후부터 노동당 정부는 아동들의 기회균등에 대한 정책과 가족정책을 강력하게 추진해왔다. 영국 정부는 모든 아이들에게 정규교육 이전 또는 이후에 '최상의 시작'을 할 수 있도록 해야 함을 천명하였으며 아동세제 혜택과 근로세제 혜택은 이러한 기조에 근간을 둔 정책이다. 2004년 12월 예산안에서 가장 중점을 둔 계층이 아동과 부모이다.

02 아동정책의 변화

영국의 대표적인 아동정책은 'Every Child Matters'이다. 'Every Child Matters'는 영국의 아동정책에 대한 청사진으로서 정책의 기본 틀이다. 각 지방 정부의 아동정책도 여기서 제시된 아동정책의 틀에 따라 수립된다. Youth Matters는 Every Child Matters의 한 영역으로서 정책의 특정 목표 집단인 청소년을 대상으로 한다. Children's Plan은 Every Child Matters를 실현하기 위한 구체적인 실천 방안으로 Children Act 2004에 의해서 중앙 정부와 각 지방 정부는 아동정책(Children's Plan)을 수립해야 할 책무를 갖고 있다. 영국의 아동정책 10개년 계획(Children's Plan)인 Building Brighter Futures는 2007년 12월 11일 고든브라운 총리 취임 이후 발표되었다. 이는 기존 아동정책인 Every Child Matters에 대한 평가를 통해 일부 내용을 보완한 것이다.

2005년 3월에 개정된 아동법 2004(Children Act 2004)는 아동정책 수립을 명시하였고 아동서비스를 수행하는 과정에서 지방 정부의 역할을 강조하였다. Children Act 2004에 의거하여 처음으로 잉글랜드 아동권리커미셔너(Children's Commissioner for England)가 임명되었다. 이로써 아동의 의견이 공공부문에서 그리고 정부 내에서 다루어 질 수 있는 기반이 마련되었다. 아동권리커미셔너는 열악한 상황에서 살고 있는 아동의 의견을 듣는데 특별한 관심을 기울인다. 그들의 생활에 영향을 미치는 행동을 하거나 의사결정을 할 때 이들을 참여시킨다.

2000년에는 열악한 환경에서 성장하고 있는 아동을 위한 아동기금 조성(Children's Fund) 기구가 마련되었다. 이 기구는 사회적으로 소외될 위험에 처해 있는 아동을 조기에 발견하고 이들의 잠재적 역량을 키우는데 필요한 서비스를 제공해 주기 위해서 설립되었다.

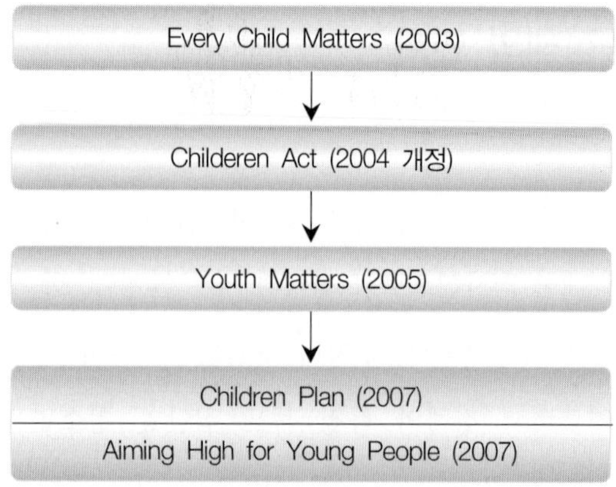

[그림 3-1] 2000년대 영국 아동정책의 흐름도

출처: 윤철경, 박선영, 2008.

1) 정부정책보고서 'Every Child Matters'

(1) 배경

영국 정부는 영국이 세계에서 아동이 성장하는 데 최적의 장소가 되도록 하는 것을 국가비전으로 설정하였다. 이러한 국가비전을 달성하기 위해 2003년 9월 'Every Child matters: Change for Children' 정책을 수립하였다.

'Every Child Matters'는 2003년에 작성된 정부정책 보고서이다. 이는 자신을 기르던 이모와 이모부의 혹독한 학대로 인해서 결국 사망한 Victoria Climbié의 죽음에 대한 공식적인 정부보고 문건이다. Victoria Climbié 사건은 미연에 충분히 방지할 수 있었던 사건임에도 불구하고 비참한 결과를 초래한 것에 대해 영국 사회 전체를 큰 충격에 빠뜨렸다. 영국 사회는 아동보호 체계에 대한 점검과 대책을 마련해야 할 필요성을 절감하였다. 이 보고서는 아동 그리고 가족에 대한 서비스의 문제점을 지적하였다.

정부는 개혁안을 마련하기 위해 아동에게 서비스를 제공하는 과정에 참여하는 사람들 부모 및 아동으로부터 광범위하게 의견을 들었다. 의견수렴의 결과 정부는 'Every Child Matters: the Next Steps'를 내놓게 되었다.

(2) Every Child Matters의 목적

정부의 'Every Child Matters' 보고서를 근간으로 구체적인 정책과 실행 지침, 그리고 성취 지표를 담은 'Every Child Matters: Change for Children'이 2004년 11월 출간되었다. Every Child Matters의 정책 목적은 아동자신의 잠재력을 충분히 개발할 수 있도록 하는 것이다. 0세부터 19세까지의 아동에게 행복한 삶을 제공하기 위한 새로운 접근이다. 그러면서도 특히, 취약계층 아동, 요보호 대상 아동, 장애 아동의 보호에 중점을 두고 있다. 십대 청소년 임신율 감소와 NEET(Ont in Education, Employment or Training 교육이나 고용, 훈련에 참여하고 있지 않은 아무것도 하지 않는 상태의 사람)족 감소도 정책의 중요한 목적이다(윤철경, 박선영, 2008).

'Every Child Matters: Change for Children'은 아동이 반드시 성취해야 할 5가지 구체적인 목표를 제시하였다. 이는 '건강하기(Be Healthy)', '안전하게 생활하기(Stay Safe)', '즐겁게 배우기(Enjoy and Achieve)', '긍정적으로 사회에 기여하기(Make a Positive Contribution)', '경제적인 역량 갖추기(Achieve Economic Well-being)'이다. 5가지 목표는 모든 아동들에게 필요한 보편적인 발달 목표이다. 그들이 어떤 배경에서 태어났고, 어떤 환경에서 성장하고 있는지는 상관이 없다. 이러한 목표를 달성할 수 있도록 아동은 사회적 지원을 받아야 한다. 아동의 보편적인 발달목표를 달성하도록 돕는 모든 과정은 아동 단체들과 함께 이루어진다.

5가지 발달 목표는 상호 영향을 미친다. 예를 들면 아동은 그들이 건강하고 안전할 때 잘 배우고 발달할 수 있다. 그리고 교육이 빈곤을 탈출하는 가장 효과적인 경로라는 것은 여러 연구를 통해서 이미 입증되었다.

〈표 3-1〉 Every Child Matters: Change for Children의 5가지 발달 목표[1)]

기준	하위 영역
건강하기	• 신체건강, 정신적, 정서적 건강, 성적 건강, 건강한 생활, 불법적인 약물하지 않기, 부모나 보호자, 그리고 가족이 건강을 중요하게 다루기.
안전하게 생활하기	• 학대와 방임, 폭력, 성착취로부터 안전, 사고와 사망으로부터 안전, 학교폭력으로부터 안전, 범죄로부터 안전, 부모 · 보호자, 가족들이 안정적인 가정 조성하기

즐겁게 배우기	• 학교준비, 출석과 학교생활 즐기기, 초등학교에서의 기본 학습 능력 배양하기, 건강한 성격, 사회성 발달, 오락 즐기기, 중등학교 수준의 학습 능력 배양하기, 부모들이 청소년들의 학습을 도와주기
긍정적으로 사회에 기여하기	• 지역사회에서 의사결정 과정에 참여하기, 방과 후 긍정적인 행동하기, 긍정적인 또래관계 형성하기, 자신감을 배양하고 도전을 적극적으로 받아들이며 중요한 사건에 대해 성공적으로 대처하기, 부모 · 보호자, 가족들이 긍정적인 행동을 강화해 주기
경제적인 역량 갖추기	• 고등교육 받기, 졸업 후 준비하기, 취업준비하기, 저소득계층이 되지 않기, 부모 · 보호자, 가족은 활발하게 경제 활동하기

1) 구체적인 계획안은 3장 마지막에 있음.

5가지 발달 목표에 따라서 중점 추진 사항과 지표(Target & Indicator), 그리고 세부점검 과제(Inspection)가 제시된다. 국가 목표의 우선순위와 지표를 통해서 국가정책 실행의 우선순위를 알 수 있다.

영국 정부의 청소년 발달 목표는 아동들의 현재 상태를 알려주는 지표와는 성격이 다르다. 그러나 발달 목표의 영역별, 그리고 그에 따른 하위 영역별 목표는 현재의 아동발달 상태를 가늠해 볼 수 있는 준거이기도 하다. 'Every Child Matters'의 성취 목표는 2008년 4월 일부 수정되었다.

'Every Child Matters: Change for Children'이 발표된 이후 영국 내의 병원, 학교, 경찰, 그리고 자선 단체는 새로운 방식의 활동을 개발해야 했다. 이들이 제공해 오던 서비스 형태가 적극적으로 변화하였다. 즉, 정보를 공유하고 협조 체계를 통해 함께 일하며 아동을 위험에서 보호하고 그들이 원하는 것을 성취할 수 있도록 돕는 데 적극적이 되었다. 아동에게 이러한 정책의 변화가 개별적, 집단적 수준에서 영향을 미치기까지는 상당한 시간이 걸릴 것이다. 정부는 부모와 가족 그리고 양육자가 아동의 발달 목표를 성취하는 데 핵심적인 역할을 한다는 것을 충분히 인지하고 이들의 자녀양육을 지원할 수 있는 다양한 정책도 제시하고 있다.

또한 정부는 지방 정부 역할의 중요성도 인식하였다. 아울러 향후 몇 년 동안 모든 지방 정부는 아동에게 서비스를 제공하는 기관들과 파트너십을 구축하였고 업무 평가를 받게 되었다. 지방 정부는 아동의 의견도 주의 깊게 청취해야 한다. 각 지역 아동서비스는 아동 지방 정부의 요구를 반영할 수 있어야 한다. 이들의 요구를 듣는 것은 서비스를 계획하고 전달하는 과정에서 중요하다.

'Every Child Matters'에 나타난 영국 아동정책은 정책의 목표 달성 여부를 판단해 주는 정확한 지표를 제시하고 있다. 아울러 정책 추진의 중점 대상을 명시하고 있는 특징이 있다. 'Every Child Matters'는 다음과 같은 주요 정책 계획을 포함하고 있다.

Sure Start Children's Centre를 설립하고 이 중 20%는 소외 지역에 설치한다. 아동센터(출생부터 취학 전 5세까지)는 보육, 가족지원, 고용상담, 아동건강서비스 등 통합서비스를 제공한다. 아동센터를 통한 통합서비스를 통해서 아동에게 더 나은 기회를 제공하고 다양한 서비스 이용 기회를 제공하려는 정부의 장기적인 투자이다.

Full-Service Extended School을 확대한다. 2010년까지 모든 학교가 Full-Service Extended School을 운영한다. 학교가 지역사회 자원을 활용하는 네트워킹의 중심축으로서 아동과 가족들이 필요로 하는 서비스를 제공하는 역할을 해야 한다는 인식 하에 이를 확대, 강화하는 정책을 적극적으로 추진하고 있다. 학교 및 지역사회기관들은 오전 8시부터 6시까지 양질의 신뢰할 만한 보호서비스를 아동들에게 제공하고, 숙제지도 및 각종 신체·운동 활동, 음악 활동, 무용과 연극 연기, 각종 미술 작업, 체스나 응급처치 교육 등 각종의 특별 활동 프로그램을 실시하고 있다. 부모들을 위해서는 자녀양육에 대한 각종 정보를 제공하고, 교육을 실시하며, 언어치료나 정신건강서비스 등 전문서비스를 필요로 하는 아동이나 가족들의 치료를 도와주고 있으며, 지역사회의 다양한 기관들을 활용할 수 있는 서비스를 제공하고 있다.

유급 출산 휴가가 2007년부터 6개월에서 9개월로 늘어났다. 노동당 정부는 출산 휴가 기간의 증가와 아동의 저체중 감소와 모유 수유를 늘려 결과적으로 아동보건 관련 비용도 줄일 수 있을 것으로 기대하고 있다. 또한 영국 정부는 유급 출산 휴가 기간을 9개월에서 12개월로 늘리고, 12개월의 유급 출산 휴가 중 일부를 남편에게 이전시킬 수 있는 법을 추진하고 있다.

아동의 정신건강서비스에 대한 투자를 확대한다.

(3) Every Child Matters의 중점 추진 사업

이 보고서는 4가지 실천 영역에 초점을 두었다.

- 아동의 삶에 중요한 영향을 미치는 부모 및 가족과 양육자에 대한 지원
- 아동이 위기 상황에 처하기 전 조기 개입과 효율적인 보호
- 아동보호서비스의 접근성과 통합성 증진
- 아동보호서비스 인력의 역량 강화

❶ 부모 및 양육자에 대한 지원

향후 3년 동안 2천 5백만 파운드의 'Parenting Fund'를 조성하여 양육기술과 가족지원정책을 실행.

- 학교, 보건복지서비스, 보육 등의 보편적 서비스 확충 제공.
- 추가지원이 필요한 특정집단 부모를 위한 지원서비스.
- 아동의 반사회적 행동 등에 대한 최후통첩인 양육 명령과 같은 강제적 행동.

❷ 조기 개입과 효율적인 보호

위험에 처한 아동에 대한 조기 개입을 강화하고 아동이 사회안전망으로부터 벗어나지 않도록 보호 체계 정비.

- 정보 공유 : 지방 정부가 지역 아동에 대한 명부, 아동이 받은 서비스와 그들을 접한 전문가의 접촉 내용에 대한 기록을 보유하고 이를 관련 기관 간 공유 체계 마련.
- 공동 평가도구(assesment framework) 개발 : 아동에 대한 기본 정보 수집과 정보 수집의 중복을 피하기 위해서 지방 정부가 아동에 대한 정보를 수집, 공유할 수 있도록 하는 전담 공무원을 지정.
- 전담 전문가제 도입 : 하나 이상의 서비스가 필요한 아동에게 일관성 있는 서비스를 제공하기 위해서 책임 있는 1명의 전담 전문가를 지정.
- 현장서비스 전달 체계 개발 : 교사, 보육교사 등 보편적 서비스를 제공하고 있는 지도자들의 요구에 신속하게 반응하기 위해서 학교와 아동센터 주변에 다학문적 접근을 할 수 있는 전문가 집단 구성.

❸ 서비스의 접근성과 통합성 증진

아동을 정책의 중심에 두고 아동의 필요에 따라 서비스를 조직하기 위해서는 조직 간의 장벽을 넘어서는 근본적인 개혁이 필요하다. 이를 위해서 아동을 위한 핵심적인 서비스가 지역 수준이던, 전국 수준이던 한 조직에 의해 통합되어야 하고 이에 책임을 지는 한 사람이 있어야 하며, 이를 위해 다음과 같은 것을 실행.

- 지역 당국의 교육과 아동을 위한 사회서비스에 책임을 지는 아동서비스 담당자 제도를 입법화.
- 장기적으로는 Children Trusts가 아동을 위한 핵심서비스를 통합하는 기능을 담당.

❹ 인력의 역량강화

아동들에게 보다 매력적이고 좋은 경력을 가진, 보다 숙련되고 유연한 지도 인력을 확보하기 위해 정부는 다음과 같은 조치를 취함.

- 지역 고용주나 직원이 일하면서 발굴한 아동 지도 인력의 기술과 효율성을 향상시키기 위한 지도 인력 개혁 전략, 좋은 실천가에게 보상과 효율적인 인센티브 제공.
- 아동 지도 인력을 충원하기 위한 캠페인 실시.
- 사회사업을 위한 보다 매력적이고 유연한 훈련코스 제공.
- 모든 근로자의 직업 간 이동을 용이하게 하는 공통 직업기준 마련(윤철경, 박선영, 2008).

2) 아동정책 10개년 계획 : The Children's Plan : Building Brighter Futures

Every Child Matters의 실천방안의 하나로 영국의 아동정책 10개년 계획인 Children's Plan: Building Brighter Futures가 2007년 12월 11일 발표되었다. Every Child Matters에 대한 실행평가를 통해 일부 내용이 보완된 것이다. 아동, 학교, 가족부(DCSF: Department for Child, School, and Family)는 아동정책 수립을 위한

사전 조사로서 아동상황보고서(Children and Young People Today)를 발간하였다. 여기서 발견된 사실을 근거로 토니블레어 정부에서 취약하게 다루어졌던 분야와 아동이 처한 새로운 위험과 환경 문제를 포함한 아동정책을 발표하였다. 이는 아동정책에 대한 포괄적 · 종합적 계획안이며 구체적인 실천 계획이다. 아동정책 계획안에 따르면 새로운 제도를 도입하고 지원정책을 개발할 경우에 이에 필요한 예산의 투자 시기까지 명시하고 있다. 중점적으로 다루어야 할 사업 및 정책에 대해서는 계획안 개발과 발표 시기까지 제시하고 있다(예: 우선과제는 1년 내, 3년 내에 집중 투자). 본 계획은 2020년까지 달성할 아동정책 목표이다.

정부는 아동이 처한 상황을 고려하고 이제까지의 정책 수행에 대한 평가를 통해서 5가지 아동정책의 원칙을 수립하였다.

- 국가가 아동을 키우지 않는다. 자녀양육은 부모가 해야 하며 정부는 부모와 가족을 지원하는 역할을 수행한다.
- 모든 아동은 성공할 수 있는 잠재적 역량을 가지고 있기 때문에 자신의 잠재적 역량을 최대한 발휘할 수 있어야 한다.
- 아동과 청소년은 성인기를 준비하는 시기이기도 하지만 아동기를 즐길 수 있어야 한다.
- 서비스는 전문가에 의해서가 아니라 아동 및 가족에 의해서 만들어지며 이들로부터 정책 수행에 대한 반응을 들어야 한다. 전문가에게만 의존해서 정책을 수립하면 안 된다.
- 문제발생 이후에 개입하기 보다는 실패를 예방하는 것이 언제나 더 낫다.

아동정책(Children's Plan) 10개년 계획은 7가지 목표를 제시하고 있다.

- 행복과 건강(Happy and Healthy): 아동의 복지와 건강을 보장.
- 안전(Safe and Sound): 청소년과 취약아동의 보호.
- 우수와 공평(Excellence and Equity): 세계적 수준의 기준을 달성하고 소외아동의 학업성취 격차를 좁힐 수 있는 개별화 과정.
- 지도력과 협력(Leadership and Collaboration): 세계적 수준의 기준을 달성하

고 소외아동의 학업성취 격차를 좁히기 위한 시스템 개혁.

- 지속하기(Staying on): 18세 미만 아동의 잠재력 발달과 참여 보장.
- 정상궤도(on the right track): 아동의 성공경로 확보.
- 현실로 만들기(Making it happen): 21세기 아동서비스의 비전.

주요 추진 분야의 세부 내용을 정리하면 다음과 같다.

〈표 3-2〉 Building Brighter Futures의 세부 내용

조항	하위 영역
행복과 건강 (Happy and Healthy) : 아동의 복지와 건강을 보장.	• 모든 지방 정부에 2명의 육아상담원을 고용 - 3년간 3천 4백만 파운드 투입, 학교에는 학부모 지원 조언가 증원 – 부모교육 및 정보 제공 확대: 'red book' : 출생부터 초등학교까지의 발달 상황 기록. – 부모위원을 두고 정부가 부모의 의견을 수렴. • 집중도움을 필요로 하는 가족에 대한 지지(가족수당, 장애아동수당 등) • 안전한 놀이공간 확보: 2008 여름 Play Strategy 발표 • 아동건강증진을 위한 건강서비스 : 2008년 봄 Child Health Strategy 발표. • 아동빈곤근절: 2008년 Action Plan 발표.
안전(Safe and Sound) : 청소년과 취약아동의 보호	• 안전(불건전한 정보로부터 안전, 주거안전 지원, 보행자 사고 감소, 따돌림 아동가족 지원) – 건강과 안전에 대한 균형 잡힌 서비스 제공. – 시속 20마일 제한구역의 확대/보행자 사망의 70%를 감소할 수 있음. • 정부와 지자체 안전 프레임 및 시스템 개발: 2008년 초 Satying Safe Action 발표.
우수와 공평 (Excellence and Equity) : 세계적 수준의 기준을 달성하고 소외아동의 학업성취 격차를 좁힐 수 있는 개별화 과정	• 취학 전 준비. • 취학아동을 위한 부모에 대한 정보제공 및 준비. • 아동무료보육 투자 확대. • 학습부진 및 낙오 학생을 위한 집중적 지원: Every child Reader와 Every child Count Program. • 기초 초등교육 과정 다지기. • 취약아동에 대한 교육집중 지원(교사훈련, 난독증 교사 확보, 특별한 교육욕구를 가진 아동 실태 파악). – 학부모와의 파트너십 구축. – 보육지원의 확대: 무상보육시간의 증가 – 영어, 수학, 과학에서 7수준 이상을 성취하고, 수학에서 8수준으로 성취하는 학생의 수행 상태를 표시하는 지표 – 읽기, 쓰기, 수학의 기초 원리습득 시간 확대
지도력과 협력	• 초기 아동 및 학령기 아동 관련 교육제도 개선

(Leadership and collaboration) : 세계적 수준의 기준을 달성하고 소외아동의 학업성취 격차를 좁히기 위한 시스템 개혁	• Teaching Workforce • Teaching Workforce 전달 체계(새 자격제도) • 학습 탈락 및 낙오 방지 • 소규모 학급 – 교사전문성을 높이는데 3년간 1천 8백만 파운드 투입 ► 교사를 석사학위 수준의 직업으로 함. ► 공학, 기술 분야 전공자를 교육계로 유입 – 수준 높은 직업교육 제공
지속하기(Staying on) : 18세 미만의 아동의 잠재력 발달과 참여 보장	• 학위(Diploma)와 도제제도를 통한 14-18세 아동의 학습 선택 행동의 증가 • 교육을 통한 성인기 경제기술 획득 • 교육 · 고용 · 훈련 등에 참여하지 않은 청소년 수 감소
정상궤도 (on the right track) : 아동 성공 경로 확보	• 청소년서비스 전달 체계(Youth Task Force) • 음주방지: 2008년 봄 Alchol Action Plan – 청소년 이용 공간 확충: 1억 6천만 파운드 투자/3년간 – 반사회적 행동을 예방하기 위해 3년간 2천만 파운드 투입 – 성교육 실시 – 인간관계 교육 실시 – 범죄예방 교육
현실로 만들기 (Making it happen) : 21세기 아동서비스의 비전	• 통합된 아동서비스 전달 체계 • 'Every Child Matters'에서 설계된 전달 체계 • Children's Trust에 대한 모니터링 • 2008년 초 Children's Workforce Action Plan 발표

아동정책 10개년 계획(The Children's Plan : Building Brighter Futures)의 목표를 달성하려면 아동 관련 기관의 혁신이 요구된다.

03 아동정책의 수립

아동법 2004(Children's Act 2004) 제17조는 각 지방 정부가 아동정책(CYPP: Children and Young people's Plan)을 수립할 것을 명시하고 있다. 이 규정들은 지방자치 단체가 아동정책을 준비, 협의, 실행, 평가할 때 필요한 조치들을 규정하고 있다. 각 지방 정부가 수립하게 되는 아동정책(CYPP)은 The Child Matters에서 제시된 성취 목표에 근거하여 수립된다.

〈표 3-3〉 아동정책(CYPP) 수립의 원칙

아동정책(CYPP) 수립에 대한 규정
• 각 지방자치 단체는 아동정책을 마련해야 한다.
다루어야 할 사안
• 각 정책은 'Every Child Matters'의 5개 성취 목표를 달성하기 위해서 각 지방 정부의 구체적인 계획, 성과 지표 등을 제시해야 한다. 1. 신체적, 정신적 건강과 정서적 행복(well-being) 2. 위험과 방임으로부터의 보호 3. 교육, 훈련, 레크리에이션 4. 사회에 대한 공헌 5. 사회, 경제적 복지(well-being)
• 지방 정부는 정책 목표를 어떻게 달성 방법을 명시해야 하고, 특히 다음의 사항을 반드시 정책에 포함해야 한다. 1. 관련 기관들의 협력 체계 구축 방안 2. 지방 정부의 시행계획 3. 조기 개입과 예방 조치를 위한 계획
• 정책은 다음의 내용이 포함되어야 한다. 1. 결과 대비 욕구 평가(needs assessment) 2. 핵심 정책에 대한 개요 3. 지방자치 단체의 예산사용 계획 4. 지방자치 단체의 성과 관리와 해당 아동에 대한 서비스의 평가와 어떤 관련이 있는지에 대한 설명 5. 아동법 2004 제10조에 따라 관련 기관들과의 공동 업무를 위해 지방 정부가 협의하는 사항
아동정책 발표 시기
• 첫 번째 정책이 발표된 이후, 후속 정책은 이전 정책 실행 기간이 종료된 지 6주 이내에 발표되어 야 한다.
정책의 발표
• 지방자치 단체는 다음과 같은 방법으로 정책을 발표해야 한다. 1. 지방자치 단체의 웹사이트에 올린다. 2. 아동법 2004 제10조에 따라 지방 정부와 함께 정책을 수행하는 모든 기관에 배포한다. 3. 공공 도서관 등과 같은 공공 장소에 비치한다.
정책을 수립하는 과정에서 자문구하기
• 정책을 준비하는 과정에 지방 정부는 아래 기관의 의견을 들어야 한다. 1. 지방자치 단체가 적절하다고 판단하는 아동, 청소년, 가족, 아동보호서비스 담당자 2. 지방자치 단체가 적절하다고 판단하는 아동, 청소년, 가족을 대표하는 사람이나 기관 3. 영국 성공회나 로마 가톨릭 교회 학교로서 지방자치 단체 지역에 세워진 재단이나 기부제 학교에 대한 해당 교구의 권위자 4. 학교[1)] 5. 학교 포럼(schools forums) 6. 학교 입학 포럼

7. 지방자치 단체 지역에서 아동과 청소년에게 자원봉사를 하는 사람이나 기관
8. 지방자치 단체가 적절하다고 판단하는 지역 공동체를 대표하는 단체
9. 지방자치 단체 지역을 위한 '지역보호아동이사회'
10. 아동법 2004 제10조에 따른 지방자치 단체의 해당 파트너[2)]

정책 평가

- 지방자치 단체는 매년 계획을 평가해야 한다.
  1. 정책을 평가하는 과정에서 지방자치 단체는 적합하다고 판단되는 사람들의 의견을 들어야 한다.
  2. 지방자치 단체는 적절한 방식으로 평가 결과를 발표해야 한다.

1) '학교'란 1996 교육법 4조의 정의와 같으며, 매우 광범위하다. 즉, 독립적 학교와 학원 등과 같이, 초·중등교육을 제공하는 FE, HE 부문 이외의 교육기관들도 포함된다. 자문은 학교관리의 책임이 있는 사람들이나 그들을 대표하는 기관과 하게 될 것이다(그러므로 공립학교의 경우, 이는 이사회가 될 것이다).
2) 2008 교육기술법이 여왕의 재가를 받음으로써 현재 CYPP를 준비하는 과정에서 관련자들의 의견을 청취해야 하는 규정은 2009년에 개정될 것이다. 개정 후에는 'Children Services Authority(아동 봉사 인증)' 분야에서의 14-19 교육이나 훈련을 제공하는 등의 역할을 수행하는 사람들과 기관이 포함된다.

출처: Children and Young people's Plan Guidance, 2009.

'아동정책(CYPP)'은 아동과 청소년, 가족들에게 배움의 현실적 장벽을 타파하고, 건강을 증진시키며, 열악한 환경을 극복할 수 있는 서비스를 제공해 줌으로써 영국 정부의 정책 비전을 실현하는 데 중요한 역할을 한다. 아동정책(CYPP)은 아동과 청소년의 정신건강, 성적 건강, 학교 보건서비스와 보건과 관련된 긴급한 개별적인 욕구들뿐만 아니라, 아동과 청소년에게 제공되어야 할 모든 범위의 서비스를 포함하고 있다.

(아동정책 수립의 예)

〈표 3-4〉 Westminster's의 아동정책 계획안

웨스트민스터 시 계획(Westminster City Plan)

웨스트민스터 지역합의안(Westminster Local Area Agreement : LAA)

웨스트민스터시의 아동 및 청소년 계획(Westminster's Children and Young People's Plan)

건강 (Be healthy)	안전 (Stay safe)	즐겁고 보람된 학습 (Enjoy and achieve)	긍정적인 사회 참여 (Make a positive contribution)	경제적 웰빙 (Achieve economic well-being)
• 더 건강한 웨스트 민스터를 위한 계획 • 아동의 NSF(국가 서비스 프레임워크) 실천계획 • 십대 임신 대책 • CAMHS(아동정신건강서비스) 전략 • YP(청소년) 약물남용 계획 • 건강한 학교 프로그램 계획 • PCT(일차의료트러스트) 지역전개 계획	• 입양계획 • 지역보호위원회 사업 계획 • 웨스트민스터 경찰감독 전략	• BSF(미래를 위한 학교 건립) • 14-19세 실천 계획 • 교육 개발 계획 • EOTAS(대안교육) 전략 • 아동 기금 전략 • SEN(특별한 교육적 요구) 전략 실천 계획 • 놀이 전략	• 청소년 문제 실천 계획 • 청소년 사법 계획 • 행동지원 계획 • 범죄 및 무질서 행위 감소 전략	• 경제 발전 계획 • 주택 전략 • 연계 사업 계획 • 런던중심 LSC(학습기술협의회) 지역 계획

- 아동센터 클러스터 계획 (Children's Centres Cluster Plan)
- 연장학교 계획 (Extended Schools Strategy)
- 아동 계획 (WCC CYP Business Plan)

출처: Children and Young People's Plan 2006-09(2006).

개선 성과 (improved outcome)	통합적 일선 전개 (integrated frontline)	통합 과정 (integrated systems and process)	통합 전략 (integrated strategy)	관계부처 간 협의운영체계 (interagency governance)
안전하게 생활하기 (staying safe)	학교와 학생센터 (schools and children's centre)	기록 정보 (recording and information)	지역 요구 분석 (local needs analysis)	비전과 리더십 (vision and leadership)
건강하기 (being health)	1차 의료트러스트 및 일반 개업의 (primary care trusts and GPs)	조회 평가 (referral and assessment)	자원 (resources)	파트너십 (partnership)
즐겁게 배우기 (enjoying and achieving)	청소년 사법 관련 기관 (youth justice and connexions)	관리 수행 (management and professional practice)	서비스 계획 (service planning)	성과 관리 (performance management)
긍정적으로 사회에 기여하기 (making a positive contribution)	자치공동체 서비스 (voluntary and community service)	훈련 개발 (training and development)	위탁 (commissioning)	지역보호위원회 (local safeguarding boards)
경제적 웰빙 (economic well-being)	취약아동 (children with additional need)	자산 관리 (asset management)	인력과 문화 변동 (workforce and culture change)	연합이행 (joined-up delivery)

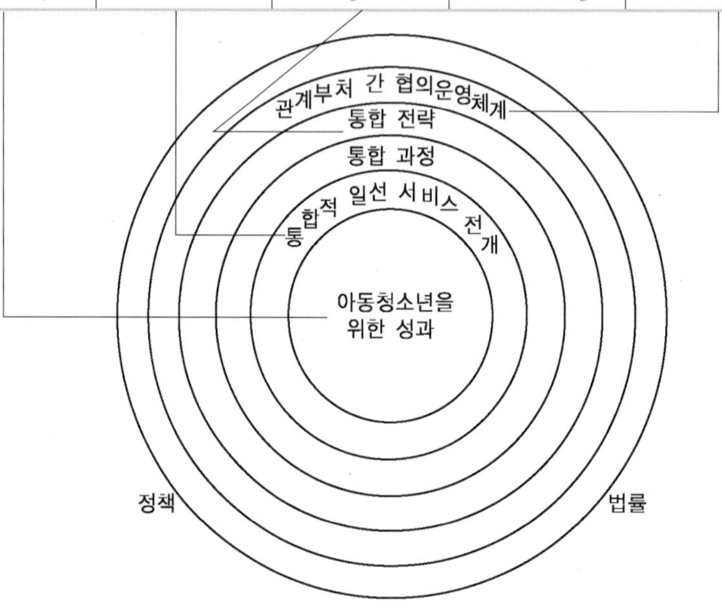

[그림 3-2] 아동서비스 전개 방식

출처: Children and Young People's Plan 2006-09(2006).

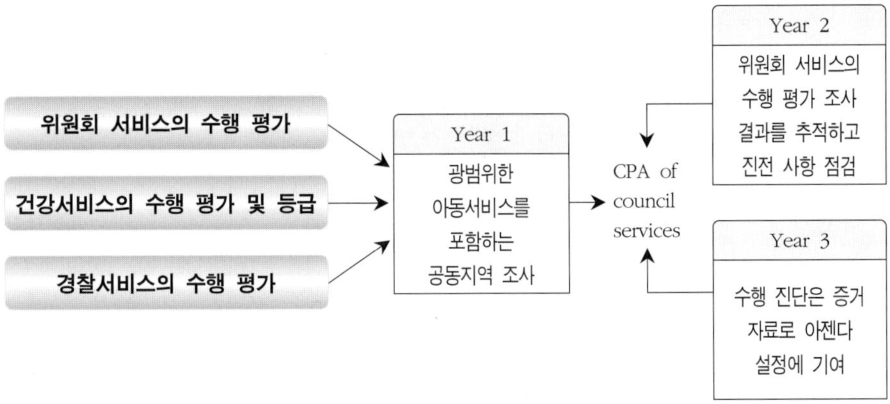

[그림 3-3] 아동정책 및 서비스 수행 평가 체계

출처: Children and Young People's Plan 2006-09(2006).

〈표 3-5〉 아동청소년 계획 성과 분석틀

<table>
<tr><td colspan="2"></td><td colspan="14">웨스트민스터 시 성과 프레임 (Westminster's Outcomes Pramework)</td></tr>
<tr><td colspan="2"></td><td colspan="14">웨스트민스터의 모든 아동은 소중하다 (Every Child Matters in Westminster)</td></tr>
<tr><td rowspan="4">성과</td><td rowspan="2">성과</td><td colspan="5">건강하기</td><td colspan="5">안전하게 생활하기</td><td colspan="4">즐겁게 배우기</td></tr>
<tr><td colspan="5">아동청소년</td><td colspan="5">아동청소년</td><td colspan="4">아동청소년</td></tr>
<tr><td>목적</td><td>신체적</td><td>정신 및 정서적</td><td>성적 sexual</td><td>생활 습관</td><td>마약</td><td>학대</td><td>사고</td><td>폭력</td><td>범죄</td><td>안정</td><td>취학 전 학교 준비</td><td>참여 및 향유</td><td>기준 - 초등</td><td>PSE와 레크리에이션</td></tr>
<tr><td>지원</td><td colspan="5">부모, 양육자와 그 가족의 건강한 선택을 증진시킨다.</td><td colspan="5">부모, 양육자 및 가족이 안전할 수 있도록 집과 안정을 제공한다.</td><td colspan="4">부모, 양육자 및 그 가족의 학습을 지원한다.</td></tr>
<tr><td colspan="2">웨스트민스터의 우선 과제</td><td colspan="5">아동청소년이 보다 건강한 생활습관을 영위하도록 한다.</td><td colspan="5">아동청소년이 안전함과 안정감을 느끼도록 한다.</td><td colspan="4">중등학교 학생들이 학업성취를 이룰 수 있도록</td></tr>
<tr><td colspan="2">주요 목표</td><td colspan="5">1. 95%의 아동이 2007년까지 만 2년, 만 5년, 2회에 걸쳐 면역조치를 받음.
2. 2006/07년에 아동 청소년의 정신건강서비스 '매우 양호'로 평가 받음
3. 2006-09년 11세 이하 아동들의 비만 수준 억제(2006년 가을 자료 기준)
4. 2008/09년까지 아동의 93% 일주일에 최소 2시간 이상 스포츠 활동 참여
5. 2006-07년 Westminster 15-24세 1,900명이 클라미디아(성병) 검진을 지원 받음
6. 담배 등 약물남용 도움을 요청하는 청소년 수가 2008년까지 75% 증가함</td><td colspan="5">1. 2008년까지 폭력행위를 경험한 아동의 70%가 이를 신고함
2. 아동보호등록부의 재등록률(10~15%) '매우 양호' 평가를 받음
3. 아동보호등록부상에 등재된 아동사례의 90% 이상이 2년 이내에 해결됨
4. 12개월 이내 3번 이상 거처를 옮기는 LAC 아동들이 16% 미만임</td><td colspan="4">1. 2008년 여름학기까지 14세 아동의 77%가 영어과목 3에서 5^{+} 수준을 달성함. 수학과목에서는 77%의 학과목에서는 73%의 아동이 이 같은 수준을 달
2. 2009년 여름까지 16세 아동의 55%가 GCSE에서 A^{+}-C 등급을 받음
3. 2008/09년까지 보호관리 종료 시 LAC(보호관리아 가 최소 1개의 A^{+}-G 등급을 받음
4. 중등학교 결성은 2008년까지 전반적으로 6.5%
5. 2008/09년까지 수업일수 25일 이상 결석하는 LAC 아동)의 수는 10% 미만임
6. 정학 및 퇴학률은 2007년까지 10% 감소함(2005
7. 2008/09년까지 웨스트민스터 초등보통학교에 재 수교육 학생들 중 87%가 중등학교로 진학함
8. 2008/09년까지 8개월 이상 언어치료(SLT)진단을 초등학생은 없도록 함
9. 2008/09년까지 SEN(특별한 교육적 요구(Special need))의 93%가 18주 이내로 완료됨
10. 2008/09년까지 유년기 유아교육 환경의 100% 로부터 (의견 · 정보 · 제안 등을) 제공 받음</td></tr>
<tr><td colspan="2">목표 달성</td><td colspan="5">1. 아동청소년들이 보다 편리하게 접근할 수 있는 건강서비스를 개발함. 이에 아동 및 청소년을 적극 참여시킴
2. 지역문제에 맞는 지역해결책을 강구함
3. 관계부처 간 정보를 공유하고 공동서비스 협의에 착수함.
4. 장애아동과 그 가족을 위한 시스템과 서비스를 마련함.
5. 총체적인 접근을 채택하여 비만문제에 대처함.
6. 부모나 양육자들이 아동을 위해 보다 건강한 선택을 할 수 있도록 지원함.</td><td colspan="5">1. 보호는 '모든 이들의 일'임을 확실히 함
2. 아동보호를 우리의 제1순위 우선과제로 간주
3. 관계부처 간 정보공유를 향상시켜 더 나은 아동보호대책을 마련함
4. 아동과 청소년이 불안감을 느끼는 이유에 귀를 기울이고, 안전감을 높이는 일에도 이들을 적극 참여시킴
5. 부모나 양육자들의 긍정적인 양육방식을 강화함. 특히 주요한 변화 시점에 조기 개입해 차후 발생할 문제를 미리 예방함
6. 부모나 양육자들이 안정적이고 안락한 가정환경을 마련할 수 있도록 지원함</td><td colspan="4">1. 전 연령대의 중등학교 성과를 향상시킴
2. 변화 아젠다에 학교운영자들의 참여를 증대시
3. 모든 학교를 지역공동체 내의 연장학교로 개발
4. 새로운 '시 아카데미' 와 제휴하여 공동 협력하고, 과도 연계를 추진함
5. 행동과 동기, 참여를 독려함
6. 취약학생의 수용과 성취를 제고함
7. 부모나 양육자들이 아동의 학업성취를 도울 수 함</td></tr>
</table>

출처: Children and Young People's Plan 2006-09(2006).

긍정적인 사회참여					경제적 웰빙					성과	성과
아동 청소년					아동 청소년						
결정	법 준수와 긍정적 행동	비폭력 무차별	삶의 변화 대처	창업 개발	교육, 고용 및 훈련	고용 준비	안락한 집	교통 및 상품에 대한 접근성	저소득에서 자유로운 자립	목적	
., 양육자 및 그 가족들의 긍정적 행위를 장려한다.					부모, 양육자 및 그 가족들의 경제 활동을 지원한다.					지원	
과 청소년이 학교 안팎에서 보다 긍정적인 행위를 수 있도록 한다.					졸업 후 청소년들이 보다 나은 직업을 갖게 한다.					웨스트민스터의 우선 과제	
008년까지 청소년 활동 참가자들의 30%가 공인 결과를 취 008년까지 초등생의 60%가 집 근처에서 할 일 이 많다고 함 08/09년까지 2,400여명의 청소년들이 청소년 의회 선거에 여함 007년까지 청소년 자원봉사 프로그램이 확립됨 소년 사법조직 초범 입소자의 수가 해마다 2%씩 감소함 개월 후 상습범죄율도 해마다 5%씩 감소함					1. 2008년까지 19세 청소년의 72%가 수준 2의 자격요건을 달성함 2. 2010년까지 미혼모의 60%, 2008/09년까지 청소년 범죄자의 90%, 학습장애 청소년 100%에게 매년 직업교육을 지원함 3. 2006/07-2008/09년까지 329명의 혼자 사는 어머니에게 안정적 고용을 지원함					주요목표	
방과 조기개입에 초점을 맞추는 아동 및 청소년들의 견해 근거하여, 다양한 지역봉사를 개발함 동 및 청소년이 긍정적인 활동에 더 많이 참여하도록 독려 동' 해결이 가능한 분야마다, 청소년을 위한 서비스 정보 접근성을 개선시킴 계부처 간 정보 공유를 확대 정적 행위는 장려하고 나쁜 행동은 고치기 위해, 부모나 육자들에게 적절한 조치를 지원하고 필요하면 강제로 부과 수 있음.					1. 학생들이 가능한 넓은 범위에서 학습진로를 선택할 수 있도록 제공하고 장려함 2. 서비스에 대한 접근을 촉진시키고, 정보와 조언 및 지침을 제공함 3. 조기개입을 증대하고 서비스의 목표를 향상시킴 4. 부모 및 양육자(보호자)의 직장 복귀를 지원함					목표달성	

정부부처간 PSA 혹은 아동, 학교, 가족부(DSCF)의 지표

<table>
<tr><td colspan="2">아동계획 2020 목표</td><td colspan="5">아동과 청소년의 복지 강화</td><td colspan="5">아동 건강을 증진하기 위해 아동비만, 과체중의 수준을 2000수준으로 낮춤.</td><td colspan="5">부모들에게 정보 제공 및 지원을 통해서 만족도를 높임.</td><td colspan="5">모든 아동이 5세 될때까지 영유아 기초발달단계의 90% 수준이 되도록하여 학교 생활에 적응을 도와줌.</td><td colspan="5">모든 아동의 90%가 최소한 영어와 수학 교과목에서 11세 수준의 90%가 되도록하여 중등학교에 갈 준비를 도와줌</td><td colspan="5">모든 청소년들은 성인 삶을 위해서 필요한 역량을 갖출 수 있도록 19세까지 GCSEs의 수준 5등급의 90%까지 배우고 19세까지 2등급의 70%까지 성취해야 함.</td><td colspan="5">모든 청소년들은 대인관계, 사회기술, 삶의 질을 개발하여 긍정적 성취를 하며 위험한 행동은 감소되어야 함.</td><td colspan="5">청소년 범죄 감소 계획을 수립하고 유죄 판결된 청소년, 질책 받은 청소년 혹은 처음 범법행위로 인해 경고받은 청소년의 수를 2020년까지 줄임.</td><td colspan="5">아동빈곤을 2010년까지 반으로 줄이고 2020년까지 근절.</td><td colspan="5">일할 수 있는 청년들에게 고용의 안정.</td></tr>
<tr><td rowspan="2">모든 아동 문제 (Every Child Matters)</td><td>성과</td><td colspan="10">건강하기 (Be Healty)</td><td colspan="10">안전하게 생활하기 (Stay Safe)</td><td colspan="10">즐겁게 배우기 (Enjoy and Achieve)</td><td colspan="10">긍정적으로 사회에 기여하기 (Make a Positive Contribution)</td><td colspan="10">경제적인 역량 갖추기 (Achieve Economic Well-being)</td></tr>
<tr><td>목표</td><td colspan="2">신체 건강</td><td colspan="2">정신적 정서적 건강</td><td colspan="2">성적 건강</td><td colspan="2">건강한 생활</td><td colspan="2">불법 약품을 선택하지 않음.</td><td colspan="2">학대, 방임, 폭력, 성착취로부터 안전</td><td colspan="2">사고나 사망으로부터 안전</td><td colspan="2">괴롭힘과 차별로부터 안전</td><td colspan="2">학교밖에서의 범죄와 반사회적 행동으로부터 안전</td><td colspan="2">안전, 안정을 가진 보호</td><td colspan="2">학교갈 준비</td><td colspan="2">출석과 학교 생활 즐기기</td><td colspan="2">초등학교에서의 기본 학습 능력 배양하기</td><td colspan="2">대인 관계, 사회 관계 향상 및 즐거움 증가</td><td colspan="2">중등학교에서 국가적인 교육의 기준을 성취</td><td colspan="2">지역 사회에서 의사 결정 과정에 참여하기</td><td colspan="2">학교 밖에서 준법과 긍정적 행동을 보장</td><td colspan="2">긍정적 관계 향상과 괴롭힘과 차별을 행하지 않음</td><td colspan="2">의미있는 삶의 변화와 도전을 통해 자기 확신과 성취를 향상</td><td colspan="2">모험적 행동 전개</td><td colspan="2">학교를 떠나 더 나은 교육, 고용 혹은 훈련 보장</td><td colspan="2">고용을 위한 준비</td><td colspan="2">적당한 집과 지지할 수 있는 지역에 생활</td><td colspan="2">수송하기 편하고 좋은 자료 사용</td><td colspan="2">저임금으로부터 자유로운 가족 생활</td></tr>
<tr><td colspan="2">국가 공공서비스 협정(PSAs)와 DCSF(아동교육가족부)의 전략목표부 (DSOs)</td><td colspan="3">PSA12 아동, 청소년의 건강복지 증진(보건부)</td><td colspan="3">PSA22- 올림픽, 장애인 올림픽 개최와 아동, 청소년을 위한 PE와 스포츠 분야 향상을 가져옴.
PSA25- 알코올, 약물로 인한 해로움 줄임.</td><td colspan="4">지원: DCSF의 아동, 청소년 복지와 건강을 위한 전략목표부(DSO1)</td><td colspan="3">PSA13- 아동, 청소년의 안전 증진</td><td colspan="3">PSA16- 사회적 비율 증가는 적응, 고용, 교육 및 훈련에서 성인을 제외시킴.
PSA21- 단합, 권한부여, 지역성취를 향상
PSA23- 지역환경 안전 확보</td><td colspan="4">지원: DCSF의 아동, 청소년 복지와 건강을 위한 전략목표부(DSO2)</td><td colspan="3">PSA10 모든 아동, 청소년의 교육적 성취를 높임.
PSA11- 저소득, 불리한 조건의 배경으로부터 아동과 또래들 사이의 교육적 성취의 차이를 좁힘</td><td colspan="3">PSA 2- 2020까지 세계적인 기술의 기본을 증진하는 방법으로 인구기술 증진.
PSA 4- 영국에 세계적 과학과 혁신을 추진.
PSA 15-성, 인종, 장애, 나이, 성적 태도, 종교로 인해 개인적 경험의 불이익의 주소</td><td colspan="4">지원: DCSF의 전략목표부(DSO3)에서 교육적으로 세계적 수준 성취와 전략목표부(DSO4)에서 불리한 배경의 아동을 위한 교육적 차이의 줄임</td><td colspan="3">PSA 14-아동인구 증가와 청년의 진로 성취</td><td colspan="3">PSA 9- 2020년까지 아동빈곤근절을 위해 2010-11년까지 빈곤에서 아동수 반으로 줄임.
PSA 21-장기간 가구 보장 증가
PSA 21-단합, 권한부여, 지역성취를 향상
PSA 26- 국제적 테러로부터 영국의 위험 줄임</td><td colspan="14">지원: DCSF의 전략목표부는 청년에게 18세에서 그 이상의 청년의 잠재력을 성취하게하고(DSO 5) 아동과 청소년의 성공의 길을 유지시킴(DSC 6)</td></tr>
</table>

국가적 지표 (National Indicators)	삶의 질 지표 (Quality of Life Indicators)	NL 50(PSA 12/DSO 1) 정신적 건강과 복지- 아동청소년의 비율-L NL 53(PSA12/DSO 1) 생후 6-8주에 모유 수유 확대***-L NL 55(DSO 1) 초등 입학연도 아동의 비만-L NL 56(DSO 1) 6세 아동의 비만***-L NL 57(PSA22/DSO 1) 5-16세의 PE와 학교 체육 시간을 주당 2시간의 비율, 5~19세의 PE와 학교 체육 시간을 주당 3시간의 비율 -L NL 112(PSA14/DSO 6) 18세 이하 임신 비율***-L NL 115(PSA14/DSO 6) 불법 약물, 알코올, 휘발성 물질 사용하는 청소년의 비율 줌-L (PSA 12/DSO 1) 아동기 비만 수준	NL 38(PSA 25)약물(A분류)과 범죄 비율과 관련 NL 39(PSA 25)알코올과 관련된 해로움으로 100,000이 병원에 수용 NL 38(PSA 25) 25세 이하의 클라미디아(성병)의 유행 *** NL 120(DSO 1)모든 연령의 사망률의 원인***	NL 69(PSA13/DSO 2) 또래 괴롭힘을 경험한 아동의 비율-L NL 70(PSA13/DSO 2) 아동과 청소년에게 무심코 혹은 고의적으로 상처를 입혀 병원에 입원-L NL 71(DSO 2) 가출한 아동-L NL 111(PSA14/DSO 6) 10-17세 범죄 판결 시스템에서 초범자를 줄임-L (PSA 13/DSO 2) 또패널과정의 기록된 것을 검토를 통해 아동 사망을 예방-L	NL 17(PSA 23)반사회적 행동 비율 NL 34(PSA 23)가정폭력** NL 41(PSA 25)문제로서 술취하는 행동 혹은 난폭한 행동의 비율 NL 42(PSA 25)문제로서 약물사용과 약물남용의 비 NL 48 아동은 교통사고로 죽거나 심각한 상처를 입음	NL 72(PSA10/DSO 3) 사회, 정서 발달과 의사소통, 언어와 읽기능력에서 각각의 척도에 최소한 6단계의 영유아 기초단계를 걸쳐 최소한 78점의 성취-LS NL 73-74*(PSA 10/DSO 3) 초등학생 성취 4단계 영어, 수학 각각 Key 2,3단계 이상,-LS NL 75(PSA10/DSO 3) 초등학생 성취 5단계 혹은 거의 A*-영어, 수학 포함하여 C GCSEs(동일)-LS NL 81(DSO 4) 불균형의 차를 19세까지 3수준으로 성취-L NL 81(DSO 4) 불균형의 차를 19세까지 2수준으로 성취-L NL 83(DSO 3) 과학에서 Key 3단계 이상 혹은 5수준으로 성취-LS NL 84(DSO 3) 과학에서 A* 이상-C GCSEs 혹은 같은 수준의 등급, 2수준 성취-L NL 87(DSO 3) 중등학교 출석 비율-LS NL 92(PSA11/DSO 4) 영유아 기초단계에서 최저 20% 성취에서의 차이 줄이기-LS NL 93-98*(PSA 11/DSO 4) 영어, 수학의 Key 2,3,4 단계에서 2수준까지 발전-LS	NL 99-100*(PSA 11/DSO 4) 영어, 수학 각각 Key 2단계에 이르도록 아동을 4수준까지 도달하도록 관철-LS NL 101(PSA11/DSO4) 영어, 수학 을 포함하여 아동을 5A*(C GCSEs) 수준까지 도달-LS NL102(PSA11//DSO4) 무료 학교급식 차이를 성취하고 또래와의 Key 2에서 4 단계의 수준을 경험-L NL 104(DSO 4) SES/Non-SES의 영어, 수학 차이를 Key 2수준으로 도달-L NL 105(DSO 4) SES/Non-SES의 영어, 수학을 포함하여 5A* (C GCSE) 수준 도달- L NL 107(DSO 4) Key 2 수준으로 흑인과 소수 인종 집단들을 도달-L NL 108(DSO 4) Key 4수준으로 흑인과 소수 인종 집단을 도달-L (PSA 11/ DSO 4) 3,4개의 중요한 사회경제적 지위로부터 18,19, 20세 청소년에게 초기 참여를 높여 교육의 질을 높임. NL 106(DSO 4) 저소득 계층의 청소년에게 높은 교육	NL 79(PSA10/DSO 5) 19세까지 2수준으로 도달-L NL 80(PSA 10/DSO 5) 19세까지 3수준으로 도달-L NL 85(PSA10/DSO 5) 16세이후 물리학(의학, 화학, 수학 수준)-L NL 90(DSO 5) 14-16세에게 배움 증서를 줌-L NL 91(DSO 5) 17세 청소년 에게 교육 혹은 훈련 참여-L NL 110(PSA14/DSO 6) 더욱 적극적으로 긍정적 활동에 참여-L	NL 15(PSA 23) 심각한 폭력 범죄 비율 NL 28심각한 칼 사용 범죄 비율 NL 29(PSA 23) 총기 사용 범죄 비율 NL 174 고용주에 의해 보고된 현재인력의 기술 차이	NL 22 부모들이 아동행동에 관한 반응 비율-L NL 23 상대방을 존중하는 비율-L NL 117(PSA14/DSO 6) 교육, 고용, 훈련 (NEET) 하지 않는 16-18세 -L	NL 116 (DSO 1)아동 빈곤 비율 NL 198 아동은 변화된 학교 모델로 움직임

NL- 지역 정부 국가 지표로부터 지료 표시 세트(1-198개의 정부부처)
SEN- 특별한 교육적 필요
S- 지표는 교육과 유아기를 위한 16개 법적 목표 중 하나
L- 지역 아동, 청소년의 지표는 국가 지표 세트로부터 나타남. 수집, 기록, 수행 관리 감독과 전략적 파트너에서 아동 서비스를 위한 지도자, 지역아동기금조성에서의 아동 서비스를 위한 지도사들이 함께 관리한다.

국가적 지표 (National Indicators)	서비스 질의 측정 (Quality of Service Measures)										
		NL 51(PSA 12/DSO 1) 6아동, 청소년의 정신적 건강 서비스(CAMHs)의 효과***-L NL 52(PSA 12/DSO 1) 학교 점심을 먹는 학생 비율-L NL 54(PSA 12/DSO 1) 장애 아동 부모에 대한 서비스와 '핵심 제공(core offer)***-L NL 58(DSO 1) 6정서적, 행동적 건강에 대한 아동 관찰-L (DSO 1) 양육적 확신, 권한, 긍적적 역할(국가레벨 인식 자료 제안) (DSO 1) 공식적인 놀이공간의신설 수, 새로 바꾼 수(새로운 지표로 아동,청소년의 안전한 놀아 공간을 2009/10까지)	NL 126(PSA 19) 여자들에게 산과 서비스를 손쉽게 접근 *** NL 127(PSA 19) 사회 보호 사용자들의 자기 보고 경험	NL 59(PSA 13/DSO 2) 8사회 보호를 받아 7일만에 위탁된 아동의 초기 사정 비율-L NL 60(DSO 2) 35일안에 아동 사회 보호를 받는 아동의 핵심 사정 비율-L NL 61(DSO 2) 아동 입양에 있어 기관 결정에 따라 아동 배치의 적시성-L NL 62(DSO 2) 아동 배치 안정에 대해 살핌: 배치의 수-L NL 63(DSO 2) 아동 배치 안정에 대해 살핌: 배치 기간 NL 64(DSO 2) 최소한 2년 이상의 아동 보호 계획-L	NL 65(DSO 2)아동 보호계획에서 수반되는 제2의 계획의 비율-L NL 66(DSO 2) 보살핌을 받는 아동의 경우 시간척도 재검토-L NL 67(DSO 2) 1아동보호 사건의 사건척도 재검토 비율-L NL 68(DSO 2) 1초기사정을 통해 아동 사회적 돌봄을 받고 있는 아동의 위탁 비율-L NL 32(PSA 23) 가정 폭력 재사건	NL 76(DSO 3) 65%의 4수준 성취 학생 혹은 영어, 수학 (하) KS3 이상인 학교의 수를 줄임-L NL 77(DSO 3) 50%의 4수준 성취 학생 혹은 영어, 수학 (하) KS3 이상인 학교의 수를 줄임-L NL 78DSO 3) 30%의 5수준 혹은 A*(GCSE의 c등급), 이와 동일한 영어, 수학을 포함한 GCSE C등급 이하인 학교의 수-L NL 86(DSO 3)중등 학교의 굉장히 좋은 행동을 하도록 결정-L NL 88(DSO 3)학교가 제공하는 광대한 서비스에 대해 접근 비율-L	NL 89(DSO 3) 제 시간에 범주별 결과를 얻기 위해서 특별한 측정에 대한 요청과 개선이 결정되는 것을 학교에서 줄임-L NL 103(DSO 4) SEN- 26주이 내의 통계적 문제-L NL 109(DSO 4) Sure Start 아동센터 구축-L NL 114(DSO 6) 학교로부터 영구적으로 제외된 비율-L NL 118(DSO 4) 저소득 일하는 가정에게 아동보육 처리-L 가난으로부터 높은 교육으로 진입하는 비율(수)	NL 19(PSA 23/DSO 6) 어린 범죄자들의 재범 비율 NL 21(PSA 24) 주의회 경찰 관에 의한 반사회행동에 대한 처리 NL 24 주의회에서 다루는 반사회 행동에 대한 경찰방식의 안전 NL 25 주의회에서 다루는 반 사회행동에 대한 경찰 방식과 다른 집단의 안전 NL 27 주의회와 경찰에 의해 다루는 반사회 행동과 범죄에 관한 주의회의 이해 NL 35(PSA 26) 폭력의 극단성에서 우연성 확립	NL 43(DSO 6) 청소년 사법 시스템에서 법정에서 유죄 판결 받은 청소년은 보호처분 NL 44(DSO 6) 소년 사법 시스템 처분에서 범죄자의 소수 인종의 조성 NL 46(DSO 6) 어린 범죄자들에게 적절한 숙박시설 제공 NL 149(PSA 16) 숙박시설 설치된 곳에서 부차적으로 정신 건강 서비스를 제공하는 중재자 NL 150(PSA 16) 일하는 곳에서 부차적으로 정신 건강 서비스를 제공하는 중재자	NL 147(PSA 16/DSO 6) 적절한 숙박시설에 보호 수준-L NL 148(PSA 16/DSO 6) 일, 교육 혹은 훈련에 대한 보호 수준-L NL 156(PSA 20) 임시 숙박시설에 살고 있는 가족수 NL 177 공사에서 지역 버스와 기차길 고안 NL 178 버스 서비스를 정기적으로 운행 (PSA 9/ DSO1) 절대 빈곤 가족의 아동수	(PSA 9/ DSO1) 상대 빈곤 가족의 아동수 (PSA 9/ DSO1) 상대 빈곤 가족의 아동수와 물리적 결핍 가족의 아동수

〈참조〉
*몇 개의 지표들은 관념적인 목적으로 집단 대상으로 함.
-NL73- %L4+KS2 영어와 수학 그리고 NL74-% L5+KS3 영어와 수학
-NL93- %KS2 영어의 수준의 2수준, NL94-% KS2 수학의 수준의 2수준, NL95- %KS4 영어의 수준의 2수준, NL96- %KS3 수학의 수준의 2수준, NL97- %KS4 영어의 수준의 2수준 그리고 NL98- %KS4 수학의 수준의 2수준
-NL99 %L4 돌봄의 아동+ KS2 영어의 수준 그리고NL100- % L4 돌봄의 아동+ KS2 수학의 수준
**사망자의 결과 지표 참조
***이 지표는 NHS에서 작성한 구조의 부분, 'vital Signs' 2008-110I다. 이 체제는http://www.dh.gov.uk/en/Publicationsandstatistics/Publications/PublicationsPolicyAndGuidance/DH_082542에서발견함.

04 영국 아동정책의 특징

영국의 아동정책의 특징을 다음과 같이 정리할 수 있다.

첫째, 아동중심의 정책 수립과 실행이다. 정책 수립의 모든 과정 및 실행 과정에서 아동의 의견을 중요하게 다루고 있다. 동시에 이들의 의견을 정책에 반영하려고 노력한다. 아동정책을 수립할 때 전문가에게만 의존하지 않아야 한다는 것이 아동정책 10년 계획에서 명시되어 있다.

둘째, 보편주의와 선별주의의 동시 수행이다. 아동권리의 보편주의적 실천과 동시에 소외 지역과 위기 아동에 대한 집중지원이다. 보편주의의 실현은 부모들의 배경과 무관하게 아동들에게 동등한 기회를 제공하는 것에서 잘 나타나고 있다. 보편주의는 아동들이 부모들의 상황과 무관하게 안정된 보살핌을 보장받을 수 있는 기반을 제공한다. 영국의 아동정책은 보편주의에 입각하여 모든 아동을 대상으로 하고 있지만, 많은 경우 불리한 환경에 처해 있거나 소외 계층의 아동을 집중 지원하고 있다. 특별한 도움이 필요한 가족, 장애아동에 대한 지원, 위험상황에 처해 있는 아동에 대한 조기교육과 조기개입 등이 있다.

셋째, 부모 및 가족에 대한 지원 및 참여 확대이다. 더 이상 부모들의 양육을 당연시하지 않고 적극적으로 지원할 수 있는 정책을 개발하고 있다. 아동을 잘 양육할 수 있는 것은 이들의 부모 또는 양육자라는 게 영국 정부의 인식이다. 아동 위한 교육 및 복지정책, 관련 법률과 제도를 제공할 책임이 정부에게 있지만 아동에 대한 일차적인 양육책임은 부모에게 있다는 것을 중시한다. 아동정책을 실행하는 과정에서 아동의 교육과 양육에서 소외되어 왔던 부모들의 참여를 늘리고 부모참여를 통해 아동문제를 예방해 보고자 한다. 여성의 취업률 증가로 인해 더 이상 양육부담을 여성 및 가족에게만 지울 수 없는 상황에서 부모들의 가정과 일터의 병행을 지원하고, 부모들의 경제사정에 따라 아동들이 성장하는 데 위협받지 않도록 양육비용을 지원하는 것이다. 부모의 적극적인 참여를 위해서 자녀의 학교생활에 대한 정보 제공 및 학교 내 부모 활동을 강화하는 방안을 내놓고 있다.

넷째, 지역사회의 참여를 통한 서비스의 연계 및 통합이다. 정책을 계획하고 수행하는 과정에서 통합 전략을 사용한다. 지역사회에서 활동하고 있는 아동 관련 기관이 아동정책 개발 및 실행 과정에서 참여해야 할 법적 의무를 지닌다. 이는 아동을 양육할 책임이 부모, 정부, 그리고 지역사회 모두에게 있음을 의미하는 것이다.

영국 정부는 아동법에서 아동 관련 기관 간의 통합서비스의 제공 및 관련기관 간의 연계를 명시하고 있다. 이는 영국의 아동서비스 전달 체계에서 가장 중요한 메커니즘이다. 영국은 지금 '아동보호서비스의 연계 체계 구축'과 관련한 각종의 정책 자료, 시행 지침, 평가 지표 등을 무더기로 쏟아내고 있다. 연계 체계 구축과 관련해서 다루고 있는 대상이나 양이 엄청나 영국 정부가 얼마나 긴급하게 아동보호서비스에서 연계 체계를 중요하게 여기고 있는지를 짐작케 한다. 출간된 자료들을 보면 아동보호서비스 관련 기관들 간의 연계 체계가 아동보호서비스의 성패를 가름한다고 확신하고 있다. 영국은 이미 보건부, 교육기술부, 내무부 합동으로 아동보호서비스 과정에서의 연계 체계 방안을 'Working Together'라는 가치 아래 내놓았다. 아동법 2004 이후에는 아동센터와 Extended School의 서비스 전달 과정에서 관련 기관의 연합과 통합 서비스를 명시하고 있다.

다섯째, 지방 정부가 모든 아동보호정책과 서비스 전달 체계의 구심점이 되고 있다는 점이다. 아동복지를 추진하고, 적합한 서비스를 제공할 법제적인 의무를 갖고 있는 지방 정부는 아동보호서비스의 전 과정을 수행하는 가장 핵심적인 역할을 한다. 이것은 아동보호서비스를 주도적으로 실행하는 의사결정체로서의 아동보호서비스의 주체임을 의미하는 것이 아니라 아동보호제도에서 결정된 서비스 프로그램을 제공할 수 있도록 도와주는 역할을 한다.

영국 아동법 1989도 지방 정부의 역할을 강조하고 있고, 스코틀랜드 아동법 1995도 지방 정부의 업무 담당자에 의해서 모든 아동보호서비스가 제공되도록 법을 규정하고 있다. 그러나 잉글랜드 정부는 Victoria Climbié 사건이 발생하자 아동법 2004를 통해 지방 정부의 역할을 더욱 강화하였다. 특히 눈에 띄는 점은 지방 정부의 모든 공직자가 아동보호서비스의 책임을 진다는 점이다. 즉 아동 업무를 담당하는 지방 공직자가 아니고 지역의 성인 대상 업무를 수행하는 공직자들이라 할지라도 아동보호서비스의 책임이 있다. 모든 공직자에게 아동보호의 책임을 부여하고 있다. 아동보호서비스 전달의 공적 체계인 지방 정부의 주도 하에 문제 발견, 사정, 평가 및 서비스 계획 등이 수립되고 민간위탁기관이 서비스를 전달하는 체계를 유지하고 있다. 아동보호와 관련된 모든 업무는 지방 정부의 주도 하에 처리될 수 있도록 함으로써 어떠한 위험에 처한 아동이라도 정상적인 발달 상태를 성취하고 유지할 수 있는 기반을 제공할 수 있게 하였다. 아동보호서비스에 참여하는 모든 관련 기관들이 협력하여 개입 프로그램을 제공해야 한다는 점도 아울러 강조하고 있다.

여섯째, 아동정책에 대한 중앙 정부의 개입이 강화되고 있고, 지방 정부의 정책이 중앙 정부 정책과 같은 맥락에서 수립된다. 중앙 정부가 제시한 아동정책 수립 준거에 따라서 지방 정부의 아동정책이 수립되고 있다. 지역에 따라 성취지표의 수준과 내용이 일부 차이가 있을 수 있지만, 정책의 전반적인 목표는 동일하다. 이에 따라 아동정책 실행의 지역 간 극명한 차이가 없으며 국가가 지향하는 아동 양육 방향을 설정할 수 있다.

생각하기

1. 영국 아동정책의 특징을 논의해 보자.
2. 아동정책을 수립하거나 시행하는 과정에서 중앙 정부와 지방 정부의 관계가 어떠해야 하는지 생각해 보자.
3. 아동의 삶과 아동정책의 연관성을 논의해 보자.

❙ 참고문헌 ❙

윤철영, 박선영(2008) 2000년대 이후 영국의 아동, 청소년 정책동향과 시사점. 한국아동학회 추계학술대회자료집.

Children and Young People's Pan(www.everychildmatters.gov.uk)

Children and Young People's Pan(www.westminster.gov.uk)

City of Westminster(2006). Children and Young People's Plan 2006-09.

DCSF(2007). Children's Plan: Building brighter futures. London: TSO.

DCSF(2009). Children and Young People's Plan Guidance 2009.

Every Child matters: Next Steps(www.DfCSF.gov.uk)

HM Government(2003). Every Child matters, Green paper. London: TSO.

HM Government(2006). Every Child matters: Change for Children. London: TSO.

CHAPTER 04

아동권리

영국 정부의 아동권리 증진을 위한 노력은 1997년 이래로 아동정책에 초점을 두면서 본격화 되었고 2004년 아동법의 개정으로 더욱 구체화되고 있다. 2004년 아동법이 개정되면서 그 필요성이 수없이 제기되었던 잉글랜드 아동권리커미셔너를 임명하였다. 이후 잉글랜드는 1997년 이후 노동당 정부가 집권하면서부터 가속화 되어 오던 아동정책과 더불어서 아동권리 증진을 위한 다양한 노력을 기울이고 있다. 아동권리 증진을 위한 노력은 영국을 세계에서 아동이 성장하기 가장 좋은 곳으로 만들겠다는 영국 정부의 비전을 성취하기 위해 현재 역점 추진되고 있는 아동정책을 통해서 나타나고 있다.

01 아동권리 개요

1) 협약 이행을 위한 일반조치

(1) 협약의 규정과 영국 국내법과의 조화

영국은 1991년 12월 유엔아동권리협약을 비준하여 1992년 12월 16일 협약을 발효하였다. 협약 비준 당시 제32조항과 제37조항의 비준을 유보하였으나, 1997년 2차 국가보고서를 제출하면서 '자유를 박탈당한 모든 아동은 인도주의와 인간 고유의 존엄성에 대한 존중에 입각하여 그리고 그들의 연령상의 필요를 고려하여 처우되어야 한다'는 37조 c항을 제외하고 두 개 조항의 유보를 철회하였다.

영국은 잉글랜드, 웨일즈, 스코틀랜드, 그리고 북아일랜드가 한 국가를 이루고 있는데, 이들 지역은 각기 독특한 문화적 배경과 전통을 갖고 있다. 각 지역 모두 독립 의회가 구성되어 있고, 특히 스코틀랜드와 북아일랜드는 다양한 영역에서 독자적인 법을 제정, 운용하고 있다. 따라서 영국의 아동권리정책은 지역별로 차이가 있고, 아동권리협약의 이행상황도 각기 조금씩 다르다.

아동권리협약 이행상황에 대한 1차 보고서를 제출할 당시 영국 정부는 아동권리협약의 비준이 영국 내 법과 정책의 변화를 유도하지 못했다고 평가하면서 정부부처들이 법과 정책을 입안하는 과정에서 아동권리협약의 원칙을 충분히 반영할 수 있도록 노력해야 할 것임을 제안하였다. 1997년 이래로 영국 정부는 유엔아동권리협약의 원칙을 반영하는 일련의 정책을 적극적으로 입안해 왔다. 잉글랜드와 웨일즈 지방은 1991년부터 시행된 아동법 1989와 전면 개정된 아동법 2004, 스코틀랜드의 경우는 아동법 1995, 북아일랜드는 아동시행령 1995(Children Order 1995: NI)를 근거로 아동 관련 정책을 개발하고 있다. 영국의 2차 보고서 작성은 보건부의 주관 아래 1차 보고서 이후 신설된 아동과 청소년국(Child and youth Unit)의 주도로 이루어졌다. 3차와 4차 통합보고서를 작성하는 과정에서 영국 정부는 아동과 청소년, 그리고 각 자선단체의 의견을 광범위하게 수렴하였다.

2007년 6월 28일 영국 정부의 조직 개편으로 신설된 아동, 학교 그리고 가족부(Department of Child, School, and Family)가 NGO 단체들을 연합하여 아동권리협약 실천에 관한 의견을 수렴하였다. 아동, 학교 그리고 가족부(Depat of child, School, and Family)는 토니블레어 정부의 교육기술부(Dept of Education and Skills)가 아동 정책에 집중하기 위해서 아동, 학교, 가족부(Depat of child, School, and Family)와 대학발전과 기술부(DIUS: Dept of Innovation Universities and Skills)로 나뉘어 신설된 것이다. 아동, 학교, 가족부(Depat of child, School, and Family)는 0-19세 아동에 대한 정책 책임을 지는 최초의 정부부처이다. 아동, 학교, 가족부(Depat of child, School, and Family)는 아동과 가족의 필요를 총체적 그리고 통합적 방식으로 제공하는 데 총력을 기울일 것이며, 모든 아동들이 최선의 출발을 하고 이들이 필요한 서비스를 지속적으로 받으며 자신의 잠재력을 개발하는 데 필요한 지원을 줄 수 있을 것이다.

❶ 잉글랜드와 웨일즈의 아동법 1989와 아동법 2004

아동법 1989는 잉글랜드와 웨일즈 아동들의 성장과 보호에 관한 법률로 이 법은 특히 '아동이익 최우선의 원칙'과 '아동의 소리를 들어야 한다'는 유엔아동권리협약의 두 가지 기본전제를 충실하게 반영하고 있다. 아동법을 근거로 구성된 아동위원회(Children Act Advisory Committee)는 아동법 중 사법 영역과 관련된 일을 담당하기 위해 구성되었고, 상원의장(Lord Chancellor), 내무부장관(Home Secretary), 보건부장관(Secretary of States for Health) 그리고 가족담당 대법관에게 매년 보고서를 제출하고, 보건부장관은 아동법의 이행상황을 의회에 보고한다. 보고서에는 관련 통계자료, 연구보고서, 조사결과들과 보건부의 전문가 의견이 포함된다. 아동법 이행에 대한 평가가 정부부처의 공공 수준에서 이루어졌다. 그러나 아동법 1989는 Victoria Climbié 사건 이후 전면 개정되었다. 아동법 2004는 아동보호 과정에서 지방 정부의 역할을 확대하였고, 아동권리커미셔너의 임명을 적시하고 있다.

아동법의 원칙이 얼마나 효과적으로 정책에 반영되고 실행되고 있는지에 대한 평가는 대체로 긍정적이다. 아동법 제정 이후 전통적으로 부모의 고유 권한으로 인식되어 온 자녀양육에 지방 정부가 개입할 수 있는 근거를 마련할 수 있게 되었고, 이를 통해 가족들에게 다양한 형태의 서비스를 제공하게 된 것은 아동법이 가져온 놀라운 변화 중 하나이다. 아동들이 자신들의 가정에서 안전하게 성장 할 수 있도록 적극적으로 도왔다. 그러나 일각에서는 '아동이익 최우선의 원칙'이 정책 수립과 서비스 실행 과정에서 제대로 지켜지지 않고 있다는 우려의 소리도 있다. 아동법은 다양한 영역의 아동서비스 실행 과정에서 각 지방의 사회사업부와 교육부가 서로 협조 체계를 이루어 나가도록 규정하고 있다.

❷ 스코틀랜드 아동법(Children Act) 1995과 가족법(Family Act)

스코틀랜드 아동법 1995는 스코틀랜드 아동보호의 사실상의 법적 준거이다. 이 법은 스코틀랜드 아동보호에 중요한 한 획을 긋는 법으로 평가되고 있다. 아동법 1995는 1968년 사회복지법에서 제시한 아동청문제도의 주요 내용과 기본원리, 운영방식 등의 기본 골격을 유지하면서 몇 가지 세부 절차와 내용을 수정하였다. 부모의 권리와 책임(아동법 1조-15조), 아동에 대한 지방 정부의 책임, 아동청문제도와 아동보호에 관한 조항, 부모의 책임에 관한 부분(아동법 16조-93조), 입양법을 수정한 내용(아동법 94조-98조), 추가조항 등(아동법 99조-105조) 총 네 부분 105개 조항으로 구성되어 있다.

스코틀랜드 아동법 1995는 아동의 권리보장을 중요하게 다루고 있고, 아동과 가족복지를 성취할 수 있는 서비스를 적극적으로 제공해야 한다는 점과 아동은 가족에 의해서 양육되어야 한다는 점을 강조한다(아동법 제16조). 아동은 개별적으로 다루어져야 하고, 자신이 영향을 받을 수 있는 어떤 이슈나 결정에 대해 자신의 의견을 표현할 권리를 가지며 이를 중요하게 다루어야 하고, 아동은 그들이 누구이든 어디에 살고 있는지와 상관없이 모든 형태의 학대, 방임, 착취로부터 보호받아야 할 권리가 있으며, 가정으로부터 격리되지 않으며, 긍정적인 자아정체감을 가질 권리가 있다고 전제한다. 재판부나 아동청문위원들이 아동보호처분이나 판결을 하는 것이 아동을 위해 더 낫다고 판단하지 않는 이상 재판부와 아동청문회는 아동과 관련한 판결이나 어떤 보호처분도 하지 않는다. 아동과 가족의 필요가 가장 중요하게 고려되고 아동과 관련한 부모의 책임과 권리를 규정하고 있다. 아동의 복지가 재판부의 판결과 아동청문 과정에서 가장 중요한 것으로 고려된다.

스크틀랜드 아동법 1995는 재판부와 아동청문위원회에서 아동 최선의 이익을 고려하고 안전하게 보호할 수 있는 특별조치를 취할 수 있는 아동보호위원을 지정할 수 있는 조항(아동법 제41조)과 이들이 아동청문제도에서 결정된 개입 프로그램에 대해 이의를 제기할 수 있는 권한을 추가하였다. 아동법 이전에는 아동의 이익과 부모의 이익이 갈등을 빚을 때만 아동보호위원이 아동보호과정에 참여하였다. 그러나 아동법은 모든 아동청문회와 사법부의 모든 과정에 아동보호위원이 참여할 수 있다. 위급상황에 처한 아동이 24시간 내에 보호조치를 받을 수 있도록 하는 아동보호조치(Child Protecrtion Order)와 아동학대 평가조치(Child Abuse Assessment Order)도 추가하였다(아동법 제57조, 58조). 격리보호조치에 대한 새로운 관점도 제시하고 있다. 학대당한 아동을 자신의 집에서 격리시키지 않고 학대행위자를 격리할 수 있도록 하였다(아동법 제76조). 이것은 학대당한 아동은 자신의 가족과 남아있을 권리가 있음을 존중하는 조항이다. 이로써 학대당한 아동은 학대 그 자체 때문에 겪는 고통과 가족이나 자신을 돌봐주는 환경에서 격리됨으로써 겪게 되는 이중의 고통을 피할 수 있다.

스코틀랜드는 가족법 1999(Family Act 1999)를 개정하여 아동의 어머니가 동의할 경우 혼인하지 않은 아버지라도 부모로서의 책임과 권리를 행사할 수 있도록 규정하였다. 이 과정에서 부모와 재판부는 아동의 의견을 들어봐야 한다. 아울러 부모들이 이혼이나 별거 상태라 하더라도 자녀양육에 참여할 수 있게 되었고, 아동의 소유물에 대한 관리와 보호에 대한 규정도 되어있다.

아동법 1995는 아동보호에 참여하는 사람들의 역할을 구체적으로 언급한다. 정부는 아동보호서비스를 실행하는 과정에서 나타날 수 있는 모호한 상황에 대처할 수 있는 구체적인 실행지침을 매년 보완하여 발행한다. 의료진을 위한 지침서, 교육기관 종사자들의 지침서, 담당 공무원들을 위한 지침서, 복지기관에서 아동보호를 담당하는 사람들을 위한 지침서 등이 시달되고 있다.

❸ 유럽 인권협약(European Convention on Human Rights)

1998년 유럽 인권협약이 왕실의 동의를 받았는데, 이는 유럽 인권협약이 영국내 관련법에 영향을 미치게 될 것임을 시사하는 것이다. 실제로 유럽 인권협약은 영국 내 법개정과 제정의 주요한 준거이다. 유럽 인권협약이 아동권리를 보호하기 위한 직접 규정은 아닐지라도 아동권리와 연관되어 있으므로 아동과 관련된 정책을 입안하는 데 영향을 미치고 있다. 유럽 인권협약의 많은 조항들은 예컨대, 고문금지 조항, 가족과 개인생활을 존중할 권리, 사상, 양심, 그리고 종교의 자유, 표현의 자유, 집회와 결사의 자유 등의 아동권리협약에서 규정하고 있는 내용과 동일하다. 영국 정부는 관련법들이 유럽협약의 내용과 일치하는 지에 대한 검토를 재판부에 의뢰하였고 이에 부합된다고 판정된 법 조항들을 장관령으로(의회의 인준을 받은 사람) 수정하였다. 사법부는 계속해서 유럽 인권협약에서 규정하고 있는 권리 규정과 일치하는 법을 마련할 것이다. 영국 정부는 유럽 협약의 내용을 준수하지 않는 공공부서의 정책결정을 비합법적인 것으로 규정하고 있다. 정부는 인권법이 유럽 인권협약을 집약한 것으로 영국을 지원하게 될 것이라고 믿는다. 2000년 각 부처 장관들은 관계 정책을 유럽 인권협약의 내용과 일치되게 수정, 보완하였다.

유럽 인권협약은 스코틀랜드와 웨일즈에서 아동의 지위에도 영향을 미치고 있다. 스코틀랜드 의회와 행정부는 유럽 인권협약에 대한 잉글랜드와 웨일즈의 방법을 대부분 채용한다.

❹ 아동정책 수립

2004년 아동법 전면 개정 이전까지 영국은 각 지방 정부가 정기적으로 아동복지사업 계획안(Children Services Planning)을 마련하였다. 전면 개정된 아동법 2004 이후 지방 정부는 아동 기본 계획(Children and Young People Plan)을 수립해야 한다. 영국 정부는 이를 통해 아동과 가족에 대한 복지서비스를 체계적으로 개선해 나갈 수 있다고 이해한다.

각 지방 정부는 1992년부터 아동복지사업 계획안(Children Services Planning)을 마련하기 시작하였다. 그러나 지역에 따라서 아동복지사업 계획으로 수립된 내용들이 천차만별이고, 그 효과도 판이하게 차이가 있어서 지방 정부가 독자적으로 아동복지사업 계획안을 마련하는 기존의 정책을 Social Services Inspectorate(SSI)와 Audit Commission가 평가하였다. 그 결과 Social Services Inspectorate(SSI)와 Audit Commission은 지방 정부가 아동복지사업(Children Services Planning)을 계획하는 것을 법제화할 것을 제안하였다. 이에 따라 1996년 4월 아동법 1989에 의거 마련된 아동복지사업 계획 시행령(Children's Service Planning Order)이 제정되었고, 모든 지방 정부가 관할 구역 아동들의 복지적 요구에 부응하기 위해 정기적으로 아동복지사업 계획을 수립(Children Services Planning)하기에 이르렀다. 아동복지사업 계획 시행령은 1997년 3월부터 발효되었다.

아동법 2004는 지방 정부가 0세부터 19세 아동 관련 정책을 중앙 정부의 정책과 일관성을 갖고 추진할 수 있도록 하기 위해서 The Child Matters를 각 지방 정부에 시달하였다. The Child Matters는 중앙 정부의 아동 기본 계획 추진 방침 및 아동청소년 기본계획의 구성안을 포함하고 있다. 이를 근거로 각 지방 정부는 아동청소년 계획을 수립하고 성과지표의 달성정도를 매년 평가하고 있다. The Child Matters는 모든 아동을 위해 보편적으로 달성해야 하는 목표와 이를 달성하기 위한 구체적인 서비스를 제시하고 있다.

1998년 출간된 SSI의 세 번째 보고서 Partners in Planning에서 아동복지사업 계획의 수립을 법제화한 이후에 지방 정부의 각 부처 간 한계를 극복하고 협력 체계를 충실하게 구축하고 있다고 평가하였다. 보건부의 의뢰를 받아 법제화에 대한 정책 평가를 실시한 아동국(National Children's Bureau)도 이와 동일한 분석결과를 내놓았다. 그러나 아동국(NCB)은 여전히 아동과 가족에게 필요한 서비스를 평가하고 분석하는 일은 기술적인 문제로 어려움이 있다고 지적하고 있다. 아동, 학교, 가족부(Dept of Child, School, and Family)가 아동복지사업 계획 내용을 모니터링해 주고 있고 아동국(NCB)은 어떻게 하면 지방 정부가 서비스 계획을 수립하는 것에서 부터 서비스 전달까지 적절하게 실행할 수 있을지를 지속적으로 연구하고 있다.

❺ 지방 정부의 보호를 받고 있는 아동들에 대한 정책

스코틀랜드 정부는 1996년 Look After 규정을 공시하였다. 이 규정은 위탁아동, 시설아동, 집에서 보호조치를 받은 아동을 지방 정부가 보호할 때, 아동을 돌보는 사람들이 일상생활에서 그들 각자가 담당해야 할 역할을 구체적으로 제시하고 있다. 지방 정부의 보호를 받고 있는 아동들은 일반적으로 다른 아동들에 비해 학습능력이 현저하게 떨어져 정부는 아동들의 학습 수준을 올리는데도 역점을 두고 있다.

정부의 보호를 더 이상 받을 수 없는 16세에서 21세 사이의 청소년들이 아무런 준비도 없이 혼자 살기 시작함에 따라 여러 가지 사회문제가 파생되고 있어, 아동법 1995는 고교 졸업 후에 청소년들이 혼자 살 경우 이들이 지방 정부의 안내와 도움을 의무적으로 받도록 규정하였다. 지방 정부가 21세까지의 청소년들에 대한 지원 책임을 맡는다. 지방 정부는 이들에 대한 교육비 및 각종 훈련비, 주거비용 등도 지급한다. 이외에도 아동법 1995는 지방 정부가 돌보는 아동들의 종교, 인종, 문화, 언어 배경을 인정하고 있다.

법정 연령에 관한 법 1991(Age of Legal Capacity(Scotland) Act 1991)은 16세 이하 아동이 자신에 대한 문제를 진술할 경우 법적 지원을 받도록 규정하였다. 의료서비스 과정에서 법정 연령에 관한 법 1991(Age of Legal Capacity(Scotland) Act 1991) 2항은 아동이 자신에게 제공될 의료서비스를 이해할 수 있는 "발달적 능력"이 있는 경우에만 아동이 의료진료동의서를 작성할 수 있도록 규정하였다.

❻ 부모의 자녀체벌권리 제한법 2004

영국에서는 학교뿐만 아니라 가정 내 체벌금지 조항을 아동법에 추가하기 위해 수백 개 아동관련 단체가 '가정 내에서의 체벌 근절' 운동을 벌여왔다. 이러한 노력의 결과, 2004년 영국은 부모의 자녀체벌권리 제한법을 제정(2004. 7. 6. 한겨레)하였다. 영국 부모들이 자녀에게 체벌을 가할 수 있는 권리를 현격히 제한하는 아동법 개정안이 7월 5일 영국 상원을 통과하였다. 아동법 개정안은 아동의 몸에 멍이 들게 하는 행위, 피부가 붉게 변할 정도의 타격을 가하는 행위, 전신에 상처를 줄 수 있는 모든 행위를 범죄 행위로 규정한다. 이러한 행위를 한 부모는 국가에 의해 체포 기소된다.

❼ 기타 관련 정책

영아돌연사 감소와 학교폭력 근절을 위한 정책 등은 아동권리협약을 국내 정책에 반영하려고 영국 정부가 보인 일련의 노력이다. 성학대를 사회문제로 인식하고 관련 기관들이 "함께 일하기(Working Together)"를 통해 이에 대응할 수 있도록 체계를 정비하고 실행 정책을 개발하고 있는 것을 유엔아동권리 위원회는 긍정적으로 평가하고 있다. 보건부는 내무부, 교육부와 공동으로 청소년 범죄의 예방과 처리를 위해 지방 정부들이 협조체제를 이룰 수 있는 지침을 배포하였다.

스코틀랜드는 1999-2000년까지 홈리스를 위해 300만 파운드를 투자하였다. 1997년 12월 마련된 홈리스 처리지침(Scottish Code of Guidances)에서 홈리스 청소년들이 성적 착취와 경제적 착취의 위험에 노출될 수 있다고 경고하였다. '아동기구(Children's Issues Unit)'는 "우리의 생활 프로젝트(Our Lives Project)"를 실행하고 있다.

북아일랜드는 아동시행령 1995(Children Order 1995)를 발효하여 1996년 11월부터 시행하고 있다. 북아일랜드 정부는 아동권리협약보다 이 시행령에서 아동권리가 오히려 더 강화되었다고 평가한다. 1998년 제정된 가정폭력법 시행령은 유럽 국가들 중에서 가장 강력한 가정폭력법이다.

웨일즈 정부는 "아동 먼저(Children First)" 캠페인을 벌이고 있다. 이 운동은 보건부에서 발표한 "질적 보호(Quality Protects)" 기준에 따라 1999년 4월부터 시작되었고 요보호 상태에 있는 아동, 특히 지방 정부의 보호를 받고 있는 아동들에게 질적 서비스를 제공하려는데 그 목적이 있다. 1999-2000년까지 500만 파운드가 이 사업에 사용되었다. 1999년 4월부터 시작된 웨일즈에서의 Sure Start 운동에 1999년부터 2002년까지 2,500백만 파운드가 사용되었다. 1995년 이후 영유아보육의 확충과 질적 성장을 위해 웨일즈 정부는 많은 재정을 투입하였으며, 1998년 아동부 장관은 "아동보육전략(A Childcare Strategy for Wales)"을 발표하였다. 이는 영국 전역의 영유아보육정책에 영향을 주었다. 마침내 영국 정부는 2000년 Child Care Standard Act를 제정하였고, 영국 내 0세부터 14세까지 아동을 위한 모든 보육 프로그램이 이 법을 준거로 실행되고 있다.

2) 아동권리모니터링 및 조정기구

(1) 아동권리실현을 위한 정부조직 개편 및 신설

아동권리에 관한 업무는 보건부(DOH: Department of Health)에서 관장하고, 보건부 내에 몇 개의 관련 부서를 두고 있다. 영국의 유엔아동권리위원회에 대한 첫 번째 보고서(1994)는 보건부 산하의 아동권리개발기구(Children's Rights Development Unit)의 주도로 이루어졌지만 1998년 2차 국가보고서에 대한 유엔아동권리위원회의 권고에 따라 아동, 청소년기구(Children and Young People Unit)가 신설되었고 다음 국가보고서를 준비하고 있다. 1997년 출범한 노동당 정부는 아동의 욕구를 충족시키고 최선의 이익이 고려될 수 있는 놀이와 교육환경을 제공하기 위해 많은 국가자원을 투입할 것이라는 내용의 발전 계획서를 발표하였다. 아동, 청소년 부서를 신설하고 이를 담당하는 장관을 임명한 것은 아동에 대한 정부의 변화된 인식을 반영하는 것이다.

보건부 산하의 아동보호부(Children's Safeguard Unit)는 2000년 National Care Standard Act 2000을 제정함에 따라서 기존의 Children's Rights Director의 역할을 확대하는 국가보호기준위원회(National Care Standard Commission)의 지정에 대한 논의를 활발하게 벌이고 있다. 지방 정부와 보건부의 사회와 보건서비스 업무를 아동부로 이관하고 이 부서는 주거, 위생, 교육, 환경, 노동 및 매춘 등과 관련한 정책과정을 2002년 4월부터 관장하고 있다. 이 기구는 아동권리와 관련한 업무를 실행하는 아동위원(Children's Rights Director)을 두고 있다. 그러나 영국 내의 비정부기구, 자선단체들은 아동위원(Children's Rights Director)의 역할과 기능이 아동권리를 실현하는 데 많은 부분 제한된다는 점을 들어 독립된 기구의 창설을 주장하고 있다. 이 기관 이외에도 아동권리협의회(Children's Advocacy Consortium)가 보건부와 함께 아동권리 증진을 위한 업무를 추진하고 있다.

스코틀랜드는 '아동기구(Children's Issues Unit)'를 설립하고 아동장관(Minister for Children's Issues)을 1997년 7월 임명하였다. 이 기구는 스코틀랜드 정부 내 각 부처 간의 협력을 이끌어내고, NGO의 의견을 반영하여 아동권리 이행 상황에 대한 보고서를 작성한다. 이 기구는 스코틀랜드 아동권리연맹(SACR: Scottish Alliance For Children's Rights) 창설을 위한 세미나도 후원하였다. 이 세미나에서 아동권리 이행 상황에 대한 논의와 평가가 있었고, 이것이 스코틀랜드 보고서의 주된 내용이 되었다.

웨일즈 지방 정부 역시 1997년에 아동부를 창설하고 아동부 장관(Minister for children)을 임명하고 이 산하에 아동문제에 대한 부처 간 조정위원회(Departmental Committee on Children's Issues)를 조직하였다. 여기서 아동 관련 정책을 결정을 한다.

정부는 시민단체를 조직, 후원하여 가정의 자녀양육을 지원하는 정책도 펼치고 있으며, 이외에도 다양한 가족지원책을 개발하고 있다. 그 중 1997년부터 NCB를 통해 영국 정부는 0세에서 3세 아동을 위한 Sure Start 프로그램(실조된 환경에서 살고 있는 아동과 가족을 대상으로 한 프로그램)을 시행하고 있다.

(2) 아동권리모니터링을 위한 국가기구 창설 : 아동권리커미셔너의 임명

아동권리 이행의 국가이행을 감시할 수 있는 기구로 크게 옴부즈제도와 아동권리커미셔너위원(Children's Rights Commissioner)이 있다. 영국은 웨일즈와 스코틀랜드 지역은 아동권리를 모니터링하는 기구로 아동권리위원회를 창설, 운영하고 있는데 반해, 잉글랜드는 런던에만 아동권리위원이 런던시 소속으로 지명되었을 뿐, 아직 잉글랜드 전체 아동에 대한 권리위원을 임명하지 않았었다.

100개 이상의 아동 관련 사회복지 단체들이 영국에서 이 기구의 설립을 지원하고 나섰다. 이들 단체들은 영국이 이미 1971년 이후로 Equal Opportunities Commission과 Commission for Racial Equality가 조직되었고 1999년 4월 Disablity Rights Commission이 발족하였다는 점을 들어 더욱 강력하게 아동권리위원의 임명을 주장하였다. 아동권리연맹이 지원하는 아동권리위원 제도를 도입하기 위해 시작된 '여기 지금 바로(Here and Right Now)' 프로젝트에 잉글랜드 각 지역에서 선발된 20명의 5세에서 18세 사이의 아동이 참여하고 있다.

NSPCC는 잉글랜드에 아동권리위원을 선정할 것을 주장한 가장 강력한 지원단체이다. 이 협회는 1973년에서 2000년까지 자신의 부모가 보고 있는 가운데 사망한 아동 100명에 대한 조사한 결과, 병원과 시설에서 아동권리가 얼마나 심각하게 침해당하고 있는지를 확인하였다. 이후 아동권리위원회의 창설을 적극적으로 권고하고 있다.

Children's Rights Alliance for England(CRAE)는 정부가 아동부를 신설하면서 1991년부터 있었던 정부 산하의 아동권리개발단(Children's Rights Development Unit)과 아동권리사무국(Children' Rights Office)이 1999년 4월 멤버십 조직체로 새롭게 개편되면서 조직된 아동자선단체이다. 이 단체는 170개의 민간조직이 가입되어 있고 아동의 생활환경과 지위를 향상시킬 것을 목적으로 하고 있다. 이들은 아동권리 프로젝트를 시행하고 캠페인을 벌이는 과정에 아동을 참여시키고, 모든 의사결정과정에 아동이 참여할 수 있도록 조직되었다. 궁극적으로는 아동자문단(Child advisory Board)을 두는 것을 목적으로 한다. 선발된 아동대표와 지방 정부의 대표자를 대상으로 아동의 권리와 아동참여 프로그램을 운영하고 있다.

Children's Rights Alliance for England(CRAE)의 아동권리증진캠페인 (http://www.getreadyforchange.org.uk/).

Children's Rights Alliance for England(CRAE)의 연령차별금지캠페인 (http://www.crae.org.uk/protecting/age-discrimination.htm)

이러한 일련의 움직임 결과, 아동법 2004는 아동권리커미셔너의 임명을 명시하였다. 아동권리커미셔너는 영국 전역에서 설립되었고, 영국 내 모든 아동들이 권익을 위해서 관련기관들이 함께 할 수 있는 일을 계획, 실행하고 있다. 영국 각 지역의 커미셔너들은 아일랜드커미셔너와 함께 연합조직인 BINOCC(British and Irish

Network of Ombudsmen and children's Commissioners)을 창설하여 함께 활동하고 있다.

웨일즈는 아동보호기준법(Child Care Standard Act, 2000)이 통과되면서 아동권리위원을 2000년 11월에 구성하였다. 그러나 웨일즈의 아동권리위원은 영국 전체 의회에서 보고할 권한이 없기 때문에 다른 나라의 옴부즈퍼슨이나 아동권리위원에 비해 그 역할이 극히 제한되어 있다. 스코틀랜드는 2002년 2월에 아동을 위한 아동권리위원을 임명하였다.

스코틀랜드는 아동과 청소년법(Children and Young People Act 2003)에서 아동권리커미셔너의 임명을 명시하였다. 아동권리커미셔너는 독립적으로 존재하며 이들의 일차적 기능은 아동의 권리를 보호하고 증진하는 것이다. 최초의 스코틀랜드 아동권리커미셔너는 2004년 4월에 임명되었다.

(3) 아동권리담당관(Children's Rights Director)의 임명

잉글랜드는 아동권리담당관(Children's Rights Director)을 보호기준법 2000(Care Standard Act 2000)에 의해서 임명하고 있다. 이들은 열악한 환경의 아동들을 위해서 일한다. 아동양육시설에서 살고 있거나, 위탁가정, 그리고 특수학교 등의 시설보호를 받고 있는 아동들을 위한 지원 활동을 한다. 아동권리담당관(Children's Rights Director)은 열악한 환경의 아동들의 복지와 권리를 증진하고 교육표준국(The Office for Standards in Educations, standards and government and Skills)의 기준에 의거 이들이 생활할 수 있도록 도와야 한다. 아동권리담당관(Children's Rights Director)은 교육표준국(Ofsted)에게 평가기준, 평가결과의 활용 등에 대한 의견도 제공한다.

(4) 비정부단체(NGO)들의 아동권리모니터링 활동

영국 내 NGO 단체들은 아동권리증진이라는 최선의 목표를 성취하기 위해 공동보조를 맞추면서 협력관계를 유지하고 있다.

❶ 아동권리연합(Children's Rights Alliance)

아동권리연합(Children's Rights Alliance)은 정부가 아동부를 신설하면서 1991년부터 있었던 정부산하의 아동권리개발기구(Children's Rights Development Unit)와 아동권리사무국(Children's Rights Office)이 1999년 4월 회원단체로 개편되면서 조직된 아동단체이다. 이 단체는 170개의 민간조직이 가입되어 있다. 이들은 아동권리 프로젝트를 시행하고 캠페인을 벌이는 과정에 아동을 참여시키고, 모든 의사결정과정에 아동이 참여할 수 있도록 운영하고 있다. 최종적으로 아동자문단(Child advisory Board)을 결성하는 것이 목표이다. 선발된 아동 대표와 지방 정부의 대표자를 대상으로 아동의 권리와 아동의 참여 훈련 프로그램을 운영하고 있다.

유엔의 아동권리협약 비준 10주년 기념행사를 겸하여 2001년 12월 8일에 아동권리 행진을 런던에서 개최하였다. 이는 아동인권을 보장하기 위해 더 많은 조치가 필요한 것을 모든 사람들에게 일깨워 주기 위한 것으로, 10주년 기념 케이크를 갖고 6명의 아동이 영국총리를 방문하였다.

❷ NSPCC(National Society for the Prevention of Cruelty to Children)

NSPCC는 아동보호와 학대 예방을 목적으로 한 영국의 주도적인 자선단체로 1889년에 Benjamin Waugh 목사에 의해서 설립되었다. NSPCC는 학대의 위험에 처한 아동을 안전하게 보호할 수 있는 법적 권한을 행사할 수 있는 유일한 영국의 기관이다. NSPCC는 모든 사람은 아동을 보호할 책임이 있고, 아동은 모든 종류의 폭력과 착취로부터 보호받아야 한다는 것을 강조한다. 산하에 1,800명의 직원이 있으며 180개의 아동보호팀을 운영하고 있고 이들은 200개 지역지부를 두고 있다. 중앙본부의 자원개발부가 필요한 자금을 조달하고 있다. 재원확보를 위해 17,000명의 자원봉사자들이 활동하고 있다. 최근에 가장 주력하고 있는 프로젝트는 영국사회 내에서 아동에 대한 모든 종류의 폭력을 근절하자는 FULL STOP 캠페인이다. 이 결과 300명의 국회의원들이 NSPCC의 아동학대 근절 선언에 서명하였다. 영국의 국회의원들은 2001년에 가장 영향력 있는 자선단체로 NSPCC를 선정하였다. NSPCC가 아동을 대상으로 인터넷의 폐해성에 대해 교육하는 데 내무부(Home Office)는 15억 파운드를 지원하였다. 2002년 5월 NSPCC가 제정한 어린이날은 어린 아동을 때리는 것이 얼마나 위험한지를 알리는 캠페인을 개최하였다.

❸ 아동권리증진 활동과 방송매체

영국의 아동권리모니터링에서 BBC방송을 비롯한 방송의 역할을 빼놓을 수 없다. 모든 방송캐스터들은 "바람직한 품행과 예절에 어긋나거나 범죄와 무질서를 유발할 가능성을 높이거나 대중의 감정을 공격적으로 자극할 수 있는 자료들을 보도하지 않는다"는 선언을 하였다. 정해진 시간 전에 방영할 수 없는 성인 프로그램을 선별한다. 상업방송들 역시 아동 광고에 대한 특별지침을 지켜야 한다. 아동이 시청하는 시간대에 방영되는 광고 중 아동들에게 신체, 정신적 혹은 도덕적으로 해가 될 수 있는 광고인지 판단한 후 방영한다.

BBC 웹사이트에서 운영하고 있는 '아이들 세상(A world for Children)'은 아동이 자신의 생활을 아동 자신이 보고하는 것으로 세계 각 지역 아동들의 생활상을 사실적으로 보여준다. 이와 같은 방송의 목적은 권리협약의 내용을 세계 각국이 얼마나 실행하고 있는지를 모니터하기 위한 것이다. BBC는 이 사이트를 통해서 권리교육도 하고 있다.

(3) 협약의 홍보 및 보고서의 보급

보건부와 각 지방 정부는 유엔아동권리협약의 내용을 인쇄하여 각 지역별 보건관련 부처 및 기구, 의료보호(NHS) 사무국, 각 지역의 사회복지기관들에게 배포하였다. 웨일즈 정부는 1994년 7월부터 아동권리협약을 리플릿으로 제작, 배포하였다. 북아일랜드와 스코틀랜드에서도 소책자나 리플릿 등을 통해 아동권리협약의 내용을 홍보하고 있다.

교육부는 아동권리협약에서 명시하고 있는 교육관련 내용을 소책자로 제작하여 배포하였다. 아동국(NCB)은 아동권리협약의 내용을 각급 학교에 배포하였고, 이에 대한 교사교육을 실시하였다. 협약의 내용이 아동들이 이해하기 쉬운 용어로 풀이되었다. 아동국(NCB)은 아동권리협약을 아동 관련 영역에 종사하고 있는 사람들뿐만 아니라 모든 국민들에게 알리기 위해 노력한다.

영국 내 NGO 단체들은 교육계, 사회복지계 등의 아동관련 기관 종사자들을 대상으로 권리교육을 실시하고 있고, 아동권리 실행에 대한 모니터링을 하며, 아동권리증진을 위한 각종 캠페인을 벌인다. 아울러 정부를 대상으로 각종 로비 활동도 하고 있다.

유엔아동권리협약의 이행 상황에 대한 국가보고서를 유엔아동권리위원회에 제출하기 전에 영국 정부는 이것을 각 지방 정부와 보건국을 포함한 의료기관, 정부부처와 사회복지 단체들에게 배포하였다. 이들의 검토와 분석, 평가를 거쳐 보고서 최종안을 작성하였고, 이 내용은 1998년 개최된 세미나를 통해서도 발표되었다. 1차 국가보고서를 제출할 때는 아동들의 참여가 미미하였으나 2차 보고서 작성 과정에서는 아동들의 참여를 늘렸다. 2차 보고서를 준비하는 모든 과정에 아동들이 참여하였다.

3) 아동의 정의

영국은 민법에서 아동 연령을 16세까지로 규정하고 있지만 영국 내 아동 관련 법들은 실질적으로 관련 정책의 대상 아동 연령을 대부분 18세까지로 규정하고 있다. 아동법 1989는 모든 연령의 아동들이 주거공간이나 접촉권을 재판부에 청원할 수 있지만 청원을 하기 전에 아동이 이를 충분히 이해하고 있어야 한다는 것을 전제로 한다. 모든 연령의 아동들이 재판부에 소송을 제기할 수 있으나 이는 보호자를 통해서 가능하다. 16세 아동은 부모나 보호자 등을 통해서 혹은 자신 스스로 범법 행위에 대한 법적 지원을 요청할 수 있다. 일반 사안을 처리하는 과정에서도 부모를 통하지 않고서도 법적 지원을 신청할 수 있다. 아동법은 변호사를 지명할 수 있는 권리를 아동들에게도 부여하고 있다. 아동법 1989에 의하면, 아동은 소아정신 치료나 의료 처치 혹은 응급 보호 조치나 아동 평가 과정에 동의하지 않을 수도 있다. 모든 연령의 아동들이 그들이 받게 될 임상적 처치에 대한 충분한 이해가 있다면 동의 여부를 표현할 수 있는 권리를 갖게 된다.

아동은 만 16세가 되면 학교를 다니지 않아도 된다. 일반적으로 13세가 되면

제한적이기는 하지만 시간제 일을 할 수 있다. 종일제 일을 할 수 있는 연령은 16세 이상이다. 대부분 규정에서 보건원 채용 연령을 제한하고 있지 않지만 특정 의약품이 아동들의 건강과 안전을 위협할 수 있기 때문에 일반적으로 18세 이하의 아동들은 이와 같은 종류의 직업을 갖지 않는다.

잉글랜드와 웨일즈에서는 부모가 동의하면 16세에 결혼할 수 있다. 부모가 동의하지 않는다면, 재판부가 결혼을 심의해야 한다. 부모의 동의나 재판부의 허락 없이 결혼하는 것은 용인되지 않고 이는 범법 행위이다. 북아일랜드도 마찬가지이다. 스코틀랜드는 16세가 되면 부모가 동의하지 않아도 결혼할 수 있다.

모든 아동들은 범법 행위를 심의하는 과정에서 재판부에 증거를 제출할 수 있다. 잉글랜드와 웨일즈에서 10세에서 13세 아동 스스로가 자신의 행동이 옳지 못했다고 인정하면 이들은 유죄를 선고받는다. 1993년에 발효된 성학대법은 14세 이하의 남아가 성관계를 할 수 없다는 예전의 규정을 삭제하였다. 14세 이하의 남아는 16세 이하 여아와의 불법적인 성관계와 강간 등에 책임을 지고 처벌을 받는다. 18세 아동은 성인으로 취급받는다.

스코틀랜드에서 범법 행위에 대해 책임을 지는 연령은 8세이다. 범법 행위를 한 8세부터 16세까지의 아동들은 아동청문제도에 의뢰된다. 16세 이상의 아동은 어른과 똑같이 재판정에 선다. 범법 행위에 어른이 개입된 경우 이 아동도 어른과 같은 재판정에 선다. 북아일랜드는 10세 이하의 아동은 어떤 행위에 대해서도 처벌받지 않는다. 10세에서 14세까지의 아동은 범법 행위에 책임을 지고 범죄 행위가 밝혀지면 수감된다.

14세 아동이 식당 등에서 맥주, 와인 등 곡류로 만든 알코올이 들어 있는 음료를 팔 수 없으며, 선술집에서 술을 팔 수 있는 연령은 18세이다. 스코틀랜드와 북아일랜드에서 18세 이하의 아동은 알코올을 팔 수도 살 수도 없다.

4) 일반 원칙

(1) 비차별의 원칙

영국 정부는 차별을 금지하기 위해 몇 가지 법을 제정하였다. 예컨대, 성차별법 1975, 인종관계법 1976 등을 제정하였고 국가, 종교, 인종, 성에 따른 차별을 없애기 위해 그동안 국가차원에서 각별한 노력을 기울여 왔다. 아동법은 아동의 종교, 인종, 문화, 언어적 배경과 상관없이 가족에 대한 서비스를 제공할 것을 명시하였다. 위탁부모를 선정하거나 아동을 보호기관에 배치할 때 인종을 고려할 것을 제안하고 시설보호 시 직원들은 아동이 자란 가정의 특성과 관련해서 보호지침과 절차들을 만들도록 규정하고 있다. 이는 각기 다른 인종배경과 가정환경에서 자란 아동들에게 필요한 도움을 제공하기 위해서이다. 보호시설의 직원들은 아동의 인종, 성장 배경에 맞는 직원을 채용하기 위해서 언제나 노력한다. 그리고 여성과 남성 직원의 비율도 조정한다.

북아일랜드의 모든 정부부처와 시민사무국은 차별을 배제하고 아동의 동등한 가치를 인정해 주기 위해서 아동과 관련한 정책을 개발하고 입법하는 과정에서, 그리고 서비스를 전달하는 과정에서 충분히 고려되어야 할 몇 가지 지침들을 제안하였다. 이 제안은 종교가 다른 사람들은 다른 정치적 견해를 가질 수 있으며, 성별에 따라서, 기혼자와 미혼자, 독립한 사람과 그렇지 않은 사람, 각기 다른 인종들, 장애인과 비장애인, 그리고 연령에 따라서 견해 차이가 있을 수 있다는 것을 지적하고 있다.

교육차별을 없애기 위해서 교육법 1944가 1980년에 대폭 개정되었고, 잉글랜드와 웨일즈의 각 지방 교육청(Local Education Authoruty: LEAs)은 모든 연령의 학령기 아동들에게 자신의 연령과 능력, 적성에 맞는 교육환경을 제공할 의무가 있다. 이러한 의무는 이 지역에 일시적이나 영구적으로 사는 모든 아동들에게 적용된다. 스코틀랜드 교육법 1980도 이와 비슷한 규정을 하고 있다. 인종법(Race Relations Act) 1976은 인종, 국적에 상관없이 모든 공립학교들이 양질의 교육을 제공할 것을 규정하고 있다.

(2) 아동의 생명, 생존 및 발달권

영국은 소득에 상관없이 모든 국민에게 무상 의료보호서비스를 제공한다. 환자들은 약의 조제를 제외하고 모두 무료로 진료 받고, 치료 받는다. 16세 이하의 아동은 약 조제비용도 무료이다.

영국에서 아동의 생존권 보장을 위한 혁신적인 영국 정부의 노력은 예방접종의 성공에서 찾을 수 있다. 영아돌연사가 1991년에서 1992년 사이에 역시 획기적으로 감소하였고 사고에 의한 아동의 사망도 점차 줄고 있다. 아동에 대한 소아정신치료, 신경학, 그리고 심리치료 지원이 아동의 건강한 발달을 도울 수 있음을 인식하고 아동들의 신체와 감각발달의 손상을 조기에 진단하기 위해 연구하고 있다.

영국에서는 아동의 생존권과 발달권을 보장하기 위해서 임신기간 동안 주치의의 보호를 정기적으로 받아야 하며, 임신 시에도 장애아 검사를 실시한다. 신생아가 태어난 후 1주일 동안 산파가 신생아의 집을 방문하여 신생아의 발육상태와 가정환경 등을 평가하고, 영아 양육에 필요한 정보를 제공한다. 이 기간이 지나면 방문간호사(health visitor)가 정기적으로 신생아의 집에 와서 아동의 성장에 필요한 영양, 건강, 보건, 예방접종, 수유 등의 정보를 제공하고 동시에 신생아의 발육상태와 가정환경을 평가한다. 생후 7개월이 되면 모든 아동들은 청각검사를 받아야 하며, 이 때 이상이 발견되면 정밀검사를 거쳐 필요한 치료를 받는다. 아동은 매 6개월마다 방문간호사에 의해 발달검사를 받게 되며, 발달지체나, 특정장애가 의심되면 정밀검사에 의뢰되고, 아동에게 필요한 의료적 지원을 받게 된다. 이와 같은 정기발달검사는 아동이 3세가 될 때까지 계속된다.

(3) 아동의사존중의 원칙

영국에서의 아동 참여는 아동법 2004, 그리고 스코틀랜드 아동법 2003에서 규정하고 있다. 아동에게 자신의 견해를 표현할 기회를 제공하는 것이 이 두 법의 핵심원칙이다. 아동은 자신들과 관련한 모든 종류의 의사결정과정에 참여할 수 있도록 규정하고 있다. 재판관이 자녀양육권을 어느 부모에게 주느냐를 결정할 때 아동의 바람과 감정 등 아동의 의사가 중요하게 고려된다. 아동은 재판관이 아닌 다른 장소에서 자신의 의견을 말할 수도 있다. 아동의 의사가 재판에서 반영되고, 이를 재판 과정에서 알려야 한다고 규정하고 있다.

아동법이 아닌 공법에서는 대부분 아동이 대리인을 지명하도록 되어 있는데, 이 경우에는 대리인이 아동의 의사를 재판부에 말한다. 만일 아동이 변호사를 직접 선임할 수 있다면 변호사는 대리인과는 다른 역할을 한다. 지방 정부가 보호대상 아동을 지정할 때도 아동의 의사를 중요하게 고려한다. 지방 정부는 아동에게 어떤 보호조치가 내려질지, 어디로 배치될지 등을 말해야 한다. 재판부가 지정한 대리인은 아동이 배석한 가운데 설명해야 하며, 만일 아동이 그렇게 할 수 없으면 기록을 통해서 확인할 수 있다. 이 과정에서 아동의 의견이 배제되는 일이 없어야 한다.

아동은 지방 정부에 자신이 받고 있는 서비스 불만을 접수할 수 있다. 지방 정부는 아동, 부모 혹은 다른 보호자가 갖고 있는 불만이 무엇인지를 말할 수 있는 절차를 마련해야 한다. 사회복지단체나 아동의 집 등도 아동의 불만을 접수할 수 있는 절차를 마련해야 한다. 스코틀랜드 아동법 2003은 아동청문제도를 통해서 자신의 의견을 표현할 기회를 제공하고 있다. 아동에 대한 의사결정 과정에서 아동의 의견이 가장 중요하게 고려된다.

학교에서의 종교행위, 교과과정, 각 지방 정부의 조치에 대한 규정을 교육개혁법 1988에서 명시하였다. 스코틀랜드에서는 아동이 교육관할 부처에 대해 불평을 갖고 이것이 보고되면, 이 부처는 교육의무를 제대로 수행했다고 보지 않는다. 아동에 대한 학교의 처벌을 규정하고 있는 학교법 1993에서 주임교사는 아동에게 설명할 기회를 먼저 주어야 한다고 규정하였다. 교육법에 따라 아동과 부모는 이의를 제기할 수 있다.

TV 프로그램에 대한 시청자들의 의견을 접수하고 이들의 불평을 신중하게 분석, 평가한다. 방송기준위원회(BSC: Broadcating Standard Council)는 학령기 아동에 대한 의견도 청취하며, 아동들도 프로그램에 대한 평가를 할 수 있다.

02 주요 아동권리 현황과 정책

1) 시민권과 자유

(1) 이름과 국적

1953년 사망과 출생등록법이 제정되면서 잉글랜드와 웨일즈에서 출생하는 모든 사람들은 관할 지역에 등록한다. 성은 어머니와 아버지 어느 쪽을 선택해도 되며, 이 둘을 결합한 완전히 다른 성을 만들 수도 있다. 등록 시 어떤 실수가 있었을 경우를 제외하고 성을 바꿀 수는 없지만, 성이 너무 흔하거나, 사라졌으면 변경이 가능하다.

북아일랜드에서도 1976년 제정된 출생과 사망에 관한 시행령에서 출생한 모든 아동을 등록하도록 규정하였다. 일반적으로 아버지의 성을 따르지만 부모가 결혼하지 않았다면, 일반적으로 어머니의 성을 따른다. 어린 아동은 부모가 동의해도 자신의 이름을 바꿀 권한이 없다. 부모가 결혼하지 않았을 경우 아이 아버지가 누구인가를 알 수 있도록 하기 위해서 아버지 이름을 등록하기도 한다. 부모 모두의 동의 하에 아버지 이름을 출생신고 시 사용할 수 있으며 아이의 아버지라고 기록한다. 그리고 아이의 아버지에 대한 공식적인 인증을 받는다. 이름을 바꾸는 경우에도 아동 이익 최우선의 원칙이 고려된다.

스코틀랜드에서는 자녀의 이름을 바꾸는 권한이 부모에게 있다. 만일 이런 절차에 이의가 있다면 재판부에 판결을 의뢰한다.

영국 시민권을 갖고 있는 부모 슬하에서 자녀가 태어나면 이 아이는 자동적으로 영국 시민이 된다. 그렇지 않은 경우는 영국 시민이 될 수 없다. 부모가 영국인이 아닐 경우 아동이 10세가 되고 외국에서 1년에 90일 이상을 살지 않으면 아동은 영국 시민으로 등록할 수 있는 기회가 있다. 특정한 경우에만 시민권을 박탈당하는데, 여왕에 대해 위엄과 충성심을 표하지 않거나, 최근 5년 동안 12개월 이상의 형을 선고받거나 등의 이유일 경우이다. 이런 일은 아동들에게 일어나기 어려운 것이다.

(2) 표현과 집회결사의 자유

영국 아동들은 아동권리협약 제13조, 제14조, 제15조의 규정에 따른 집회결사의 자유를 가지며 다른 사람의 권리를 보호하기 위해서 최소한의 권리만이 제한된다. 공법 시행령 1986(Public, Order Act 1986)에서 사람들에게 위해를 가하거나 곤궁에 처하게 하는 등의 행위를 금지하고, 이 사항을 문서와 언어로 알려주도록 규정하고 있다. 경찰 최고 지휘부는 대중사회를 보호하고 심각한 손상을 막기 위해서 내무부의 승인을 얻어 집회를 불허할 수 있다.

1986 교육법 제44조에 의해 학교지도부와 주임교사는 12세 미만의 아동들과 함께 정치적 활동을 하는 것이 금지되었다. 학교교사들도 정치적 견해를 표현하지 못한다. 제45조항에 따라 특정 정치적 이슈가 학생들의 관심을 끌게 되면 학생들이 균형된 사고를 하도록 교사들은 반대 의견을 학생들에게 제시해야 한다. 이렇게 하는 것은 학생들이 편견에 빠지지 않도록 하기 위한 것이다.

(3) 사상과 양심과 종교의 자유

영국에서 살고 있는 모든 사람들은 종교의 자유를 향유한다. 다만 다른 사람의 자유와 권리를 보호하는 선에서 최소한의 제한을 하고 있다. 국가의 간섭이 없는 상황에서 자신의 종교를 바꿀 수 있다. 사상과 양심의 자유에 대한 어떠한 제한도 없다.

지방 정부의 보호 하에 있는 아동들에 대한 의사결정 과정에서 지방 정부는 아동의 종교, 인종, 문화와 언어적 배경 등을 고려해야 한다. 아동보호시설에 있는 아동들도 종교의 자유를 보장해 주어야 한다. 학교기준법(School Standards and Framework Act 1998)이 1999년에 개정되면서 매일 학교에서 종교교육을 하는 규정을 부분적으로 수정하였다. 공립학교와 기부금에 의해 설립된 학교는 특정 종교를 강조하지 않아야 한다. 특정 종교 예식을 갖춘 예배를 의무적으로 시행할 수도 없다. 부모들은 학교예배에 자녀들을 참석시키지 않을 권리가 있다.

(4) 사생활 보호의 자유

아동은 모든 법에서 어른과 동등한 보호를 받고 있다. 자료보호법(Data Protection Act 1984)은 아동에 대한 자료 등 모든 개인정보 자료의 남용을 예방하고 있다. 1998년 자료보호법이 개정되었다.

아동에 대한 시설보호규정(Children's Homes Regulations)은 시설에서 아동이 가족을 만날 수 있는 시설을 갖추도록 규정하고 있다. 아동의 통화내용에 대한 비밀을 보장하도록 규정하고 있다.

(5) 정보접근권

영국에서 대중매체는 아동들에게 문화혜택을 주는 기제로서 필요한 정보를 제공하고 있다. 아동법 1989는 아동들에게 필요한 정보에 접근할 수 있는 권리가 있음을 매우 중요하게 지각하고 모든 아동들은 자신이 필요한 정보를 얻고 도움을 받을 권리가 있음을 명시하고 있다.

'방송법 1990'은 '채널 3'이 아동 프로그램을 방영하도록 규정하고 있다. 방송위원회(ITC: Indenpendent Television Commission)는 방송사가 매주 최소 10시간을 오락, 드라마, 그리고 정보제공 프로그램과, 취학 전 아동을 위한 프로그램을 편성하도록 규정하고 있다. '채널 4'는 교육 프로그램을 방영하며 BBC는 양질의 아동 프로그램을 방영하고, TV와 라디오를 통해 연간 30주 이상 교육방송을 내보내고 있다. 5세에서 12세 아동에 대한 음악, 춤, 드라마 프로그램에 대한 특별규정도 있다. 영국영화위원회(BFI: British Film Institute)는 학교교육 과정에서 대중매체교육을 하며, 아동 TV 프로그램을 제작, 공급한다. '도서관과 박물관법 1964'는 지방정부가 아동도서를 제공하고 시청각 교재와 영화, 도서관련 자료를 제공해 주어야 할 의무를 규정하고 있다. 대중매체의 부정적 영향으로부터 아동을 보호하기 위해서 방송 규정에 따라 방송 프로그램을 통제한다. '방송법 1990'은 학생들에게 교육적인 프로그램을 방영할 것을 규정하고 있다.

(6) 고문 및 기타 비인도적 취급을 받지 않을 권리

정부는 테러리스트들을 효과적으로 다루면서 개인의 권리를 보호할 수 있는 적합한 방법을 찾는데 고심한다. 테러리스트들에 대한 정보자료를 매년 의회에 보고하고, 테러에 관한 규정을 검토하고 있다. 정부는 1998년 12월 테러에 관한 모든 규정을 검토하여 이에 대한 보고서를 1998년 3월 발표하였고, 유럽인권협약, 아동권리협약 등 각 인권협약에 맞는 테러 관련 규정을 제정해야 할 필요를 인식하고 있다.

2) 가정환경 및 대리보호

(1) 부모의 지도 및 책임

아동법에 의하면 아동을 양육하는 데 가장 적절한 사람은 부모로 부모가 자녀와 같이 살지 않아도 부모의 책임을 이행해야 한다고 전제한다. 아동이 입양되는 경우에만 부모의 책임이 사라진다. 부모는 책임과 동시에 적합한 범위 내에서 권리를 갖는다. 1991년에 출간된 부모헌장(Parent's Charter)에서 아동의 교육과 관련한 부모의 책임과 권리가 명확하게 규정되어 있다.

결혼하지 않은 아버지는 어머니가 동의하거나 재판부의 판결이 있기 전까지 부모로서의 책임이 없다. 부모가 이혼하거나 별거하더라도 부모의 책임이 없어지지 않는다. 여전히 부부가 감당해야 할 몫이다. 부모가 자녀를 양육하는 데 어려움이 있다면, 지방 정부는 부모를 도와야 한다.

스코틀랜드도 부모의 책임과 권리에 대한 규정을 명시하고 있다. 북아일랜드도 자녀를 양육해야 할 부모의 책임을 강조하고 있고, 부모와 정부가 협조체제를 이루는 가운데 가족생활을 지원할 수 있는 다양한 방안들을 개발하고 있다.

영국 정부는 부모들에게 많은 지원이 필요하다고 인식하고 있다. 1998년 11월 정부는 '가족지원(Supporting Families)' 보고서에서 가족을 지원해야 할 정부의 책임을 언급하고 있다. 이 보고서는 가족에 대한 재정지원을 확대함으로써 가족의 소유물을 늘려 아동빈곤을 줄일 수 있으며, 기능적 가족을 생산하게 됨에 따라 부모들이 아동들과 함께 보내는 시간이 늘고, 가족해체를 막을 수 있고, 가정폭력과 십대임신 등 가족생활에 심각한 문제를 초래하는 가족문제를 줄일 수 있다고 주장하고 있다. 이 보고서 이후 영국 정부는 가족을 지원하는 광범위한 조처들을 단행했다. 즉, 재정지원을 늘리고, 아동수당을 늘렸으며, 취업가족에 대한 세금공제를 확대하고, Sure Start 프로그램에 5,400백만 파운드를 투입하였다. 이 보고서는 영국 가족정책의 근간을 이룬다.

교육법은 부모들이 자녀들에게 교육의 기회를 제공해야 할 의무를 규정하고 있다. 가정생활교육은 열악한 환경에서 살고 있는 계층이 이용할 수 있어야 한다. 특히 기초학습 능력이 없는 부모들과 그들의 자녀를 대상으로한 교육에 관심을 집중한다. 부모들과 그들 자녀들의 문자교육 프로젝트가 1998-1999년 사이에 6,000명의 부모들을 대상으로 4백만 파운드의 예산을 들여 실시되었다. 기초 수학교육을 위해 1백만 파운드가 투입되었다.

이외에도 '가족지원(Supporting Families)' 보고서에서는 부모, 조부모, 그리고 다른 보호자들이 아동을 양육하고 돌보는 방법을 소개하고 있다. 자녀들이 부모를 돕는 방법도 소개되었다. 정부는 정규 학교교육에서 가족교육이 이루어져야 한다고 본다.

정부는 학교에서 부모교육을 강화하고 있다. 인성, 사회, 건강교육을 하는 National Advisory Group은 학생들에게 부모교육을 실시할 수 있는 중·고교 교사용 지침서를 개발하고 있다. '인간관계와 성역할 발달(Personal Relationships and Developing Sexuality)'은 교사들이 5세에서 18세 사이의 아동, 청소년들을 대상으로 교육을 실시하는 교재이다. 스코틀랜드 정부는 부모역할 교육에 3년간 1,500백만 파운드를 배정하였다.

(2) 부모로부터의 분리

부모가 이혼하거나 별거할 때 아동이 누구와 같이 살아야 하는지를 일반적으로 규정하고 있는데 만일 부모가 이에 동의하지 않으면 재판부가 아동이 같이 살아야 할 부모를 지정할 수 있다. 양 부모 모두 자녀에 대한 책임과 의사결정권을 갖는다. 가족법 1996은 불가피한 경우에만 결혼이 해체될 수 있고 결혼해체를 판정하기 전에 논의과정에 부부가 참여해야 하며 이혼숙려기간을 거치도록 규정하고 있다.

영국 내에는 보건부의 승인을 받은 많은 입양관련 기관들이 있다. 입양기관은 매 3년마다 재평가를 받는다. 중간에 보고서를 내야 하고 연간보고서도 제출해야 한다. 입양명령은 재판부만이 할 수 있다. 물론 아이를 낳은 친부모의 동의가 있어야 한다. 부모가 누구인지 모르거나 부모가 입양을 동의하지 않는 경우는 입양기관이 "허가명령(freeing order)"을 청구할 수 있다. "입양허가(free for adoption)"가 결정되면 부모동의를 얻지 않아도 된다. '영국 입양과 위탁기관(British Agencies for Adoption and Fostering)'은 국가 간 입양 시 양 국가의 동의를 얻도록 하였다. 아동의 의사표현의 권리가 입양의 행정처리 과정과 재판 과정에서 보장되어야 한다.

1997년 정부는 범죄혐의가 있거나, 폭력과 연루된 범법 행위를 했거나 등의 범죄 행위와 연관된 사람들은 입양이나 위탁부모가 되는 것을 금지하는 조처를 취했다. 이를 위해 입양기관 규정 1983, 위탁 규정 1991, 아동시설보호 규정 1991이 부분 개정되었다.

1997년 7월부터 입양아동의 출생배경에 대한 정보를 입양부모에게 공개하였다. '입양기관과 아동 규정 1997(Adoption Agencies and Children Regulation 1997)'은 입양기관에 의해 제공되는 정보들은 18세의 입양아동에게 공개되어야 할 것을 규정하고 있다.

(3) 혼인관계에 있지 않은 아버지의 부모로서의 책임

정부는 1998년 혼인관계에 있지 않은 아버지에게 부모로서의 책임을 부과할 수 있을지를 검토하였다. 아동법 1995는 "부모의 책임"이라는 새로운 개념을 소개하면서 부모로서의 책임은 혼인관계 여부를 떠나 모든 어머니들에게, 그리고 혼인한 아버지들에게 자동적으로 부여된다. 혼인관계에 있지 않은 아버지가 부모로서의 책임을 갖게 되려면 어머니의 동의가 있어야 하고, 이에 대해 법원이 승인해야 한다. 부모들이 합의에 이르지 못하면 아버지는 법원에 부모책임 조처를 청원할 수 있다. 유엔아동권리위원회는 혼인하지 않은 아버지가 자녀에 대해 부모로서의 책임을 획득하는 절차가 간편해져야 한다고 권고하였다. 정부는 유엔아동권리위원회의 권고를 받아들여 1998년 6월 28일 자녀의 출생신고 시 혼인하지 않은 아버지가 같이 사인하면 부모책임이 자연적으로 아버지에게 부과되도록 하는 내용을 아동법에 추가하였다.

(4) 자녀양육비의 징수

영국 정부는 부모들이 아동에게 재정적, 정서적 지원을 해야 한다고 믿는다. 아동지원 규정은 자녀와 같이 살지 않는 부모들이 자녀에 대해서 재정지원을 해야 할 책임이 있음을 규정하고 있다. 정기적으로 혼자 사는 어머니와 자녀에게 양육비를 지급해야 한다. 자녀와 살지 않는 부모들이 지불한 자녀양육비는 1997년에서부터 1998년까지 총 5,500백만 파운드였다. 1998년 5월 자녀와 같이 살지 않고 있는 모든 부모들의 35%만이 양육비를 지원하고 있었다. 양육비를 지원하지 않으려고 10명 중 7명은 오히려 생활비 지원을 정부에 요청하였다. 이러한 문제를 해결하기 위해 동거하지 않는 부모가 자녀양육비를 주지 않을 경우 Child Support Agency는 부모의 직장에 소득의 일부를 양육비로 강제 회수할 수 있도록 조처하였다. 부모가 실업상태일 경우에 수입의 일부를 양육비로 지불하라는 법원의 판결은 아무 소용이 없다.

1998년 7월 정부는 '아동먼저: 아동지원을 위한 새로운 접근(Children First: a

new approach to child support)'을 출간하고 각 지역별 아동지원 규정을 발표하였다. 빈곤여성과 빈곤아동에게 생계유지비를 지급한다. 수입보조를 받고 있는 부모들은 주당 자녀양육비로 10파운드씩 지급받고 있다. 주당 200백 파운드 이상의 수입이 있는 아버지는 한 명의 자녀를 위해서 수입의 15%, 두 명의 자녀를 둔 경우는 수입의 20%, 세 명 이상일 경우는 수입의 25%를 자녀양육비로 지불해야 한다.

4) 사회보장서비스

영국은 빈곤가정을 집중 지원하고, 취업부모들의 자녀양육을 지원하며, 그리고 부모가 헤어질 경우에도 자녀가 재정적, 정서적 지원을 받을 수 있는 것 등의 특징을 지닌 사회보장제도를 확대, 추진하고 있다. 영국 정부는 아동들의 미래에 대해 높은 기대를 갖고 국민들의 기본 생활 수준을 향상시키는 것이 아동에 대한 최선의 지원이라고 본다. 아동양육에 대한 지원을 아동을 대상으로 국가가 직접 나서서 하기보다는, 가족을 지원하는 간접지원 방식을 택함으로써 부모의 역할을 충실히 할 수 있도록 돕는다. 국가가 아니라 부모에 의해서만이 아동에 대한 최선의 양육이 가능하다는 입장을 취한다. 이런 맥락에서 아동수당은 가족을 지원하는 가장 기본적인 제도로 가족이 자녀를 양육하는 데 절대적인 도움을 준다. 아동수당은 일차적인 보호자인 어머니에게 지급된다. 일주일에 16시간 미만 일하는 저소득층 가족의 아동들을 위해 수입지원(In-come Support)이 추가로 되어 있다. 이는 아동의 연령에 따라서 지급액이 달라진다. 16시간 이상 일하는 저소득층 가족도 취업부모 세금공제제도의 혜택을 받는다. 가족세금공제(Family Credit)는 직장을 다니거나 자영업을 하는 사람 모두에게 지급된다. 가족세금공제제도 대신 1999년 10월부터 취업부모 세금공제제도가 실시되었다.

1998년부터 11세 미만의 아동들에게 지급되어온 아동수당(Child Personal All-owances) 지급액이 늘었다. 첫째 아이에 대한 아동수당은 1999년 2.60파운드 증가하여 아동수당의 지급액이 물가변동에 따라 상향조정되었다.

노동당 정부는 학교폭력 근절을 정부의 우선 정책으로 내어놓았다. 학교교육 기준을 강화함으로써 교육의 질적 향상 및 모든 학교에서 우수한 인력을 확보하여 교수의 질을 높임으로써 아동의 교육받을 권리를 강화하는 데 역점을 두고 있다.

5) 교육, 여가 및 문화적 활동

(1) 직업훈련을 포함한 교육

정부는 모든 학교교육 여건이 최고의 교육을 실시할 수 있도록 개선되어야 한다고 보고 이를 위한 재정지원을 확대하고 있다. 영국 정부는 전체 GDP에서 차지하는 교육지출을 1998-1999년 4.6%에서 2001-2002년까지는 5.0%로 늘린다는 방침이다. 이는 382억 파운드에서 478억 파운드로 늘어나는 것이다. 지방 정부는 문자해독과 숫자학습을 위해 예산을 투입하고 학교교육 과정을 조정하였다. 학급당 아동수가 5세, 6세, 7세 아동의 경우 30명을 넘지 않는다.

Education Action zone을 지정하여 학생들이 취업과 사회생활에 필요한 자격증을 취득할 기회를 제공하고 있다. 이것은 평생학습으로 이어진다. 25개의 Education Action zone이 생겨났고, 47개 zane이 앞으로 더 늘어날 전망이다. 지방 정부와 부모, 그리고 사업장, 사회기관들 그리고 여타의 행정 조직들이 함께 참여한다. NGO 단체들은 청소년 실업문제를 해결할 수 있는 정부의 이와 같은 조처를 환영하고 있고, 민간과 공공기관, 그리고 복지기관 등이 함께 참여하여 협조 체계를 이루고 있다. NGO 단체들은 Education Action zone 수혜자격이 18세에서 24세인 연령규정을 좀 더 낮추는 안을 주장하고 있다. 학교도 직장도 다니지 않고, 사회보장제도의 혜택을 받을 수도 없는 16세, 17세 청소년들도 이 프로그램에 참여할 수 있어야 한다는 것이다. 그러나 정부는 16세와 17세 아동은 직업훈련을 받거나 아니면 반드시 학교에 다녀야 한다고 보고 이들에 대한 사회보장혜택을 늘리는 것은 바람직하지 않다고 보고 있다. 정부는 모든 청소년들이 일정 자격을 얻을 수 있는 과정에 있어야 한다고 보며, 이것은 빈곤을 줄이고 기본 생활 수준을 향상시킬 수 있는 방법이다. 빈곤을 벗어날 수 있는 최선의 방법은 사람들이 직업을 얻도록 돕는 것이다.

(2) 도덕성, 사회성 발달과 시민으로서의 역할

대다수 학교가 학생들이 책임 있는 사회생활을 영위하는 데 필요한 교육내용을 학교교육 과정에서 다루고 있다. 학교는 교육을 통해서 학생들의 인성과 사회성 발달을 돕고, 사회에서의 자신의 책임과 역할을 이해하도록 돕고, 어려움에 대처하는 데 필요한 적합한 가치와 기술, 지식을 가르쳐야 한다. 많은 학교들이 이미 16세에서 19세 사이의 아동들에게 시민으로서의 권리와 책임에 관한 교육을 실시하고 있다.

학교에 재학하고 있는 학생의 비율을 높이는 것이 정부의 역점 정책 중 하나이다. 해마다 잉글랜드 아동들 백만 명이 학교의 허락 없이 최소한 하루 반일 수업을 빠진다. 50,000명의 아동들은 일주일에 하루 결석한다. 학교의 정학처분 심사에서 학생이 직접 자신의 상황을 설명할 수 있는 기회를 주기 위해 정학심사 과정 중 학생이 출석할 수 있다. 정부는 학교 중도 포기자를 2002년까지 줄이기 위해 필요한 추가경비 2,300백만 파운드를 예산으로 편성하였다.

(3) 학교에서의 폭력

쉐필드 대학에 의해 실시된 학교폭력연구에서 1991-1993년까지 10%의 초등학교 학생과 4%의 중 · 고등학교 학생들이 최소한 일주일에 한번 학교폭력을 당하였다. 뒤이어 계속된 연구들도 이와 같은 연구결과를 입증하고 있다. 학교폭력이 점차 확산되고 있고 학교폭력에 노출되지 않은 학교는 없다. 정부는 학교폭력의 감소를 최우선 과제로 놓고 1994년 이후 교육과 노동부는 폭력문제를 해결할 수 있는 수많은 조처들을 시행해 왔다. 영화를 제작하여 텔레비전을 통해 방영하였고, 리플릿을 제작하여 부모들과 아이들에게 배포하였고, 비폭력 자료집을 출간하여 학교에 무료로 배포하였다. 학교폭력은 정부의 주도로 제작된 이 자료들을 이용한 이후로 줄었다.

School standards and Framework Act 1998 제61조 4항의 b에서 학교교장이 학교에서 일어나는 모든 형태의 또래 간 폭력을 예방하기 위한 조처를 내릴 수 있도록 규정하였다. 정부는 학교의 정책을 결정하는 데 있어서 학생들이 참여하는 것이 무엇보다도 중요하다고 인식하고 있다. 그러나 이것이 School standards and Framework Act 1998에 반영되어 있지 않다.

스코틀랜드 정부는 1994년에 학교폭력근절에 관한 리플릿을 모든 학교에 배포하였고, 1995년 8월에는 부모와 가족을 위한 리플릿을 제작하여 배포하였다. 1995년 가을 Scottish School Ethos Network이 발족되었고, 이 단체는 스코틀랜드 정부의 지원을 받고 있다.

영국 정부는 교사자격 취득 과정의 교과 과정을 강화하고 교사의 지위를 향상시키며 교사의 질을 향상시키려는 노력을 펴고 있다. 예컨대 교사들은 학생에 대한 기대를 높게 갖고, 학생들과 긍정적이고 생산적인 관계를 맺어, 학생들이 안심하고 학습할 수 있는 환경을 조성하고, 학생들의 기초학습능력을 향상할 수 있는 기회를 제공해야 한다는 것이다.

(4) 소수 민족의 아동들

소수 민족의 아동들이라 하더라도 자신의 종교와 문화, 전통, 언어, 그리고 가치를 유지하면서 동시에 영국 아동들과 똑같은 기회를 제공받아야 한다. 이로써 그들의 잠재적 가능성을 충분히 발현할 수 있도록 하여 어떠한 종류의 차별도 없도록 한다. 인종법 1976에서 교육, 고용, 훈련, 재화의 공급, 서비스의 제공 등에서 인종차별은 비합법적인 것으로 규정하였다.

(5) 여가, 오락 및 문화 활동

국가복권기금은 방과 후 아동보육에 지속적인 지원을 하고 있는데, 주로 음악, 춤, 연극, 영화 등과 같은 문화 활동 분야의 방과 후 활동에 집중 지원되었다. 이러한 문화 활동이 사회적 소외를 줄이고 인간의 성장과 발달을 돕는다. 정부는 청소년들이 문화 활동을 향유할 수 있도록 정책적, 재정적 지원을 하고 있다.

영국 내 모든 방송은 양질의 아동 프로그램을 일정 부분 편성해야 한다. "아동 BBC"와 "아동 ITV"가 있다. 프로그램은 연령에 따라 등급이 매겨지고 BBC와 채널 4는 방송대학 프로그램을 방영하고 있다. 모든 방송 프로그램은 "범죄를 유발시키거나 장애 혹은 공격성을 유발시킬 가능성이 있는 것"을 방송해서는 안 된다. 성인이 볼 수 있는 프로그램은 특정 시간대까지 방영될 수 없다. 아동이 광고에 등장하지 않으며, 어떤 경우에도 아동이 광고에 사용되지 않는다.

영국에는 4,500개의 지역 도서관이 있고 모두 무료서비스이다. 공공도서관과 박물관법 1664는 지방 정부는 지역주민들에게 오락과 교육, 문화, 필요한 정부를 제공해야 할 의무가 있다. 공공도서관은 방과 후 아동들이 사용할 수 있다. 박물관과 갤러리를 방문해 학습할 수 있는 기회를 갖도록 한다. 수천 만 명의 아동들이 매년 공립박물관을 방문하고 2,500개 박물관 방문객의 3분의 1이 학생들이다. 대부분의 박물관들은 학생할인 혜택을 주고, 미리 예약할 경우 무료로 관람할 수도 있다.

영국 정부는 아동발달에서 놀이의 가치를 중요하게 여기고 있다. 문화, 미디어, 스포츠부는 아동의 놀이에 관한 정책을 편다. 1996년 이래 National Playing Fields와 협약을 맺어 협력사업을 하고 있다. National Playing Fields는 'Play Today'라는 신문을 매월 제작하여 무료로 배포하고 있다. 정부는 문화, 미디어, 스포츠부 산하에 청소년스포츠개발단을 1997년 창설하여 학교에서의 신체 활동과 관련된 자료를 공급하고 있다.

6) 특별보호조치

(1) 신체적, 심리적 회복과 사회 재통합

잉글랜드 정부는 1995년에 약물퇴치를 위한 전략 보고서 "약물퇴치 함께하기(Tackling Drugs Together)"를 발표하였다. 보고서에 따르면 청소년들의 약물남용을 줄이기 위해서는 약물사용을 허용하고 있는 현재의 규정을 삭제할 수 있는 강력한 조처가 필요하며, 약물공급을 차단할 수 있는 규정을 제정해야 한다. 중앙 정부와 지방 정부가 공동으로 약물남용 대응팀을 구성하였다. 정부는 1998년 향후 10년간의 약물퇴치 전략을 발표하였다. 약물사용문제는 사회적 소외 등과 연관이 있고, 일부 소수 청소년들만이 약물을 사용해도 약물사용문제는 심각하다.

내무부의 약물방지부가 청소년들의 약물사용 방지를 위해 노력하고 있다. 1995

년 12명의 약물예방팀이 구성되었고, 이 기구는 1999년 약물예방국으로 개편, 확대되었다.

아동안전시행령은 아동이 범죄에 연루되는 것을 막기 위한 조치이다. 이는 10세 이하의 아동이 범죄에 연루되거나 너무 일찍 반사회적, 범죄행위에 노출되는 것을 막기 위한 것이다. 사법부는 일정시간 아동이 집에 있어야 한다거나 특정사람이나 장소로부터 떨어져 있으라는 조치를 내릴 수 있다.

부모조치(Parenting Order)는 부모와 아동과의 관계를 회복하기 위한 목적이다. 재판부는 부모들에게 아동보호과정에서 상담시간 등에 출석할 것을 요구할 수 있다. 여기서 부모가 자녀를 얼마나 잘 기를 수 있는지를 평가한다. 자녀가 학교에 잘 가는지 특정 장소나 개인을 피하지는 않는지 등을 조사한다. 아무런 이유 없이 이 조치에 불응하게 되면 부모 혹은 보호자는 최대 1,000파운드의 벌금을 내야한다.

(2) 난민아동

난민과 이민법 1996이 영국 내 모든 난민문제를 다루는데 근거가 되는 법이다. 이에 따르면, 어른을 동반하지 않은 난민아동이 최우선의 지원대상이다. 어른을 동반하지 않은 18세 이하 아동들을 영국에서 강제 출국시키지는 않는다. 내무부는 어른을 동반하지 않고 난민신청을 한 아동들에게 부모나 가족을 찾아주기 위해서 이들을 모두 난민명단에 등록한다. 난민아동들은 학교에 다니며, 영어가 모국어가 아닌 경우 추가로 영어교육도 받는다. 난민문제를 다루기 위해 이민국 직원은 전문교육을 받는다.

난민들은 사회보장규정 1996과 난민과 이민법 1996에 따라서 처리된다. 재판부가 난민청원을 받아들이면 그들의 자녀들에 대한 사회보장 혜택을 받을 수 있다. 본래 아동법 1989는 아동의 보호와 지원이 필요한 경우에는 지방 정부가 이를 관장해서 처리하도록 규정하고 있다. 그러나 정부는 1998년 아동법에 난민청원자들에 대한 새로운 규정을 추가하였다. 난민들의 주거 등의 지원서비스를 담당하게 될 새로운 부서를 신설하였다. 지방 정부가 더 이상 이 일을 맡지 않는다.

(3) 아동증언

영국 정부는 1991년 형사법(Criminal Justice Act 1991)을 제정하고 성학대 아동이나 범죄의 피해자인 아동들의 비디오 녹화자료를 증거로 채택할 수 있도록 규정하였다. 이는 사법조사 과정에서 아동에게 진술의 부담을 덜어줄 수 있다. 성학대 등의 아동학대에 대한 사전 비디오 증거자료도 채택된다. 비디오로 기록된 증거자료를 채택함으로써 아동이 직접 재판정에서 증인진술하지 않아도 된다. 이로써 아동은 재판 과정에서 반복해서 조사받고, 진술하지 않아도 된다. 이런 방법을 채택함으로써 아동의 증언을 신뢰하기 어렵다는 법적인 반박이 다소 해소되었고, 아동의 증언은 어른과 마찬가지의 증거력을 갖고 있는 것으로 받아들인다.

영국이 1차 보고서에서 재판 과정에서 비디오 등을 통한 아동증언을 허용하고 있음을 보고하였는데, 이것이 오히려 다양한 형태의 증거수집을 억제할 우려가 있다는 지적이 있었다. 이러한 문제를 해소하기 위해서 관련 정부부처의 대표와 경찰로 구성된 Steering Group on Child Evidence(SGCE)가 아동증언 자료들을 모두 모니터링하고 분석, 평가한다. 1997년 NSPCC와 아동의 전화(Childline) 등의 아동 관련 단체들도 이 기구의 활동에 참여하였다. SGCE는 판사와 변호사가 아동증언을 다룰 때 참고가 될 만한 시행지침을 출간하였다. NSPCC는 아동증언 소책자를 발행하였고, 아동부모, 보호자 등을 위한 리플릿도 발행하였다.

모든 재판정은 아동증언 과정을 순조롭게 진행할 수 있는 아동증언 사무관을 배치해야 한다. 아동증언과 관련해서 비디오 녹화나 TV와 연결해서 증언하는 등의 아동증언 방법들은 17세 이하 아동증언자들 모두에게 적용되어야 한다. 이것이 법으로 규정되어야 한다. 아동법 1989는 사법절차 과정에서 아동이 누구인지 확인할 수 있는 자료들의 인쇄제작을 금한다.

국립아동학대예방협회(NSPCC)와 아동의 전화(Childline), 그리고 Calouste Gulbenkian Foundation이 아동증언과 관련된 여러 가지 시행방안에 대한 자료를 발간하였다.

(4) 성학대와 성착취 예방을 위해 필요한 추가적인 법적 조치

성범죄에 관한 법 1997(Sex Offender Act 1997)은 성학대 조사와 관련된 법률로 영국 정부는 아동 성학대 및 성착취를 근절하기 위해 필요한 조처를 계속해서 추가하였다. 성범죄에 관한 법 1997(Sex Offender Act 1997)에서 성범죄자는 경찰에 자신의 이름과 주소를 알려주어야 하는 데 만일 14일 이상 거주지가 바뀔 경우 바뀐 주소지를 경찰에 알려야 한다. 그렇게 하지 않으면 5,000파운드 이상의 벌금을 부과하거나 6개월 형을 선고받게 된다. 30개월 이상 처벌받은 적이 있는 성학대 가해자의 거주지가 바뀌어도 이를 경찰이 파악할 수 있도록 평생 동안 이름과 그와 관련된 정보를 경찰이 관리한다. 성학대 가해자의 96%가 경찰에 의해 기록, 관리되고 있다. 두 번째 성학대를 범할 경우, 형사법 1997(Crime Act 1997)은 종신형까지 선고할 수 있다. 형사법은 14세 이하 아동을 성학대 했을 경우 법정 최고형을 받을 수 있다.

영국 정부는 아동이 성착취 환경에 노출되지 않도록 하기 위해서는 관련 영역들 간의 협조체계가 무엇보다 필요하다고 인식하고 있다. 1998년 내무부와 보건부가 공동으로 성착취 상황에 있는 아동을 다룰 때 필요한 지침서를 발간하였다. 이 지침서는 각 지역에 있는 모든 기관들이 아동 성착취 문제에 함께 대응하게 될 때 먼저 문제가 무엇인지를 파악하고, 아동을 성학대의 희생자로 보며, 아동의 안전과 복지를 우선적으로 중시해야 하고, 그리고 아동이 성착취 상황에서 벗어날 수 있도록 도와야 한다는 것을 강조하였다.

영국은 아동들이 포르노그라피에 노출되는 것을 금지하고 있으며 만일 이를 어길 경우 3년형을 선고받을 수 있다. 1996년 인터넷감시단(Internet Watch Foundation: IWF)이 설립되었다. 이 단체는 자발적으로 운영되고 있고 1996년 핫라인을 설치하여 웹사이트에서의 불법행위 신고를 받고 있다. 이러한 IWF의 활동으로 아동들이 포르노그라피에 노출되는 것이 감소했다.

영국에서 성매매는 금지되었고, 이를 어길 경우, 종신형을 선고받을 수 있다. 영국 정부는 국제 아동성매매를 행위를 방지하기 하기 위해서 1998년 여권법을 개정하였다. 모든 아동들이 점진적으로 부모와 다른 여권을 발급받도록 하였다. 아동유기에 대한 처벌에 제한이 없다.

생각하기

1. 아동정책과 아동권리 증진의 관계를 생각해 보자.

2. 아동권리 침해 사례를 생각해 보자.

3. 아동기에 내가 받았던 아동권리 침해 경험을 나누어 보자.

❙참고문헌❙

한겨레신문(2004. 7. 6.) 영, 부모의 자녀체벌권리 제한법 제정.

Centre for the Child and Society(2001). Education and the Rights of the Child, University of Glasgow: GLA.

Chidren's Rights Alliance for England(2004). Working Together: Giving Children and Young people a Say. CRAE: London.

Child Care Standard Act 2000

Child Care Standard Act(Wales) 2000

Children and Young People Act 2003

HM Government(2007). The Consolidated 3rd and 4th periodic Report to the UN Committee on the Rights of the Child-UK Government. HMSO.

HMSO(2003). Every Child Matters, Edinburgh.

Marshall, K. & Tisdall, K. & Cleland(2002). 'Voice of the Child' under the Children (Scotland) Act 1995: Giving due Regard to Children's Views in All Matters that Affect Them, vol. 1-Mapping Paper, HMSO: Edinburgh.

National Care Standard Act(2000).

Save the Children(2000). Children's Rights : Equal Rights?, The International Save the Children Alliance Charity : London.

Save the Children(2000). Children's Rights : Reality or Rhetoric?, The International Save the Children Alliance Charity : London.

School Standards and Framework Act 1998.

Sex Offender Act 1997

Tisdall, K.(1997). The Children (Scotland) Act 1995, HMSO: Edimburgh.

www.crae.org.uk/protecting/age-discrimination.html

www.getreadyforchange.org.uk

CHAPTER 05

아동건강서비스

오늘날의 아동은 과거세대에 비하면 비교적 건강하게 생활하고 있다. 의료, 기계, 사회경제적 분야의 급속한 성장은 유아사망률을 감소시켰다. 많은 아동들이 훨씬 더 건강한 삶을 시작할 수 있게 되었다. 지난 반세기 동안 대부분의 아동의 건강은 한층 나아졌다. 깨끗한 물을 마시고 보다 나은 주거환경, 교통수단을 갖게 되었다. 가족의 삶 또한 한결 좋아졌고 부모들은 자신의 자녀가 건강하게 생활할 수 있을 거라고 기대한다.

그러나 아동이 처한 건강의 위험 양상이 달라졌고, 다양해 졌으며, 건강서비스의 불평등이 존재한다. 영국 정부는 건강정책을 통해서 역량 있는 아동을 배출할 수 있으며 이는 결국 빈곤문제를 척결하는 주요 수단이 될 수 있다고 확신한다. 영국 정부는 아동건강정책에서 가장 역점을 두는 것이 건강서비스의 불평등 해소이다.

01 건강정책 수립의 필요성 및 건강실태

영국 정부는 국민들이 건강하게 생활할 수 있도록 국민보건과 관련된 정책을 지속적으로 개발하는 것을 국가정책의 기본요소로 본다. 특히 정부는 저소득층의 의료보호서비스의 이용기회 및 사회보장서비스의 확대를 중요한 정책 과제로 보고 있다. 보건서비스는 중앙 정부 차원에서 각 지역별로, 그리고 개인별로 제공된다.

영국은 1948년도까지 아동을 위한 무상 의료보호를 시행하지 않았다. 국가보험법 1911(National Insurance Act 1911)은 의료보호서비스 대상자를 직장을 다니는 사람들로 국한하였다. 2차 세계대전 이후 공공보건과 예방접종 프로그램이 필요하게 되었고 박테리아 감염 때문에 항생제를 치료에서 사용하기 시작하였다. 이러한 일련의 치료 경험이 아동의 질병에 대응하는 국가 역량을 강화시켰다. 특히 아동의 뇌가 어떻게 발달하고, 아기와 엄마 간의 초기애착이 발달에서 얼마나 중요하고, 신체발달 뿐만 아니라 정신발달의 중요성에 대한 인식이 증가하면서 아동의 건강에 대한 관심이 증대되었다.

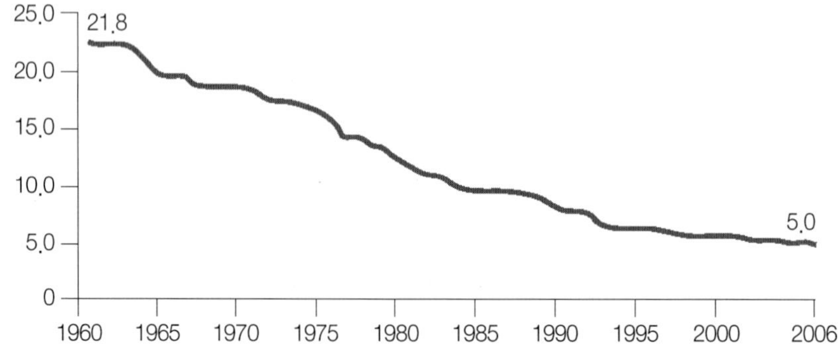

[그림 5-1] 영국 영아사망률(출생 1,000명당)

출처: Healthy lives, brighter futures: The strategy for children and young people's health(2009).

의학과 사회적 환경의 변화는 아동 삶의 전반에 급격한 변화를 초래하였다. 과거 영아사망의 주 원인이 되었던 질병이 더 이상 발생하지 않으며 심각한 질환을 앓고 있는 아동과 장애를 갖고 있는 아동이 살아남고 있다. 영국 내 영아사망률은 1,000

명당 5명으로 급격하게 줄었다. 이는 1970대 초에 비하여 4분의 1 수준도 안 되는 것이다.

지난 수십 년 동안 아동과 가족에 대한 의료서비스도 지속적으로 발전해 왔다. 아동건강 증진을 위한 투자도 급속하게 늘었다. 0-5세의 모든 아동에 대한 보편적인 서비스인 Sure Start의 아동센터는 학교, 지역사회의 건강서비스기관, 그리고 지역 의료기관 등이 함께 아동에게 조기에 건강과 교육서비스를 제공할 목적으로 설립되었다.

학교 또한 점차 아동복지를 안정적으로 제공하는 역할을 수행하고 있다. 대부분의 학교는 현재 건강한 학교와 연장학교(Healthy Schools and Extended School)를 운영하고 있다. 이 두 프로그램을 운영하고 있는 학교는 60%에 이른다. 이는 3천 7백만 아동이 건강한 학교에 다니고 있다는 것을 의미한다. 이 프로그램을 운영하는 학교에 재학 중인 아동들은 보다 더 건강하고 행복하고 안전하다고 생각하고 있었다. 아동의 정신건강서비스도 한결 나아졌다. 아동의 정신건강서비스 비용도 증가하였고, 관련 전문 인력도 증가하였다. 16세와 17세 아동들을 위한 서비스도 증가하였다.

2008년 국가 실태보고서에 따르면, 아동의 구강건강 상태는 이제까지의 조사보다 한층 나아졌다. 치아부식 및 영구치가 상한 아동 수가 줄어들었다. 1970년대 초에 약 30%의 아동들만이 치아부식이 되지 않은 상태에서 학령기를 시작하였는데 이 수치는 2003년 59%까지 증가하였다. 건강에 대한 정보를 제공하고 캠페인을 전개하는 등의 활동을 통해서 비만, 흡연, 정신건강, 약물과 알코올 문제 등도 줄여나갔다. 새로운 의료기술의 발전은 치료기법의 발전으로 이어졌다.

그러나 이와 같은 진전이 있었음에도 불구하고 영국 정부는 아동들에게 세계적 수준의 건강서비스를 제공하기 위해서는 건강서비스의 보완이 필요하다고 판단하고 있다. 구체적 이유는 다음과 같이 정리될 수 있다.

첫째, 영국 아동들의 건강 상태에 대한 국제 비교 결과를 보면, 잉글랜드 아동의 건강 상태에 대한 염려를 하게 된다. 영아 사망률이 현재 유례없이 낮은 비율이지만, 스웨덴의 거의 두 배에 이른다. 아동기 비만, 성 감염, 청소년의 알코올 소비량 등은 걱정할 만한 수준이다. 2세에서 10세 아동의 비만은 1995년부터 2007년까지 거의 50% 증가하였다.

둘째, 건강서비스의 차이가 심하다. 최근 건강보호국(Healthcare Commission)의 연구에 따르면 4분의 1의 병원시설과 서비스가 양호하거나 매우 우수한 편이지만 이외 대다수의 의료기관의 서비스는 개선이 필요한 수준이다. 예방하거나 피할 수 있는 아동사망 사건도 발생하고 있다(CEMACH, 2008).

셋째, 의료서비스를 이용하는 아동과 부모들은 의료서비스가 개선되기를 희망하고 있다. 장애아동을 위한 의료지원, 정신건강서비스 그리고 언어청각서비스 등을 이용하는 아동과 부모들은 서비스 개선의 필요성을 주장하고 있다. 빈곤 지역의 서비스를 개선할 필요성이 더욱 높다. 부모들은 의료서비스의 수준이 생활 수준이 향상된 만큼 그리고 효과적으로 질병에 대응할 수 있는 수준으로 발전하기를 기대한다.

넷째, 건강서비스의 불평등이 여전히 존재하고 있다. 잉글랜드에서 사회적 지위와 출생 장소는 아동의 건강 상태와 유의하게 상관이 있는 것으로 밝혀졌다. 맨체스터에서 태어나는 아동은 런던의 캔싱턴, 첼시, 그리고 웨스트민스터에서 태어나는 아동에 비해서 평균수명이 약 10년이나 짧다. 빈곤가족, 한부모 가족, 십대부모, 보호시설의 아동, 교육 수준이 낮은 가족, 실업가족 등의 아동은 다른 또래에 비해서 정서적 건강 및 건강한 생활이 위협받을 가능성이 상당히 높다. 환경이 어느 정도 개선된다고 해도 이와 같은 문제는 여전히 심각하게 나타나고 있다.

건강은 아동의 발달에서 가장 핵심적인 사안이다. 건강을 기초로 아동은 최선의 발달기회를 부여받을 수 있기 때문이다. 이것은 성인기에 누리게 될 건강, 복지 상태와 관련되어 있으며 사회에 기여하는 사람이 될 수 있는 지와도 연계된다. 빈곤의 세대 간 악순환을 근절할 수 있을 뿐만 아니라, 실업 등을 예방할 수 있다.

건강이 아동발달에 미치는 영향에 대한 수없이 많은 연구결과가 있다. 특히 아동의 조기경험은 이후의 성취에 영향을 미친다. 부모는 아동의 최초의 양육자로서 자녀를 건강하게 키울 수 있어야 하며, 건강한 가정환경을 제공할 수 있어야 한다. 부모의 신체적, 정신적 건강과 건강한 행동은 아동의 성장에 직접적인 영향을 미친다.

26세에 정신건강 문제를 갖고 있는 사람들의 절반은 소아정신건강 장애를 15세까지 경험한 것으로 나타났다. 이 중 약 75%의 사람들은 십대 후반에 정신건강상의 문제를 겪었다. 2004년 10세에서 16세 사이의 아동들 중 10%가 정신건강 장애를 갖고 있었다. 정신건강 치료를 위해 영국은 7억 7천만 파운드를 사용하고 있다(CEP Mental Health Policy Group, 2006).

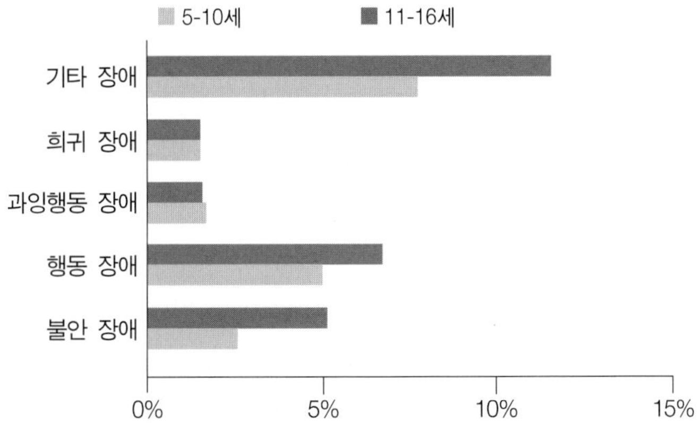

[그림 5-2] 영국의 연령 및 성별에 따른 정신질환 유병률, 2004(ONS)

출처: Prevalence of mental disorders by age and sex: All children Great Britain(2004).

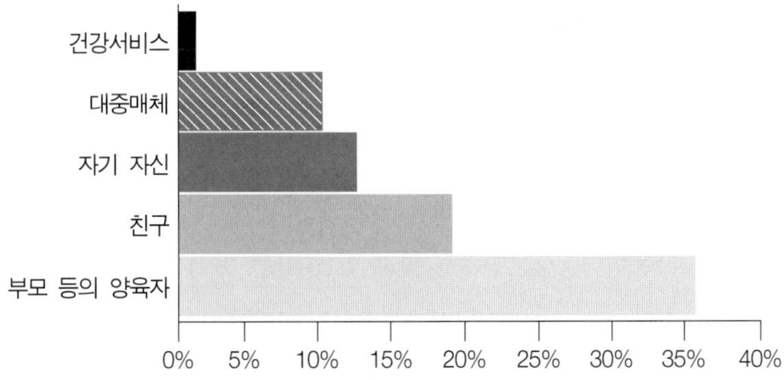

[그림 5-3] 아동의 건강에 영향을 미치는 요인

출처: Healthy lives, brighter futures: The strategy for children and young people's health(2009).

아동의 정신적, 심리적 건강 상태는 아동자신, 부모, 및 가족, 그리고 지역사회, 아동센터 등의 아동이 이용하는 기관, 학교 등에 의해 영향을 받는다. 부모가 아동 건강의 일차적 책임을 지며 정부가 아니다(DCSF, 2007). 아동은 성장함에 따라서 아동자신의 건강에 대한 책임이 증가한다. 이는 위의 [그림 5-3]에서 보는 바와 같이 이들의 상대적 영향력을 통해서도 알 수 있다.

02 건강증진 전략

아동에게 의료서비스를 제공하는 과정에서 나타나는 불평등을 해소하려는 시도는 하나의 도전이다. 그러나 정책이 있고, 부모와 아동 그리고 지역의 운영사례 등이 있다면 이는 얼마든지 실현 가능한 일이다. 국가 아동 임산부서비스 정책(The National Service Framework for Children, Young People and Maternity Services)이 2004년에 마련되었다. 이는 아동, 그리고 부모들을 위한 광범위한 건강증진 전략으로 아동의 건강증진을 위한 첫 번째 국가 전략이었고 국가 기준이었다. 이 기준은 특별한 요구를 갖고 있는 아동, 부모의 요구를 반영하고 있고 임신부터 생후 첫 3개월까지 부모역할도 설명하고 있다. 이는 추후 마련된 Every Child Matters의 핵심내용이 되었다.

'Every Child Matters: Change for Children(2004)'은 아동건강의 중요성을 강조하고 있다. 이에 따르면 아동이 최상의 삶을 제공받고 그들의 잠재적 역량을 최대한 발휘할 수 있으려면 건강한 생활을 할 수 있는 환경을 마련해 주는 것이 가장 필수적인 것임을 강조하고 있다. 아동을 위한 건강서비스는 장애아동이나, 만성질환을 앓고 있는 아동이나, 정신장애를 앓고 있는 아동 등이 모두 동일한 중요성을 갖고 이들에게 서비스를 제공할 수 있는 기반을 마련해야 한다고 인식하고 있다.

정부는 아동 그리고 산모들을 위한 'National Service Framework(NSF)'를 2004년에 발표하였다. 아동의 건강과 복지를 증진시키기 위한 10개년 계획으로서 Every Child Matters의 일환이다. NSF는 아동의 건강과 사회적 돌봄에 대한 11개 국가기준을 제시하고 있다. 보건국은 이에 준거하여 아동의 건강 상태를 평가한다. 2006-2007년도에는 95%의 아동이 이 준거를 만족시켰다. 2006년도에 Healthcare Commission은 국가의료보험서비스를 제공하는 각 병원의 7개 기준에 대한 평가를 실시한 결과를 발표하였다. 이에 따르면 25%는 우수하다는 평가를 받았으나 70%

의 의료시설은 보완이 필요하다고 지적되었다.

아동의 욕구는 아동만 서비스를 받을 경우 더욱 잘 충족되었다. 아동병동의 만족도는 99%였다. 대부분의 의료진들은 아동의 욕구를 충족시킬 수 있도록 그에 맞는 훈련을 받았지만, 8%의 의료인력은 아동을 치료하는 데 부적합한 자격을 소유하고 있는 것으로 나타났다. 간호사의 24%, 의사의 79%만이 아동과의 의사소통훈련을 받은 것으로 나타났다.

2007년 12월 영국 정부는 보건부(Department of Health)와 아동, 학교, 가족부(Department for Children, Schools and Families)가 아동건강 전략(Child Health Strategy)을 공동으로 개발하기로 결정하였다. 2009년 12월에 발표된 이 전략은 다음 4가지의 아동의 건강과 복지에 대한 정부의 비전을 담고 있다.

- 세계적 수준의 성과
- 양질의 서비스 제공
- 서비스를 통한 우수성 경험
- 건강에서 불평등의 최소화

정부의 아동보건서비스 전략은 다음과 같다.

- 보건의료서비스 정책은 국민건강 보호의 차별을 없애고 질병의 원인을 근본적으로 제거하는 차원에서 다루어져야 한다.
- 서비스의 이용률을 높이고, 지역 간 보건서비스 수혜 대상자 간 보건서비스의 접근성의 차이를 줄인다.
- 정부 각 부처와 공공기관, 민간기관이 협력하여 보건서비스 정책을 실행해 나가고, 아동의 필요를 가장 중요한 것으로 인식한다. 특히 서비스의 질을 개선한다.
- 치료의 효과를 높인다.
- 전문 보건서비스를 지속적으로 제공한다.

Every Child Matters는 국가적 차원, 그리고 지역 차원에서 아동의 건강을 증진시키고자 하는 정부의 목표를 분명하게 명시하고 있다. 정부의 공공서비스 약정서

(PSAs: Public Service Agreements)는 빈곤의 감소, 아동의 건강과 복지 및 안전증진을 목표로 하고 있다. 아동에게 보다 나은 건강서비스를 제공하고 의료서비스의 불평등을 해소하려는 정부의 야심찬 계획은 안전기본계획(Staying Safe Action Plan), 청소년 음주대응계획(The Youth Alcohol Action Plan), 십대임신 대처전략(The Teenage Pregnancy Strategy), 십대범죄 대처계획(The Youth Crime Action Plan), 2008년에 출간된 2020 아동청소년기본계획(2020 Children and Young People's Workforce Strategy)에도 분명하게 명시되어 있다.

영국 정부는 2020년까지 잉글랜드가 '세계에서 아이 키우기 가장 좋은 곳'이 되도록 한다는 야심찬 비전을 달성하기 위해서 세계적 수준의 건강서비스와 복지서비스를 제공하고자 가족을 적극 지원하고 있다. 정부의 비전을 성취하기 위해서는 모든 부모와 아동을 위한 서비스 질의 꾸준한 향상을 도모해야 한다. 이것은 위험한 상황에서 살고 있는 아동, 그리고 가족들이 더 이상 건강과 복지의 불평등을 경험하지 않는 것을 의미한다. 생후 초기와 아동기에 더 나은 서비스를 제공받으면 성인기가 되어서 더 나은 삶을 누릴 가능성이 높아진다.

영국 정부가 2008년 12월에 출간한 '건강한 생활, 밝은 미래: 아동의 건강증진 전략(Healthy lives, brighter futures: the strategy for children and young people's health)'에 따르면, 아동이 신체와 정신건강 및 행복한 생활을 영위하도록 하기 위해서는 부모의 역할이 가장 중요하다고 언급하고 있다. 여기서 부모와 아동이 받게 될 서비스 원칙을 제시하고 있다. 어떤 상황의 부모와 아동이 어떤 서비스를 받게 될지를 명시하고 있다.

- 부모는 자신이 살고 있는 지역에서 아동이 건강한 생활을 하도록 양육하는 데 필요한 정보를 제공받는다.
- 공공기관은 건강한 환경을 조성하는 데 최선을 다하고 아동들이 건강한 생활패턴을 가질 수 있도록 돕는다.
- 아동과 가족에게 필요한 올바른 서비스를 제공한다.
- 보다 열악한 환경의 아동과 청소년들을 위해서는 이들에게 필요한 서비스를 추가로 제공한다.

이것이 국가 아동건강서비스 전략(National Service Framework for Children, Young People and Maternity Services)의 원칙이다. '건강한 생활, 밝은 미래: 아동과 청소년의 건강증진 전략(Healthy lives, Brighter Futures: the Strategy for Children and Young people's Health)'(DH와 DfCSF, 2009)은 태아기 및 영유아기, 학령기, 그리고 청소년기에 제공되어야 하는 보편적, 전문적 건강서비스를 명시하였다. 이 계획은 아동들에게 필요한 기타의 서비스도 포함하고 있다.

여기에는 건강서비스 전달 체계를 제시하고 있다. 건강서비스 전달 과정에서 관련기관들이 가족과 함께 어떻게 협력 체계를 이루어야 하는지를 명시하고 있다. 아동의 건강증진을 위해서는 의료기관, 관련 서비스 기관, 부모, 그리고 아동이 함께 파트너십을 이룰 때 가능하다.

03 발달주기별 건강증진 계획

1) 태아기 및 영유아기(출생부터 5세까지)

이 시기 건강증진 전략의 주요한 원칙은 부모들에게 많은 정보를 제공해 주는 것이다. 아동과 가족은 자기가 살고 있는 지역에서 필요한 의료서비스를 충분히 제공받을 수 있어야 한다. 아동과 가족들이 임신기부터 19세가 될 때까지는 자기가 살고 있는 지역에서 필요한 서비스를 제공받고, 필요한 때 서비스를 이용할 수 있도록 해야 한다. 정부는 2007년 4월에 '임산부: 돌봄의 선택, 접근 그리고 지속성(Maternity Matters: Choice, Access and Continuity of Care in a Safe Service)'을 출간하고, 안전하고 우수한 임산부 지원 전략을 수립하였다. 영국이 아기 낳기 가장 좋은 국가이지만, 그러나 서비스의 질이 의료기관에 따라서 다르다고 임산부들은 지적해 왔다.

각 지역에서 필요한 의료인력을 배치하기 위해서 정부는 2009년까지 1,000명의 조산원을 추가 고용하고 2012년까지는 약 4,000명까지 조산원을 늘려 나갈 계획이다.

예방적 서비스	임신 12주까지 욕구와 위험에 대한 모든 평가. 임신기에 대한 정보 제공 ex) 영양소, 흡연, 알코올, 모유양육	부모역할과 필요한 서비스에 대한 토론	사산아 돌봄서비스와 부모 적용
보호	모유수유의 지원, 2개월에서 13개월 사이 영아에 대한 5가지의 예방 접종		
분석	각 지방자치단체는 아동건강 기록(the 'Red Book') 체계를 수립하고 아동의 건강과 발달을 기록하기 시작함.	유아 및 아동에 대한 건강과 발달검사 스케줄 수립, 부모지원	
추가지원	웹사이트와 전화를 통한 지원 ex) NHS 관리	아동센터, GP 등을 통한 건강발달 프로그램 이용	3~4세 영유아에게 12시간 30분의 무료조기교육 접근 38주 부모조기교육 프로그램 이용.

출처: Healthy Lives, Brighter Futures: The strategy for children and young people's health(2009).

아동과 가족의 요구에 부응하기 위해서는 태아와 영유아를 위한 의료서비스가 확충되어야 한다. 부모는 필요할 때 언제든지 지원과 조언을 들을 수 있어야 한다. 위험상황에 처한 경우에 집중적인 의료서비스를 받을 수도 있어야 한다.

- 방문간호사 업무의 보완
- 부모훈련 프로그램에 출산준비 프로그램을 추가
  : 출산 전 교육을 통해서 부모의 출산을 지원
- 성공적인 가족간호사 파트너십(Family Nurse Partnership Programme)의 확대

정부는 모든 임산부들이 임신 첫 12주 동안 빈혈을 방지하기 위해서 엽산을 복용하도록 권고하고 있다. 전문 훈련을 받은 간호사를 통해서 위험상황에 처한 초산모를 지원한다. 간호사가 가정방문을 통해서 십대부모와 그들의 가족을 지원할 수 있다. 간호사는 십대가족과 긴밀한 유대관계를 맺는다. 2007년 잉글랜드 지역 10곳에서 시범 운영되었고, 2008-2009년에는 20곳에서 시범 운영되고 있다. 2011년까지 30에서 70군데 정도로 이 서비스가 늘어날 전망이다. 이 서비스는 위험한 상황에서 출산을 경험하는 젊은 세대의 어머니들에게 도움이 될 것이다. 이 서비스는 출산 전 임산부 지원, 아동의 건강과 발달, 그리고 경제적 자기효율성을 높이는데

목적이 있다.

Durham and Darlington

Durham and Darlington 지역에서는 이미 가족간호파트너십(Family Nurse Partnership) 프로그램이 운영되고 있다. 이 서비스는 이미 그 지역에서 긍정적인 영향을 미치고 있으며 십대부모들의 자신감을 향상시키는데 도움이 되는 것으로 보고되고 있다. 십대부모들은 아동발달과 건강에 대해 학습하고자 하는 의욕을 갖게 되었다. 이 서비스 매니저인 Jan Finn은 사회적 소외를 예방하는 데 이 서비스가 중요한 영향을 미치고 있으며 십대부모가 부모역할을 하는 데 도움을 주고 있다고 평가하였다.

출처: Healthy lives, brighter futures: The strategy for children and young people's health(2009).

• Sure Start Children's Centres의 역할 확대

아동센터는 비만과 흡연을 줄이는 등의 기타 의료서비스를 제공하는 역할을 통해서 아동의 건강증진에 중요한 역할을 하고 있다, 아동센터는 각 지역의 방문간호사와 함께 일하고 있다.

영아 모유수유 기간을 늘릴 수 있도록 지원한다. 2005년 조사에 의하면, 78%의 산모가 모유수유를 했는데, 6주가 지나자 64%의 산모만이 모유수유를 하고 있었다. 비만이 감소하는 등 모유수유의 장기적 효과가 분명하기 때문에, 모유수유율이 2011년까지 생후 8주까지 많은 여성이 모유수유를 할 수 있도록 지원할 계획이다. 모유수유의 날을 정해 대중캠페인도 벌인다.

영국 정부는 병원과 지역사회가 아이친화적 도시(Baby Friendly Initiative)가 될 수 있도록 4백만 파운드를 2008-2009년 투입하였다. 아이친화적 도시(Baby Friendly Initiative) 운동은 모유수유를 권장하고 수유율을 높이기 위한 유니세프의 운동이다. 영국 정부는 아울러 Sure Start의 아동센터를 통해서 모유수유 운동을 벌이고 있다.

Everton Early Childhood Centre

Everton Early Childhood Centre는 유치원과 보육서비스가 통합된 형태의 서비스를 제공하고 있다. 이 센터는 지역의 19개 학교와 연계되어 있는데, 이 중 13개가 초등학교이다. 188명의 0세부터 5세까지 아동과 그들의 가족에게 필요한 서비스를 제공하고 있다. 오전 8시에 문을 열고 오후 6시에 문을 닫는다. 일주일에 5일 50주 동안 운영한다. 아동센터는 그 지역 건강서비스 기관들(Alder Hey Children's Hospital, local child and adolescent mental health services: CAMHS the local primary care trust: PCT)이 연대 활동하는 장소이다. 센터의 이용자들은 이곳에서 안과, 소아과 치료를 받을 수 있으며 임상심리학자들과의 면담도 가능하다. 센터는 부모들을 위한 교육 프로그램도 실시하고 있다. 산후우울증, 건강한 식습관 그리고 행동 문제 등에 대한 정보도 제공하고 있다.

출처: Healthy lives, brighter futures: The strategy for children and young people's health(2009).

부모는 아동의 건강한 발달에 대한 올바른 정보를 얻을 수 있어야 한다. 부모들이 아동의 건강발달에 대해 정보를 얻을 수 있는 한 가지 방법은 개인 건강기록부(PCHR: personal child health record)나 'Red Book'[1)]이 있다.

2) 학령기 아동

아동은 나이가 들면서 건강 문제들이 더 많이 발생하고 건강과 즐거운 생활을 영위할 책임을 조금씩 갖게 된다. 학교, 학교보건서비스, GP[2)]의 의료서비스, 정신건강서비스 등이 아동의 건강한 생활에 중요한 역할을 한다. 건강과 복지는 21세기 학교 운영의 핵심과제이다.

1) 영국은 출산 후 모든 산모에게 아동의 건강발달에 대한 정보가 실려 있고, 아동의 발달 상태를 기록할 수 있는 'Red Book'을 지급한다. 부모들은 이 책자를 통해서 예방접종 시기, 자녀의 체중, 신장 및 언어, 인지 등의 발달 상태를 확인할 수 있다.

2) 영국은 모든 국민에게 무상 의료서비스를 제공하는 국가이다. 모든 국민은 자기가 살고 있는 지역 내의 일차 진료기관 GP(General Practice)에 등록되어 있다. 아울러 GP에서 근무하는 의사가 개인 주치의가 된다.

학령기 아동을 위한 서비스

예방적 서비스	연령에 따른 교과과정 운영과 성교육, 약물남용, 식생활, 영양에 대한 정보 제공 학교와 지역사회 건강센터에서의 신체 · 운동		
보호	영양기준을 만족시키는 학교 급식 서비스의 제공	주당 5시간의 체육 활동 그리고 16세 이하 아동청소년에 대한 무료수영(학교 수영도 마찬가지)	지역사회에서의 기타 필요한 서비스 제공
분석	학교에서의 지속적인 발달 평가 ex) 몸무게, 시력, 청력검사	학교건강서비스를 통한 예방접종, 평가, 모니터링 실시	
추가지원	웹사이트의 전화 및 부모 지원자들로부터의 조언과 지원	학교 내에서의 개인상담서비스 제공, 학교 밖에서의 포괄적 건강서비스 제공	전문가에 의한 건강서비스 이용

출처: Healthy lives, brighter futures: The strategy for children and young people's health(2009)

영국(정부)은 건강한 학교(National Healthy School Awards)를 선정하고 있다. 학교에서의 건강생활도 국가건강 전략의 핵심요소이다. 학교에서 정서적으로 안정된 학교생활을 통해 사회에 잘 적응할 수 있도록 도와야 한다. 이것이 학교 건강생활에 대한 기본개념이다. 건강한 학교를 선정하는 것은 지방 건강국과 각 지역교육국에서 한다. 영국 내 많은 학교들이 건강한 학교 혹은 건강을 지향하는 학교를 이미 추진하고 있다. 보건교육국(Health Education Authority)은 20만 파운드의 기금을 청소년 건강네트워크(YPHN: Young People's Health Network)를 형성하는 데 사용한다.

학교의 보건팀은 건강서비스의 핵심역할을 담당하고 있다. 다양한 건강 관련 정보 및 서비스를 제공하고 있다. 학교건강서비스는 일반적으로 다양한 의료 인력이 참여하고 있다. 아동의 정신건강 관련 서비스도 제공하고 있다.

- 학령기 아동을 위한 건강증진 프로그램을 개발한다. 이는 모든 지역에 살고 있는 아동 그리고 가족이 어떤 서비스를 이용할 수 있는지를 알 수 있다.
- 학생의 건강을 증진하기 위해서 학교는 건강한 학교 프로그램(National Healthy Schools Programme)을 적극적으로 실시한다.
- 2009년부터 5세에서 16세 사이의 아동은 주당 5시간의 체육과 스포츠 활동에 참여해야 한다. 이는 아동이 양질의 스포츠 활동에 참여하여 적당한 운동을

하는 데 도움이 되고 있다. 2003년부터 2008년까지 대부분의 아동들이 주당 2시간 체육 활동을 했던 것 보다 3시간 증가하였다. 2012년 런던올림픽을 개최하게 됨에 따라서 올림픽 정신을 따르면서 세계적 수준의 새로운 체육과 스포츠를 창출하려는 정부의 의지도 반영되었다.

- 무료 학교급식이 학생들의 건강을 증진시키는 주요한 역할을 한다는 것을 보여주고 이를 모든 초등학교에 확대 실시할 예정이다.
- 학교교육에서 개인, 사회, 건강 그리고 경제(PSHE: Personal, Social, Health and Economic)의 일관적인 적용과 이의 질을 향상시킬 수 있다.

비만에 대응하기 위해서 건강한 식습관 및 요리방법에 대한 교육을 실시하고 아동의 신체 활동량을 늘리는 방법을 교육하고 있다. '건강한 체중, 건강한 생활(Healthy Weight, Healthy Lives Strategy)'을 출판하였고, 학교 과일과 야채 급식표(School Fruit and Vegetable Scheme)를 제시하였다. 1999년 실시된 4세에서 18세 아동의 영양 상태에 대한 조사 보고서에 따르면, 약 2,000명의 아동들이 다이어트를 하고 있었다. 건강한 학교 프로그램을 통해 학생들에게 식사의 중요성을 알려 주었다.

사고는 아동의 죽음을 유발하고 안전한 삶을 위협하기 때문에 정부는 안전계획(Staying Safe Action Plan)을 발표하였다. 이를 통해 장애아동 등 모든 아동에게 안전한 교육 환경을 제공할 수 있을 것으로 기대한다.

정신건강 문제는 청소년기보다는 후기 아동기에 더 많이 나타나고 있다. 빈곤가정 등의 요인 때문에 위험상황에서 자라는 아동 및 장애아동에게서도 정신건강 문제가 높게 나타나고 있다. 정신건강 증진을 위해서 학교는 추가 투자를 해야 한다. 최근 들어, 학교 정신건강서비스의 혁신이 요구되고 있다.

아동의 정신건강 문제도 늘고 있다. 품행장애, 우울증은 아동들이 보이는 두 가지 주된 장애이다. Parimentary Select Committee는 아동의 정신건강 증진 서비스를 실행하는 데 필요한 정책적 조처들을 제안하였다.

보건부는 1차 진료기관에서 아동정신건강 문제를 진단하고 치료하는 것이 가능한지, 그리고 효과적인지를 분석하였다. 아동의 정신건강을 증진시키기 위해서는 먼저 사회로부터의 소외를 줄이고 아동들에게 경험의 기회를 확대해 준다. 1999년 각 지방에 아동정신건강서비스(Child and adolescent Mental Health Services)를 설립하였고, 1999-2002년까지 8천 4백만 파운드를 투입하였다. NHS와 Social Care Region이 여기에 소요되는 기금을 함께 지원하고 있다.

아동정신건강과 관련한 민간단체들, 즉 Young Minds, Mental Health Foundation, Faculty of Child and Adolescent Psychiatry, National Children's Bureau, Who Cares? Trust(WCT), Trust for the Study of Adolescence(TSA) 등이 있다. 아동의 20%가 진단이 가능한 정신장애를 앓고 있다. TSA는 내무부와 복권기금의 재정지원을 받고 있으며, 이 기금으로 상담자들을 훈련한다.

학교건강서비스의 질은 각 지방자치체의 상황, 학교 국가의료보험(NHS) 기금 등의 영향을 받는다. 학교가 처한 상황은 특히 지속적인 건강서비스가 필요한 아동들에게 결정적인 영향을 미친다.

현재 두 가지 국가프로그램이 학교에서 시행되고 있다. 연장학교와 건강한 학교 프로그램(Extended Schools and Healthy Schools programmes)이다. 이 두 프로그램은 학교가 일관되게 아동에게 건강서비스를 제공할 수 있도록 한다. 연장학교(Extended Schools)는 다양한 활동을 제공함으로서 부모와 가족을 지원하고 특별한 서비스를 제공할 수도 있다. 건강한 학교 프로그램(The National Healthy Schools Programme)은 건강교육, 건강한 식습관, 신체 활동, 정신건강, 심리적 안정 등의 총제적인 학교 프로그램이다.

자전거를 타고 혹은 도보로 학교까지 가는 등의 아동 생활환경도 아동건강에 영향을 미친다. 이것은 비만을 예방할 뿐만 아니라 공기오염도 막아주고 도로의 안전성을 높인다. 바깥놀이를 할 수 있는 공간은 아동의 심리적 안정과 건강을 증진할 수 있을 뿐만 아니라 스트레스와 피로를 푸는데도 도움이 된다.

이외에도 아동의 건강증진에 도움이 되는 전략은 다음과 같다.

- 학령기 아동을 위한 건강 프로그램 개발
- 신체 활동의 증가
- 모든 지역에 학교건강팀 구성 및 운영

- 아동의 건강과 복지를 증진하기 위한 학교의 역할 개발
- 건강과 관련한 정보의 제공
- 건강한 학교급식
- 특별한 도움을 필요로 하는 아동에 대한 지원 강화

CASE STUDY

작은 걸음, 커다란 변화

(Small steps lead to big changes. Health Challenge Programme in schools, National Children's Bureau(NCB))

NCB는 아동과 청소년 그리고 그들의 가족이 건강한 생활을 할 수 있도록 하기 위해 한 가지 실험을 하였다. 식품기준청(Food Standards Agency)이 이를 실행하였으며 Kent Healthy Schools Programme and Kent County Council이 함께 프로그램을 진행하였다. 프로그램 참가자들은 신체 활동, 즐거운 기분, 그리고 건강한 식사 중 자신이 달성하고 싶은 목적을 최소한 하나 선택하였고 4주 동안 이를 지키려고 노력하였다. 참가자들은 건강서비스를 제대로 받지 못하고 있는 지역과 켄트의 일부 낙후 지역에서 선발되었다. 1,000명 이상의 학생들이 참가하였고, 실험이 진행되는 과정에서 자동차나 버스 대신 걸어서 학교에 오거나 자전거를 타고 오거나 건강한 식이를 하려고 노력하였다. 대부분의 참가자들은 자신이 목적한 바를 달성하였으며 즐거운 경험이었다고 평가하였다. 계속해서 이런 생활을 하겠다고 응답하였다.

출처: Healthy lives, brighter futures: The strategy for children and young people's health(2009).

3) 청소년기

청소년기는 아동기에서 성인기로 가는 생의 전환기일 뿐만 아니라 자신만의 고유한 발달적 특성을 갖는 시기이다. 급격한 신체적, 신경, 생리적 변화를 경험하고 정서발달도 성인의 수준에 이른다. 청소년 자신의 건강을 관리할 책임을 지며 가정이나 학교에서 자신 스스로 의사결정을 할 기회가 증가한다.

청소년기 건강정책은 주로 이들이 건강서비스를 받을 수 있는 기회를 제공하는 것에 집중되어 있다.

- 16세부터 19세 사이의 청소년을 위한 체육과 스포츠 계획을 수립한다. 일주일에 3시간의 스포츠 시간이 있다.
- 'You're Welcome' 기준이 잉글랜드 전역에서 실시될 예정이다. 청소년 친화적

인 건강서비스를 사는 지역과 상관없이 제공받는다.

- 효과적인 피임법을 알리는 새로운 캠페인이 시작된다. 2008-2009년까지 연간 2천 7백만 파운드가 투입된다.

청소년기는 독립성을 강조하고 자신이 할 수 있는 것과 그렇지 못한 것의 경계를 시험해 보는 것을 즐긴다. 이는 지극히 정상적인 발달양상이다.

잉글랜드의 16세 이상 청소년 중 이메일 계정을 갖고 있는 청소년들은 누구나 건강상태 기록 공간(Basic Health Space)을 가질 수 있다. 이곳에 자신의 건강관련 데이터를 저장할 수 있는데 혈압, 혈당수치, 키와 몸무게 등을 기록할 수 있다. 이곳은 16세 이상 아동들이 비교적 편리하게 자신의 건강관련 정보를 기록해 둘 수 있는 공간이다.

긍정적인 행동을 조장할 수 있는 효과적인 방법 중 하나는 대중 캠페인을 통해서이다. '자신의 한계를 알아라(Know Your Limits)' 캠페인은 청소년 음주자들에게 그들의 한계를 알려 주고 지나친 음주는 사람들을 극복하기 어려운 상황으로 치닫게 만들 수 있다는 점을 알려 주었다. 광고나 포스터, 웹사이트를 통한 캠페인은 음주에 대해 보다 민감하게 만든다. 2009년 아동, 학교, 가족부는 부모, 아동보호교사, 청소년들을 위해서 알코올에 관한 책자를 출간하였다. 이 책자는 청소년의 건강에 미치는 알코올의 영향에 대한 내용을 포함하고 있다. 2006년과 2007년의 알코올섭취량은 감소하였다. 그러나 전반적인 수준은 여전히 높았고 특히 소외계층의 청소년들의 알코올섭취량이 높았다. 흡연은 지난 몇 년 동안 감소추세이면서 11세부터 15세 사이 아동의 6%만이 흡연을 하고 있으며 16세부터 19세 아동의 20%가 흡연을 하고 있다.

지방 정부는 청소년들이 다양한 여가를 즐길 수 있도록 해야 한다. 모든 청소년들은 바람직한 활동에 정기적으로 참여할 의무가 있다. 청소년들의 다양한 활동을 지원하고 이용할 수 있는 시설 설비를 마련해 주기 위해서 정부는 1,900백만 파운드를 투자하였다.

예방적 서비스	청소년 통합 서비스가 정보, 조언, 지원 제공		공공의료서비스 이슈에 대한 정보 제공
보호	긍정적인 활동		16~19세 청소년 주당 3시간의 스포츠 활동 참여
분석	청소년에게 제공되는 서비스의 질적 수준 유지	특별한 훈련을 받은 건강 전문가와 청소년 워커	전문가의 건강과 복지에 대한 조언
추가지원	웹사이트와 전화를 통한 Teen Life Check, 각 지역 통합 프로그램을 통한 조언, 지원	지역사회와 교육기관의 자원의 범위를 제안하는 건강과 복지서비스	고등학교의 개별적인 돌봄 서비스 제공

출처: Healthy lives, Brighter Futures: The strategy for children and young people's health(2009).

4) 추가 서비스가 필요한 아동을 위한 건강서비스

특별한 도움을 필요로 하는 아동에 대한 건강서비스는 매우 중요하다. 장애를 갖거나 종합적인 건강서비스를 필요로 하는 아동들에게는 더욱 그렇다. 이들을 위한 서비스는 의료기관 간의 네트워크 구축을 통해서 안전하고 지속적인 서비스를 제공할 수 있어야 한다. 의료서비스의 안전성을 높이고 개별적인 도움을 제공하며, 분석을 통해서 서비스를 지속적으로 검토해 나가야 한다.

영국 정부는 유엔아동권리위원회에 대한 1차 국가보고서 제출 이후, 장애아동의 양육상황 포괄적인 연구를 실시하였다. 연구 결과는 1995년에 'Expert Opinions: a National of Parents Caring for a Severly Disabled Child'로 출간되었다. Rowantree Foundation은 장애아동 가족의 현실에 대한 다수의 연구를 실시하였다. 이 두 연구는 장애인들이 자신의 장애로 인해 생활하는 데 추가로 드는 비용이 얼마나 되는지를 분석하였다. 연령에 따라, 그리고 장애의 정도에 따라 필요한 추가비용을 산출하였는데, 장애아동을 양육하는 데는 일반아동보다 양육비용이 3배 더 드는 것으로 나타났다.

Banardo가 출간한 'Accessing Human rights: disabled Children and the Children Act'에서 아동법 1989에서 장애아동을 소홀하게 다루고 있어 이로 인해 영국 내에서 장애에 대한 이해가 부족하게 되었다고 지적하였다. 장애아동에 대한 연구가 개별단위로 다양하게 진행되어 온 것도 장애정책이 발달하지 못한 원인이 되었다. 이 보고서는 장애아동을 위한 포괄적인 서비스를 제안하였다.

이 보고서가 발표된 이후, 영국 정부는 Disability Living Allowance를 16세 이하 196,000명의 아동들에게 성인 장애인과 같은 수준에서 지급하기로 결정하였다. 이 중 장애의 정도가 심한 72,500명의 부모가 추가 양육비용을 지불받았다. 정부는 장애아동의 용이한 이동을 위해 대중교통 체계를 정비하고 장애인을 위한 버스와 기차를 매치하였다.

영국 정부는 장애소득지원(Disability Income Gurantee)을 통해 심각한 장애를 갖고 있는 사람들에게 매월 일정액을 지원하고 있다. 주거비용(Housing Benefit)의 일부를 지원하고, 세금공제 혜택도 준다.

영국 정부는 장애아동들이 자신들의 요구와 필요에 맞는 교육을 받을 수 있도록 노력하고 있다. 학교는 장애아동들에게 규정된 정해진 교과를 배우도록 강요하지 않으며 장애아동들의 특성에 맞는 교과내용을 가르쳐야 한다. 장애를 갖지 않은 아동들과 똑같이 학교를 선택할 수 있는 권리를 주는 것 또한 중요하다. 각 지방정부들은 장애아동의 교육적 요구를 충족시킬 수 있는 행동지침을 제공하고 있다. 1997년 출간된 'Excellence for All Children: Meeting Special Educational Needs'에서 장애아동들에게 제공되어야 할 교육서비스의 기준 상향 조정되었다.

- 국가의료보호기구(NHS)는 지난 3년간 고통을 경감하고 생명을 마감하는 서비스(End-of-Life Services), 공공시설 설비 보강, 그리고 휠체어 제공 등에 필요한 재원을 확보하였다. 이 기금은 2008-2009년부터 2010-2011년 회기 중 총 3천 4백만 파운드를 국가의료 기구에서 조성되었다.
- 특별한 보호를 필요로 하는 아동을 위한 서비스의 종류를 확대하고 이를 시범 운영한다.
- 다양한 건강서비스를 필요로 하는 아동을 위한 개별 의료서비스 계획을 2010년까지 수립한다. 각기 다른 의료서비스를 제공하는 기관들이 협력 체계를 구축할 수 있도록 이를 지원한다.

개별적으로, 그리고 집단으로 제공될 서비스를 계획하는 것이 중요하다. 건강서비스를 제공하는 과정에서 관련기관의 협조 체계 구축은 매우 중요하다. 각 지역 아동청소년계획(Children and Young People's Plan)은 반드시 건강서비스 전략을 포함하고 있어야 하며 아동건강과 복지증진을 위해서 최대한 모든 조직이 이 계획에 참여할 수 있어야 한다.

04 아동건강서비스 전달 체계

영국의 아동건강서비스 전달 체계는 아래의 그림과 같다. 세계적 수준의 양질의 서비스를 제공하고 건강서비스의 불평등을 해소하려는 영국 정부의 목적을 달성하기 위해서 지방 정부는 관련 기관들의 협조체제를 이끌어 낼 수 있어야 한다. 아동건강에 대한 과학적 데이터를 사용함으로써 각 기관이 제공하고 있는 건강서비스의 효과를 높일 수 있다. 전달 체계에 대한 지도, 감독이 이루어질 때 기관 간의 연계체계가 제대로 유지될 수 있다.

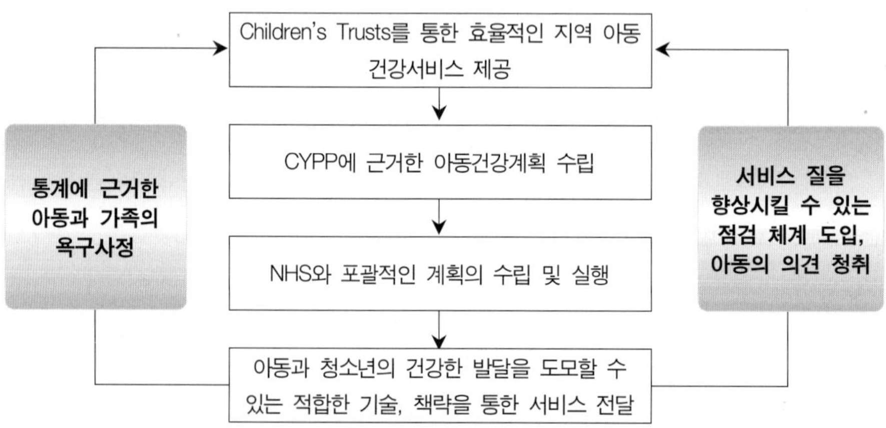

[그림 5-4] 아동건강서비스의 전달 체계 모델

출처: Healthy lives, brighter futures: The strategy for children and young people's health(2009).

효과적인 건강서비스를 제공하기 위해서 다음과 같은 내용이 포괄적으로 다루어져야 한다.

- 효과적인 지도력과 관련 기관 간의 협조 체계와 명확한 계획
- 보호아동에 대한 서비스 제공
- GP의 전문적 역량강화
- 아동건강증진을 위해 협조 체계 강화
- 서비스를 실행하고 전달하는 과정에서 데이터의 효과적인 사용
- 아동의 건강을 증진시킬 수 있는 적합한 기술과 역량 사용

생각하기

1. 아동건강정책과 아동빈곤 해소의 관계를 논의해 보자.
2. 우리나라 아동이 처한 건강발달의 위기가 무엇인지 생각해 보자.
3. '잘 먹는다는 것'의 의미를 정리해 보자.

▌참고문헌▐

EMACH(2008). Why Children Die: A pilot study.

DCSF(2007). Children's Plan: Building brighter futures. London: TSO.

DH, DCSF(2009). Healthy lives, brighter futures - The strategy for children and young people's health.

HM Government(2006). Every Child matters: Change for Children. London: TSO.

ONS(2004). Prevalence of mental disorders by age and sex: All children Great Britain.

Richard Layard & CEP Mental Health Policy Group(2006). The depression report: a new deal for depression and anxiety disorders. Centre for Economic Performance, London School of Economics and Political Science, London, UK.

CHAPTER 06

영유아보육

영국은 본래 아동양육에 대한 부모의 책임을 강조하는 전통적인 시각을 갖고 있는 국가였다. 그러나 1990년대 노동당이 집권하면서 보육에 대한 국가의 책임을 인식하고 관련 정책을 개발함으로써 취업부부의 자녀양육을 적극 지원하는 정책으로 전환하고 있다. 영국의 보육정책은 현재 아동의 건강한 발달, 그리고 필요한 복지서비스의 제공 등과 같이 보다 포괄적인 맥락에서 다루어지고 있다. 영유아보육정책 및 서비스는 아동보호정책 및 빈곤가정 아동의 지원정책, 그리고 청소년의 역량강화정책과 함께 중요하게 다루어지고 있다.

본 장에서는 영국의 보육발달 과정 및 보육정책의 내용을 살펴보고 이의 정책효과를 조명해 보고자 한다.

01 영유아보육정책 발전과정

영국에서 보육은 스코틀랜드의 New Lanark에서 1816년 로머트 오웬(Rovert Owen)이 빈곤아동을 위해 설립한 유아원에서부터 시작되었다. 18세기 말 산업혁명과 두 차례에 걸친 세계대전을 치르는 과정에서 여성고용이 증대되면서 영국 정부는 보육에 대한 적극적인 투자를 감행하였다.

그러나 전쟁 종료 후 여성노동 인력이 감소되었는데, 이로 이해서 1945년부터 영국 정부는 특수한 경우를 제외하고는 보육시설에서의 아동양육을 금지하였다. 보육이 필요한 아동도 종일제가 아닌 반일제나 시간제를 이용하도록 하였다. 이는 아동의 건전한 성장을 위해서는 가정에서 부모에 의해 양육되어야 한다는 확고한 신념에 기초한 것이다. 5세 미만의 아동의 보육에 대한 책임은 부모에게 있음을 확고히 하고 정부는 부모의 보호가 불가능한 아동의 보육에 대해서만 책임진다는 것을 분명히 하였다. 따라서 보육은 수익자 부담의 민간기관에 의해서 운영되는 것이 대부분이었다. 아동법 1989(Children's Act 1989)도 취업부모에 대한 서비스를 제외하고 빈곤가정의 아동에 한해서만 보육서비스를 지원하도록 규정하였다. 정부가 영유아보육에 여전히 소극적인 태도를 견지하였던 것을 알 수 있다.

그러나 1990년대 중반 노동당이 집권하면서 보육서비스의 확대 지원과 체계 개편이 단행되었다. 영유아기 서비스 증진을 국가의 최우선 과제로 채택하였다. 노동당 정부는 아동과 가족 및 국가의 장기적 이익, 여성의 노동시장 참여지원, 그리고 가족형태의 변화에 따른 육아부담 경감을 위해서 그동안 아동보육정책에 대한 시장의 실패를 교훈삼아 '새로운 야망: 새로운 복지계약(New Ambitions for Our Country : A New Contract for Welfare)'이라는 정부의 보육정책 청사진을 발표하였다(UK Childcare, 2005). 그리고 유아교육과 보육서비스의 확대를 위하여 '영유아발달파트너십(Early Years Development Partnerships)'을 설립하였으며, 이는 1998년에 국가수준의 아동보육 전략이 발표됨으로써 유아교육과 보육파트너십(EYDCP: Early Years Development and Childcare Partnerships)으로 확대, 발전하였다.

1998년 국가아동보육전략(National Strategy for Childare)을 수립한 이후 아동보육은 상당한 진전이 있었다. 그러나 부모들은 여전히 일과 가족생활의 균형을 이루기 어려웠고, 보육료 지원에도 불구하고 보육비용이 비싸고, 보육시설이 늘어났어도 이용할 만한 적절한 곳을 찾기가 어려웠으며 또한 서비스의 질에 대한 우려를 갖고 있었다. 노동당은 이와 같은 문제를 직시하고 2004년 아동보육 10년 전략(The Ten Year Childcare Strategy)을 수립하였다(HM Treasury et al., 2004).

2004년 12월 교육기술부, 노동연금부, 재무부, 통신산업부가 참여한 아동보육 10년 전략(The Ten Year Childcare Strategy)은 '부모를 위한 선택, 아동을 위한 최상의 출발'(Choice for Parents, the Best Start for Children)이라는 목표를 설정하였고 2006년 4월에는 보육 10년 실행계획(Ten Year Childcare Action Plan)을 발표하였다(육아정책개발원, 2007). 2006년도에는 최초의 아동보육법인 '아동보육법 2006(Childcare Act 2006)'이 제정되었다. 2009년 다시 아동보육 10개년 실행계획의 구체적 실천방안을 담은 '다음단계의 조기교육과 아동보육(Next Steps for Early Learning and Childcare)'을 발표하였다.

02 아동보육 10개년 실행 계획

2004년 영국 정부는 '부모를 위한 선택, 아동을 위한 최상의 출발(Choice for Parents, the Best Start for Children)'이라는 이름의 아동보육 10개년 전략(Ten Year Childcare Action Plan)을 마련하였다. 이 전략은 부모의 보육서비스 선택권 보장, 보육의 접근성 제고, 아동보육의 질적 향상, 그리고 적정 수준의 보육료의 4가지 목표를 제시하였다(HM Treasury et al., 2004). 즉, 부모선택과 유연성(Choice and Flexibility), 이용가능성(Availability), 보육의 질(Quality), 보육비용 지불가능성(Affordability)이 이 계획의 핵심 추진 목표이다(육아정책개발원, 2007).

부모의 보육 선택과 유연성(Choice and Flexibility)은 부모가 일과 가정생활의 균형을 이룰 수 있도록 보다 많은 선택의 기회를 부여할 수 있는 방안을 마련하고자 하는 것이다. 구체적인 내용은 다음과 같다.

- 2010년까지 12개월 유급 출산휴가를 전면실시하고 그 첫 단계로 2007년 4월부터 6개월 유급휴가를 주던 것에서 9개월까지로 연장 실시할 계획이다.
- 2010년까지 어머니 혹은 아버지 중 어느 한 사람이 유급 출산휴가를 사용할 수 있도록 이에 필요한 법적 조치를 취하였다.
- 각 지역사회의 아동센터는 통합서비스를 모든 가족에게 제공하여 서비스의 접근성을 향상하고 부모와 아동에게 정보제공 건강서비스, 가족지원, 아동보육, 및 기타 서비스를 제공한다. 이를 위해서 2008년까지 2,500개, 2010년까지 3,500개의 아동센터를 설립한다.

부모의 보육시설 이용가능성(Availability)을 높이기 위해서 0세부터 14세 아동과 그 가족의 요구를 충족시키며 비용부담이 가능하며 융통성 있는 양질의 보육서비스를 제공한다. 구체적인 내용은 다음과 같다.

출처: DCSF(2009). Next Steps for Early Learning and Childcare.

- 3세와 4세 아동을 대상으로, 38주 동안 우수한 무상보육을 주당 20시간 제공한다.
- 2010년까지 3세 이후의 모든 연령의 아동에게 연간 38주 주당 15시간의 무상보육을 제공할 것이다.
- 2010년까지 매일 오전 8시부터 6시까지 3세부터 14세의 모든 아동을 대상으로 방과 후 보육서비스를 제공할 계획이다.

양질의 보육서비스를 제공하기 위해서는 전문적인 훈련을 받은 아동보육 인력을 배치하고 이들에 의한 양질의 보육환경을 제공한다. 우수한 보육의 질을 담보하기 위해서 모든 종일제 보육시설은 전문적 역량을 갖춘 보육인력을 확보한다. 2005년에 영국 정부는 아동보육 인력의 자격기준과 경력에 관한 자문기관인 아동개발위원회(Children's Workforce Development Council)와 함께 보육인력에 대한 대대적인 개혁을 추진하였다. 그리고 기관의 질적 기준을 제고하고 보다 나은 정보를 부모에게 제공하기 위해서 관련 규정과 평가체제를 개혁하였다. 보육시설의 질적 성장을 위해서 2006년 4월까지 매년 1억 2천 5백만 파운드의 재원을 확보하였다.

보육비용의 적정성(Affordavbility) 유지를 위해서 2005년 4월부터 근로세금공제 항목의 범위 내에서 주당 300파운드(아동 1인당 175파운드)로 증액하고 2006년 4월부터는 보육료 상한제의 범위를 70%에서 80%로 상향조정하였다. 두 자녀를 둔 맞벌이 가정에 연간 3만 4천 파운드의 보육비용을 지원하였다. 이러한 개혁은 85%에서 75%까지의 보육료 절감 효과를 가져와 부모는 연간 7백 파운드의 보육비용 줄일 수 있게 되었다. 부모의 보육부담을 경감하여 부모가 보다 쉽게 보육서비스를 이용할 수 있도록 지원한다. 2006년 4월부터 시범사업 운영비용으로 5백만 파운드를 책정하여 런던의 아동보육 비용부담 경감책을 실시하였다.

보육정책은 모든 아동이 생의 초기부터 최상의 출발을 하고, 부모에게 일과 가정생활의 균형을 이룰 수 있도록 폭넓은 선택의 기회를 제공하는 데 역점을 두고 있다(HM Treasury, DfES, DWP, DTI, 2004).

03 영국의 아동지원서비스 현황

(1) 서비스 기관현황

〈표 6-1〉 유형별 보육시설 수

유형	2007	2006	2005	2003	2001	2006-2007 증감(%)	2005-2007 증감(%)	2003-2007 증감(%)
종일제 보육시설	13,600	12,700	11,800	10,000	7,800	+7%	+15%	+36%
종일제 아동센터	950	800	N/A	N/A	N/A	+18%	N/A	N/A
시간제	8,700	9,700	10,000	11,900	14,000	−9%	−12%	−26%
방과 후 클럽	8,500	7,700	N/A	4,500	4,900	+11%	N/A	+87%
휴일 클럽	5,800	6,400	N/A	2,800	N/A	−9%	N/A	+108%
가정보육교사 (Childminder) (현재 근무)	59,800	57,900	57,700	N/A	N/A	+3%		N/A
가정보육교사 (Childminder) (등록된)	69,200	71,500	70,200	72,900	72,300	−3%	−1%	−5%
보육시설	96,400	94,400	N/A	N/A	N/A	+2%	N/A	N/A
유아학교	450	450	N/A	450	N/A	+/−0%	N/A	+/−0%
유아학급과 초등예비학급이 있는 공립초등학교	6,800	6,500	N/A	6,300	N/A	+4%	N/A	+7%
유아학급 없이 초등예비학급만 있는 공립초등학교	8,900	9,200	N/A	9,200	N/A	−3%	N/A	−3%
유아교육기관 전체	16,200	16,200	N/A	16,000	N/A		N/A	
전체	112,600	110,600	N/A	N/A	N/A	+2%	N/A	N/A

출처: 2007 Childcare and Early Years Providers Survery: Overview Report(2008)
N/A : 해당없음.

〈표 6-2〉 설립 유형별 보육시설 현황

	종일제 보육시설			종일제 아동센터		시간제			방과 후 클럽		휴일 클럽	
	2007	2006	2005	2007	2006	2007	2006	2005	2007	2006	2007	2006
전체 시설 수	13,600	12,700	11,800	950	700	8,700	9,700	10,000	8,500	7,700	5,800	6,400
사 립	87%	89%	79%	39%	36%	93%	96%	87%	68%	77%	76%	72%
- 영 리	66%	65%	59%	20%	19%	29%	27%	30%	43%	33%	44%	36%
- 비 영 리	21%	24%	20%	19%	17%	65%	68%	60%	26%	44%	32%	36%
공 립	12%	10%	13%	58%	59%	7%	5%	9%	33%	22%	25%	25%
- 지방 정부	6%	5%	9%	49%	50%	4%	4%	7%	8%	11%	13%	19%
- 대 학	7%	5%	4%	9%	+	3%	1%	2%	25%	11%	12%	5%
기 타	2%	2%	7%	+	+	1%		3%	2%	1%	3%	4%

출처: 2007 Childcare and Early Years Providers Survey: Overview Report(2008).

2007년 기준으로 총 112,600개의 아동지원기관이 있으며, 이 중 보육시설은 96,400개, 유아교육기관은 16,200개가 있다. 이는 종일제 보육(13,600), 시간제(950), 방과 후 클럽(8,700)과 휴일 클럽(8,500), 보육사(59,800), 초등학교 내의 유아학교(450), 유아학급과 초등예비학급이 있는 초등학교(6,800), 유아학급 없고 초등예비학급만 있는 초등학교(8,900)를 모두 포함한다. 아동지원 기관은 지속적으로 증가하여 2006년에 비해 2% 증가하였다.

보육시설 설립 유형을 〈표 6-2〉에서 살펴보았을 때, 사립, 영리, 비영립, 공립, 지방 정부, 대학, 기타로 나눌 수 있다. 2007년 기준으로 종일보육시설 중 가장 많은 비율을 차지하는 설립 유형은 사립으로 87%로 차지하고, 종일제 아동센터는 공립 58%이며, 시간제는 사립 93%, 방과 후 클럽은 사립 68%, 휴일 클럽은 사립 76%를 차지한다.

(2) 서비스 이용 아동현황

영국의 보육시설과 유아기관 이용 아동 수는 2007년 기준으로 종일제 820,100명, 종일제 아동센터 68,400명, 시간제 356,800명, 휴일 클럽 297,700명, 방과 후 클럽 414,300명, 가정보육교사(childminder) 278,500명, 유아학교 38,300명, 유아학급 및 예비학급이 있는 초등학교 517,800명, 유아학급 없이 예비학급만 있는 초등학교 263,200명이다.

〈표 6-3〉 보육시설, 유아기관 아동 수

	아동 수				% 변화		
	2007	2006	2005	2003	2006-2007	2005-2007	2003-2007
종일제 보육시설	820,100	766,900	704,200	649,400	+7%	+16%	+26%
종일제 아동센터	68,400	40,000	N/A	N/A	+71%	N/A	N/A
시간제	356,800	389,700	390,000	469,900	−8%	−9%	−24%
휴일 클럽	297,700	352,500	N/A	233,800	−16%	N/A	+27%
방과 후 클럽	414,300	404,800	N/A	271,900	+2%	N/A	+52%
가정보육교사 (childminder)	278,500	267,900	242,400	N/A	+4%	+15%	N/A
유아학교	38,300	36,100	N/A	35,800	+6%	N/A	+7%
유아학급 및 예비학급이 있는 초등학교	517,800	505,900	N/A	475,400	+2%	N/A	+9%
유아학급 없이 예비학급만 있는 초등학교	263,200	251,000	N/A	276,500	+5%	N/A	−5%

출처: 2007 Childcare and Early Years Providers Survey: Overview Report(2008).

2003년에서 2007년의 변화율을 보면, 종일제 보육시설은 26%, 방과 후 클럽은 52%, 휴일 클럽은 27%, 유아학교는 7%, 유아학급 및 예비학급이 있는 초등학교는 9%로 나타났다.

연령별 보육 및 유아기관 이용 아동 수는 [그림 6-1]에 나타난 바와 같이. 종일제 보육시설은 2세 미만이 21%, 2세가 25%, 3세 31%, 4세 18%로 3세가 가장 많다. 시간제는 2세 미만 아동은 단 2%이고, 2세는 19%, 48%는 3세로 나타났고, 4세는

28%였다. 5세~ 14세 아동의 경우 87%가 방과 후 클럽과 86%의 휴일 클럽 86%를 이용하였다. 방과 후 클럽은 5세~7세 42%, 8세 이상 아동은 45%로 나타났다. 휴일 클럽에서는 5세~7세가 41%, 8세 이상이 45%이었다.

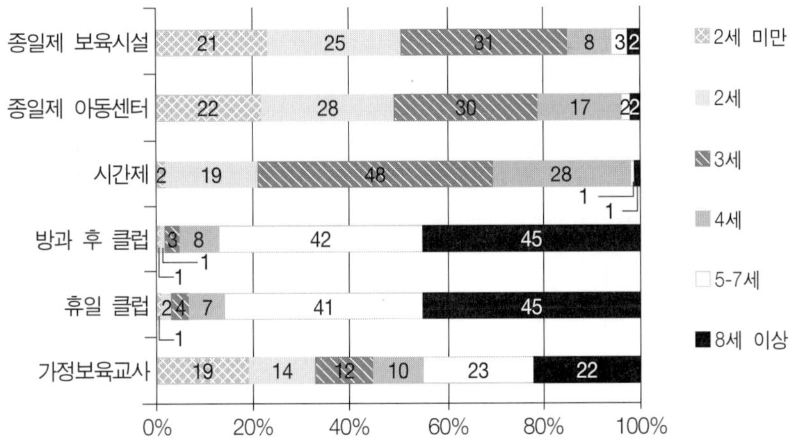

[그림 6-1] 아동보육시설별 이용 아동 분포

출처: 2007 Childcare and Early Years Providers Survey: Overview Report(2008).

보육교사의 경우에 2세 미만 담당교사가 19%, 2세 14%, 3세 12%, 4세 10%, 5세~7세 23%, 8세 이상 담당교사가 22%이었다.

(3) 아동지원 인력 현황

❶ 아동지원 인력의 규모

2006년과 2007년 보육시설 종사자 비율을 보면, 종일제 종사자는 증가하였고, 시간제, 방과 후 클럽, 휴일 클럽은 감소하였다. 종일제 종사자는 2006년도에 비해 4% 증가하였으면 유급 종사자의 비율은 7% 증가하였다. 무급 종사자는 3% 감소하였다. 종일제 아동센터의 유급, 무급 종사자는 전체적으로 33% 증가하였고 유급 42%, 무급 27%로 증가하였다. 시간제 종사자의 경우, 전체적으로 14% 감소하였고 유급 7%, 무급 종사자는 27% 감소하였다. 방과 후 클럽 종사자는 전체적으로 8% 감소하였고, 유급 5%, 무급 종사자는 22% 감소하였다. 휴일 클럽 종사자는 전체적으로 25% 감소하였고, 유급 18%, 무급 종사자 47%로 감소하였다.

〈표 6-4〉 보육시설 종사자 수

구분	종사자 전체(유급+무급)				종사자의 % 변화		
	2007	2006	2005	2003	2006-2007	2005-2007	2003-2007
종일제	165,200	159,300	148,200	124,200	+4%	+11%	+33%
종일제 아동센터	14,000	10,500	N/A	N/A	+33%	N/A	N/A
시간제	64,500	75,100	77,100	90,800	−14%	−16%	−29%
방과 후 클럽	50,400	54,500	N/A	29,500	−8%	N/A	+71%
휴일 클럽	51,200	68,200	N/A	26,600	−25%	N/A	+93%
구분	유급 종사자				% 변화		
	2007	2006	2005	2003	2006-2007	2005-2007	2003-2007
종일제	154,600	143,900	132,700	111,100	+7%	+17%	+39%
종일제 아동센터	13,300	9,400	N/A	N/A	+42%	N/A	N/A
시간제	54,200	58,300	59,800	69,900	−7%	−9%	−22%
방과 후 클럽	46,100	48,500	N/A	25,500	−5%	N/A	+81%
휴일 클럽	45,400	55,500	N/A	21,900	−18%	N/A	+107%
구분	무급 종사자				% 변화		
	2007	2006	2005	2003	2006-2007	2005-2007	2003-2007
종일제	15,000	15,400	15,500	11,000	−3%	−3%	+36%
종일제 아동센터	1,400	1,100	N/A	N/A	+27%	N/A	N/A
시간제	12,200	16,800	17,300	21,200	−27%	−29%	−42%
방과 후 클럽	4,700	6,000	N/A	4,000	−22%	N/A	+17%
휴일 클럽	6,700	12,700	N/A	4,700	−47%	N/A	+42%

출처: 2007 Childcare and Early Years Providers Survey: Overview Report(2008).

한편 공립학교 내의 유아교육기관에서 근무하는 2006년도와 2007년도의 유급과 무급 종사자 비율을 비교하면, 유아학교 7%, 유아학급 및 초등학교예비학급 12%, 유아학급이 없는 초등예비학급 종사자가 11%로 증가하였다. 또한, 유급 종사자도 유아학교 9%, 유아학급 및 초등학교예비학급 22%, 유아학급이 없는 초등예비학급 종사자가 24%로 증가하였다. 반면 무급 종사자의 경우는 유급 종사자도 유아학교 17%, 유아학급 및 초등학교예비학급 10%, 유아학급이 없는 초등예비학급의 경우 9%로 감소하였다.

〈표 6-5〉 유아기관 종사자 수

구분	전체 종사자(유급+무급)			% 변화	
	2007	2006	2003	2006-2007	2003-2007
유아학교	5,900	5,500	5,800	+7%	+1%
유아학급 및 초등학교예비학급	64,900	58,000	62,800	+12%	+3%
초등예비학급(유아학급 없음)	53,500	48,300	57,800	+11%	−7%
구분	**유급 종사자**			**% 변화**	
	2007	**2006**	**2003**	**2006-2007**	**2003-2007**
유아학교	5,000	4,600	4,300	+9%	+15%
유아학급 및 초등학교예비학급	52,300	43,000	43,900	+22%	+19%
초등예비학급(유아학급 없음)	38,600	31,200	34,300	+24%	+13%
구분	**무급 종사자**			**% 변화**	
	2007	**2006**	**2003**	**2006-2007**	**2003-2007**
유아학교	1,000	1,200	1,500	−17%	−34%
유아학급 및 초등학교예비학급	13,500	15,000	18,900	−10%	−28%
초등예비학급(유아학급 없음)	15,600	17,100	23,600	−9%	−34%

출처: 2007 Childcare and Early Years Providers Survey: Overview Report(2008).

❷ 자격기준

자격기준은 자격과 교육과정 관리국(Qualifications and Curriculum Authority: QCA)에 의해 인정되는 등급에 따라 다음과 같이 8등급으로 구분된다(육아정책개발원, 2007).

- 1등급(초급): GCSE 등급 D-G, 초급 GNVQ, 1등급 NVQ
- 2등급(중급): GCSE A-C, 중급 GNVQ, 2등급 NVQ
- 3등급(고급): A등급, 고급 GNVQ, 3등급 NVQ
- 4등급(고급): 높은 수준의 자격, BTEC Higher National, 4급 NVQ
- 5등급(고급): 높은 수준의 자격, BTEC Higher National, 5급 NVQ(유아교육에서 초급)
- 6등급(고급): 우등 등급
- 7등급(고급): 석사급

- 8등급(고급): 박사급

8세 미만의 아동보육에 관한 국가기준(National Standards for Under Eights Day Care and Childminding: Full Day Care)에 의하면, 종일제 보육시설에서 근무하는 모든 책임관리자 및 관리자급 종사자는 최소한 3등급 이상의 자격을 소지해야만 한다. 더불어 모든 보육종사자의 절반 이상이 아동보호와 발달을 위해서 2등급 이상의 자격을 소지하도록 규정하고 있다.

2007년도 기준으로 살펴보면, 보육시설의 경우 6등급 이상의 자격을 소지한 종사자 비율은 5%, 유아기관 경우에는 42%이다. 3등급 이상의 자격을 소지한 종사자의 비율은 보육시설의 경우 65%, 유아기관 79%이다.

〈표 6-6〉 자격 수준(2007)

구분	보육종사자							유아기관 종사자				전체
		종일제	종일제 아동센터	시간제	방과 후 클럽	휴일 클럽	가정보육 교사 (Child-minder)		유아학교	유아학급 예비학급이 있는 초등학교	예비 학급만 있는 초등학교	
1등급	2%	1%		2%	3%	3%	12%	2%	1%	2%	2%	3%
2등급	18%	16%	10%	18%	21%	21%	8%	8%	7%	8%	8%	15%
3등급	54%	61%	61%	52%	43%	40%	36%	31%	44%	35%	22%	47%
4등급	4%	5%	7%	3%	3%	4%	1%	2%	3%	2%	2%	4%
5등급	2%	2%	4%	1%	2%	2%		3%	4%	3%	4%	2%
6등급	4%	3%	7%	3%	4%	7%	2%	32%	24%	30%	36%	9%
7등급	1%	1%	2%	1%	1%	2%	1%	8%	8%	7%	9%	2%
8등급	*							*				*
무자격	13%	9%	4%	15%	19%	16%	33%	9%	7%	8%	11%	15%
기타	85%							88%				82%
다른	1%	1%		1%	1%	2%	3%	*			2%	1%
모름	2%	2%	3%	2%	3%	3%	3%	3%	1%	3%	7%	3%
최소한 3등급	65%							79%				64%
최소한 6등급	5%							42%				11%

출처: 2007 Childcare and Early Years Providers Survey: Overview Report(2008).

(4) 비용

❶ 보육료 부담

2007년 조사결과, 종일제 보육시설은 시간당 평균 3.2파운드로 가장 높은 보육료를 받고 있으며, 종일제 아동센터, 방과 후 클럽, 시간제, 휴일 클럽은 각각 시간당 3파운드, 2.6파운드, 2.3파운드, 2.2파운드로 받고 있다.

모든 보육시설의 평균보육료는 전체 평균소득 수준의 70%로 빈곤정도가 덜한 지역(least deprived areas)에서 보다 소득평균 30%의 극빈지역(most deprived areas)이 대체로 더 낮은 편이다. 전체 평균소득 수준이 70%인 지역의 시간당 보육료는 종일제 3.3파운드, 시간제 2.4파운드, 방과 후 클럽 2.8파운드, 휴일 클럽 2.3파운드이다. 전체 평균소득 수준 30%의 극빈지역의 시간당 보육료는 종일제 3파운드, 종일제 아동센터 3파운드, 시간제 1.8파운드, 방과 후 클럽 2.2파운드, 휴일 클럽 1.8파운드이다.

보육교사 평균이용료는 3.6파운드이다. 전체 평균소득 수준의 70%지역은 4.6파운드, 전체 평균소득 수준의 30%의 극빈지역은 3.4파운드를 받고 있다.

❷ 수입

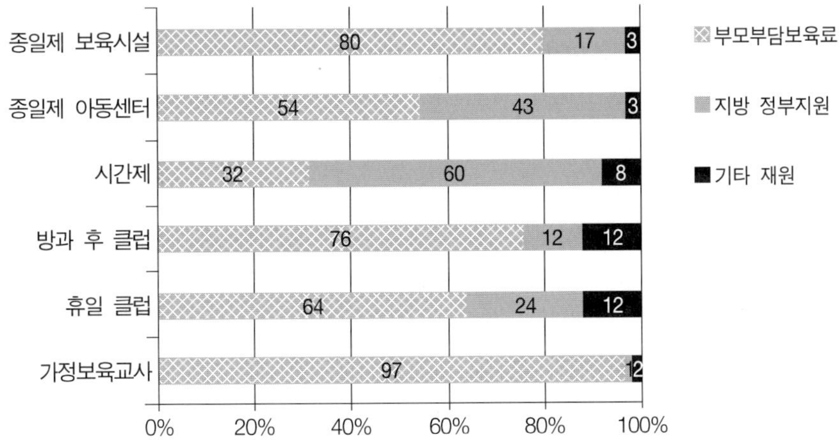

[그림 6-2] 보육시설 총 수입내역

출처: 2007 Childcare and Early Years Providers Survey: Overview Report(2008).

보육시설의 총 수입내역은 시설의 유형마다 상당한 차이가 있다. 종일제 보육시설, 방과 후 클럽, 휴일 클럽, 보육사 수입의 대부분은 부모가 지불한 보육료에 의한 것으로, 부모부담금이 각각 80%, 76%, 64%, 97%를 차지한다. 반면, 시간제과 종일제 아동센터의 경우 수입의 가장 큰 비중은 정부보조금으로 각각 60%, 43%를 차지한다.

04 아동보육법 2006(Childcare Act 2006)

(1) 입법 배경

2004년 12월 영국 정부는 잉글랜드 보육전략인 "부모를 위한 선택, 아동을 위한 최상의 출발: 아동보육을 위한 10년 전략"(Choice for Parents, the Best for Children: a Ten Year Strategy for Childcare)을 발표하였다. 웨일즈는 2005년 11월 29일 "아동을 위한 아동보육"(Childcare for Children)을 발표하였다. 이후 이 두 보육전략 실행의 기반이 되는 관련법의 제정을 추진하였고, 2005년 11월 8일 영국 의회에서 아동보육법안(Childcare Bill)에 대한 논의를 시작하였다. 2006년 7월 11일 상하원의결을 거쳐 여왕의 승인을 받아 아동보육법(Childcare Act 2006)을 제정하였다. 이 법은 아동보육에 관한 최초의 법령이다.

(2) 아동보육법의 구조

아동보육법은 4부분의 111개 조로 구성되어 있다. 아동보육법은 웨일즈 지역에 대한 규정 제2부와 잉글랜드와 웨일즈에 모두 적용되는 제4부의 일부 조항을 제외하고는 모두 잉글랜드의 아동보육과 관련된 정책이다.

아동법의 구성은 다음과 같다.

제1부 : 잉글랜드 지방자치단체의 일반적 기능(제1조~제21조)

제2부 : 웨일즈 지방자치단체의 일반적 기능(제22조~제30조)

제3부 : 잉글랜드의 보육 공급규정(제31조~제98조)

제4부 : 기타와 일반(제99조~제111조)

아동보육법에 근거한 '2007 아동보육 평가지침서(Childcare Assessment Regulations 2007)와 2007 '아동보육 실행지침서(The Childcare Providers: Information, Advice and Training 2007)가 마련되었다. 교육기술부(the Department for Education and Skills)는 아동보육법의 이해를 돕기 위해서 해설서(Explanatory Notes)를 제작, 배포하였다.

(3) 아동보육법의 특징

아동보육법은 5세 미만의 미취학 아동[3]을 위한 지원정책이다. 취업부모들이 일과 가정의 양립이 가능하도록 이들에게 보육시설 선택의 기회를 주고 있다. 아동보육법이 마련됨으로써 5세 미만 아동에게 양질의 보육서비스를 공급할 수 있는 기반을 마련해 주었고, 일하는 부모는 다양한 보육선택권을 갖게 되었다. 보육시설 운영자 및 종사자의 업무와 시설운영 규정을 마련하여 규제함으로써 부모들은 자신이 이용하고 있는 보육서비스를 신뢰할 수 있게 되었다(Childcare Act: Explanation Note, 2006).

아동보육법에서 지방 정부는 보육시설 및 관련 제도에 관한 많은 책임을 진다. 질적으로 우수한 보육서비스를 제공하기 위해서는 공공부문과 민간부문이 적절한 수준에서 조화를 이루고 아동보육정책에 관한 부모들의 현장감 있는 목소리를 청취할 필요가 있기 때문이다(Childcare Act: Explanation Note, 2006). 이 법에 따라,

3) 이 법에서 말하는 아동보육의 개념에는 영유아에 대한 보육을 의미한다. 보호대상 아동을 위하여 학교시간 중에 학교가 제공하는 교육이나 감독이나 건강보호(동법 제18조 제3항), 아동의 부모나 기타 양육책임자, 아동의 친척, 지방자치단체의 위탁양육부모, 민간단체의 양육부모, 사적인 양육제공(동법 제18조 제4항), 어린이집(a children's home), 보호소(care home), 병원, 거주가족센터(residental family centre) 등에서 제공되는 양육과 위 시설에 고용된 사람에 의해서 제공되는 양육(동법 제18조 제5항 및 제6항), 소년원(young offender institution)이나 안전훈련센터(secure training centre)에 수용되어 있는 아동에게 제공되는 양육은 포함되지 않는다(동법 제18조 제7항)

지방자치단체는 모든 취학 전 아동의 복지를 향상시키고, 아동들 사이의 불평등을 완화시킬 의무, 일하는 부모에게 충분한 보육을 보장할 의무, 그리고 부모들에게 더 나은 정보를 제공할 의무를 진다. 이러한 업무를 수행하기 위해서 지방자치단체는 해당 지역의 보육관련 수요를 측정하고, 이를 충족시킬 수 있는 충분한 보육시설을 확보해야 한다. 지방자치단체가 직접 보육서비스를 제공할 수도 있지만, 민간기구나자선조직 등이 보육서비스를 제공할 의지가 있다면 지방 정부는 이들 기관이 원활하게 보육서비스를 제공할 수 있도록 지원하고 배치하는 역할을 해야 한다. 지방자치단체는 민간기구 및 자선기관 등과 협조 체계를 구축하고 보육정책 전반을 보완해 나가고 지도 · 점검하는 중심적인 역할을 한다.

(4) 아동보육법의 주요내용 및 입법 정책

4개 부분 111개 조항으로 구성된 아동보육법의 주요내용은 다음과 같다.

제1부는 지방자치단체의 의무를 규정하고 있다. 지방자치단체는 ① 아동의 성취향상, ② 충분한 보육기회의 제공, ③ 부모에 대한 정보 제공의 역할을 해야 한다. 지방자치단체는 아동과 가족들을 위해서 보육서비스를 계획, 집행, 그리고 공급하는 등의 전략적 역할을 수행해야 한다.

제2부는 웨일즈 지방자치단체의 역할에 대한 규정이다. 웨일즈의 지방자치단체는 부모들이 일하거나 취업에 필요한 교육 · 훈련을 받을 수 있도록 하기 위해서 보육서비스를 제공해야 할 의무를 규정하고 있다. 지방자치단체는 아동보육 운영자 및 관여하고 있는 사람을 지원하고, 보육종사자들과 협의할 수 있어야 하며, 직접 아동보육서비스를 제공할 수도 있다. 이외에도 웨일즈의 지방자치단체들은 해당 지역의 아동보육 공급, 이 지역의 부모나 아동들에게 도움이 될 수 있는 서비스, 시설, 출판물에 관련한 정보, 조언, 도움 등을 제공해야 할 의무가 있다.

제3부는 보육 10년 전략인 "부모를 위한 선택, 아동을 위한 최상의 출발: 아동보육을 위한 10년 전략"에 근거하여 보육시설 운영에 대한 규제, 지도 · 점검의 근거를 명시하고 있다. 제3부는 5개의 장으로 구분된다. 첫 번째 장은 수석조사관(chief inspector)의 역할, 두 번째 장은 0세에서 5세까지의 영아들에 대한 보육공급 규정,

세 번째 장은 8세 이하의 영아들에 대한 보육공급 규정, 네 번째 장은 자발적 등록에 관한 것, 다섯 번째 장은 공동 보육공급 규정에 대한 것이다.

제4부는 보육을 이용하는 아동에 대한 정보의 수집 및 이의 규정을 명시하고 있다. 아동법 2006은 다음과 같이 구성되어 있다.

〈표 6-7〉 아동보육법 2006 개요

<table>
<tr><th colspan="2">구분</th><th>조항</th></tr>
<tr><td colspan="2">제1부
지방자치단체의 역할</td><td>1. 영유아의 복지에 관한 지방자치단체의 의무
2. 3조항의 “영유아기 서비스”의 의미
3. 영유아기 서비스에 관한 지방자치단체의 특정한 의무
4. 지방자치단체와 함께 보육에 참여하는 기관들의 의무
5. 2조와 4조를 개선할 수 있는 법적 권한
6. 일하는 부모를 위해서 보육을 충분하게 제공할 의무
7. 일정정도의 보육은 무상으로 제공할 수 있어야 하는 의무
8. 아동보육이 관한 지방자치단체의 권한
9. 지방자치단체와 아동보육 운영자와의 협의
10. 지방자치단체의 아동보육 공급 책임
11. 아동보육에 대한 평가 의무
12. 정보제공, 조언, 그리고 지원의 의무
13. 보육시설 운영자에 대한 정보제공, 조언, 및 지원 의무
14. 조사
15. 적절한 수준의 보육 수준을 유지하기 위한 장관의 권한
16. 아동법 2004와의 일치
17. 공립학교의 영아보육 책임
18. 아동보육의 정의
19. “영유아의 정의
20. “영아유아보육시설”의 정의
21. 제1부 해석</td></tr>
<tr><td colspan="2">제2부
웨일즈 지방자치단체의
일반적 기능</td><td>22. 취업부모를 위한 보육서비스의 다양화
23. 아동보육서비스에 관한 지방자치단체의 권한
24. 지방자치단체와 보육시설 운영자 간의 협의
25. 지방자치단체의 보육시설 제공의 책임
26. 보육시설에 관한 지방자치단체의 평가 권한
27. 정보제공, 조언, 및 지지의 의무
28. 조사
29. 의회의 운영상황 평가 권한
30. 제2부 해석</td></tr>
<tr><td rowspan="2">제3부</td><td>지도 · 감독
담당자의 역할</td><td>31. 지도 · 감독자의 역할
32. 두 가지 종류의 아동보육등록부의 관리</td></tr>
<tr><td>0세 ~ 5세</td><td>33. 가정보육교사(childminders)의 등록 조건</td></tr>
</table>

보육 시설 운영 규정	영유아에 대한 보육 시설 설치 규정	34. 등록 조건: 다른 영유아보육시설 운영자 35. 등록 신청: 영유아보육시설 공급자 36. 가정보육교사(childminders)의 등록 신청 37. 등록과 증명서의 승인 38. 기준 39. 초기단계 40. 초기단계 이행 의무 41. 학습, 발달 요구 조건 42. 사정 장치에 대한 제공 조성 43. 복지요구 조건 44. 학습, 발달, 복지 요구 조건 명시의 수단 45. 입소 순서 확인을 위한 절차 46. 공제 대상에게 수여되는 법적 권한 47. 사립학교 48. 교육과정에 관한 개정 49. 조사 50. 조사 보고 51. 제2부 해석
	8세 이하의 유아에 대한 보육시설 설치 규정	52. 8세 이하 아동을 돌보는(childminder)의 등록 조건 53. 8세 이하 아동을 위한 보육시설 운영자 등록 조건 54. 8세 이하 아동을 돌보는(childminders)의 등록 신청 55. 8세 이하 아동을 위한 보육시설 운영자의 등록 신청 56. 등록과 증명서의 승인 57. 등록된 영유아보육시설 운영자를 위한 특별한 절차 58. 기준 59. 금지 규정 60. 조사 61. 조사보고서
	자발적 등록	62. 일반 등록부에 등록 신청: 보육공급자 63. 일반 등록부에 등록 신청: 다른 보육공급자 64. 등록과 증명서의 승인 65. 이미 등록된 사람에 대한 특별한 절차 66. 등록 조건 67. 금지 규정
	공통된 보육시설 설치규정	68. 등록의 취소 69. 등록의 보류 70. 자발적인 해임 71. 등록부의 말소 72. 긴급사항에서의 아동 보호 73. 일정한 단계에 따른 절차 74. 항소 75. 자격 박탈 76. 자격 박탈의 결과

		77. 보육장소 출입 권한 78. 보육장소 출입 동의를 위한 요구 조건 79. 보육장소출입 권한의 행사에 대한 사정을 위한 경찰관의 권한 80. 연합보고서 81. 연간보고서에 포함된 정보 82. 지도 · 감독 담당자에게 정보제공 83. HMRC와 지방자치단체에게 정보 공급 84. 일정한 목적을 위한 정보의 공시 85. 거짓 혹은 허위진술의 죄 86. 소송 시간 제한 87. 법인 활동 88. 비법인 단체 89. 비용 90. 정보공개 동의 문제 91. 단체들 간의 협조 92. 연합 등록 증명서 93. 통보 94. 제3부를 위한 권한: 다양한 전제에 대한 신청 95. 학교로 간주되지 않는 기관 96. 용어의 정의 97. 보육종사자에 해당되지 않는 고용인 98. 제3부 해석
제4부 기타와 일반		99. 영유아에 대한 정보 제공 100. 영유아에 대한 정보 제공: 일시적인 공급 101. 아동에 대한 정보 제공: 웨일즈 102. 아동법 1989에 규정된 등록 박탈 103. 개정과 폐지 104. 하위 법령: 일반 공급자 105. 하위 법령: 의회 통제 106. 일반적 해석 등 107. 재정 공급자 108. 실리제도 109. 개시 110. 개시 명령에 관한 규정 111. 명칭과 범위

아동보육정책에서 실질적인 임무를 지방자치단체에 위임하면서, 영국 정부는 다음과 같은 정책의 목적을 설정하였다(DirectGov, 2007).

첫째, 5세 미만의 아동이 수준 높은 조기교육과 보육시설을 이용할 수 있도록 하고, 3세와 4세 아동의 부모가 원할 경우 무료보육이나 교육시설을 통해 아동을 교육할 수 있도록 한다.

둘째, 미취학 아동에게 수준 높은 교육을 제공할 수 있는 교육정책을 개발하고, 등록된 교육기관이나 시설은 교육효과를 높일 수 있는 계획을 수립하여야 한다.

셋째, 지방자치단체는 아동센터를 통해 미취학 아동이 통합 서비스를 이용할 수 있도록 한다.

넷째, 맞벌이 부부는 원하는 보육시설을 선택할 수 있어야 한다.

다섯째, 부모들이 보육서비스를 신뢰할 수 있도록 보육시설 운영자에 대한 규정을 개정한다.

이러한 목적은 사실상 보육정책의 실행지침이다. 영국 정부는 질적으로 우수한 아동보육을 제공하기 위해서 많은 정책을 법제화하고 있다.

조기교육과 영유아보육에 대한 지방 정부의 책임

아동보육법 2006(The Childcare 2006)은 처음으로 조기교육과 아동보육을 개별적으로 고려한 법이다. 법에서 명시하고 있는 지방자치단체의 의무에 대한 평가를 통해서 보육정책의 전략을 이해할 수 있다.

	결과	충분조건	무료 권리	정보
의무	• 취학 전 아동들의 삶의 질을 향상시키고, 불평등을 줄이기 위해서는 특히, 보육유아교육이 통합되고 쉽게 어디서나 이용할 수 있어야 함. • 부모들과 협력하여 보육서비스를 제공해야 함. 그러지 않을 경우에는 아동들이 만족스러운 서비스를 누릴 수 없음.	• 지방자치단체의 아동보육 시장을 평가하고 0세~14세(장애아는 18세까지)까지 보육서비스를 충분히 이용할 수 있어야 하며, 부모의 근로 및 교육을 장려해야 함. • 아동보육은 운영의 융통성, 접근성, 가능성, 질적인 우수성을 유지하는 데 필요한 수많은 준거를 충족시켜 줄 수 있어야 만족스러울 것임.	• 유아기 보육은 무상임.	• 부모 또는 20세 이하의 아동을 양육해야 할 의무를 지닌 사람에게 아동보육을 제공해 주어야 함. 다른 지방자치단체에 대한 정보제공, 조언, 도움. • 아동보육 제공자들에게 정보, 조언, 교육을 제공해 주어야 함.

지방자치단체가 하는 일은?	• 지방자치단체는 보육시설운영에 대한 부모와 의견과 아동의 의견에 귀 기울여야 함. 또한 부모들과 협력해야 함. • 모든 지방자치단체들은 두 개의 분명한 합의된 법률 목표가 있음. - 개선 목표 : 0~5세의 모든 아동들에 대해 '5 Every Child Matters' 점수 향상. - 형평성의 목표 : 하위 계층 아동과 다른 아동들 간의 차이를 좁힘.	• 조항의 간격을 좁히기 위해서 지방자치단체는 해당지역의 아동보육시설 수요 및 현황평가를 시행하고 이의 결과를 분석해야 함. • 이런 간격을 효과적으로 줄일 수 있는 행동 계획을 수립할 수 있어야 함.	• 부모들은 지방자치단체가 3~4세의 모든 아동들에게 최소한 주당 12.5시간, 연간 38주 무상서비스를 제공해 주기를 원함. • 지방자치단체는 2009년 9월까지 지역의 하위 25% 아동들에게 38주간 주당 15시간 무상서비스를 제공할 것을 결정함. 이는 가족형편에 따라서 확대할 수 있어야 함. • 2010년 9월까지는 모든 아동들에게 적용될 필요가 있음.	• 지방자치단체는 부모들에게 정보, 조언, 도움을 지속적으로 제공해야 함 • 즉각적으로 아동보육서비스를 받지 못하는 부모들에게 추가적인 도움을 주어야 함. • 종사자에게 보육서비스의 질 및 성과에 대한 정보, 조언, 교육을 제공해야 함.
주요파트너	• 아동기금위원회(Children's Trusts)와의 파트너십 구축 • 1차 진료기관(PCTs), 전략의료당국(SHAs), 직업센터의 책임자와 직원은 지방자치단체와 협력관계를 유지해야 함.	• 수요의 척도로서 가족과 고용주 • 모든 부문에 걸쳐 조기교육과 아동보육 제공자들 • 취학 아동들에게 더 많은 서비스를 제공해 주기 위해 학교와 아동단체연합(Children's Trusts)의 파트너십	• 모든 부문에 걸쳐 조기교육과 아동보호 제공자들 • 청소년이 있는 가정	• 모든 지방자치단체가 보유하고 있는 가족에 대한 정보 • 수요의 척도로서 가족과 운영자 • 모든 부문에 걸쳐 조기교육과 아동보호 제공자들 • 기타 아동보호 제공자들
강제조항	• 2008.4.1일자로 강제조항이 되었으며, 지방자치단체는 2008/2009부터 법률 목표를 정해야 함.	• 2008.4.1일에 초기 충분한 평가실시, 적어도 매 3년마다 평가해야 함. • 모든 지방자치단체는 2011.4.1일까지 행동지침을 발표해야 함.	• 2006.4.1일부터 연 38주, 주당 12.5시간을 제공하기 위해. • 2009.9.1일부터 3~4세의 하위 25% 아동에게, 그리고 2010.9.1일부터는 모든 3~4세 아동에게 확대 적용하기 위해.	• 2007.10.1일부터 아동보호 제공자들에게 정보, 조언, 도움을 줌. • 2008.4.1일부터 부모들에게 정보, 조언, 도움을 제공함.

출처: Next Steps for Early Learning and Childcare, p.60.

05 아동보육지원

(1) 소득지원

영국 정부는 유연한 노동정책과 함께 Tax Credits를 통해서 보육시설을 이용하는 부모를 지원한다. Tax Credits는 세금공제 방식이 아니고 정부가 공적 자금을 통해 아동이 있는 가정을 재정지원 하는 것이다. 해당 요건을 충족하는 경우 부모는 Child Tax Credits를, 또한 부모가 경제 활동을 하고 있으나 저소득층에 해당되는 경우 Working Tax Credits의 재정지원을 받는다.

이러한 Tax Credits는 정부의 공적 자금을 통해 부모의 아동보육을 지원하는 것이기 때문에 세금공제와 같은 조세정책과는 직접적인 관련이 없다. 실제로 세금을 납부하지 않는 사람들도 Tax Credits 요건에 해당하면 그에 해당하는 지원을 받을 수 있다. 이들 정책은 가족의 소득 수준, 자녀 수, 주당 근로시간, 양육비 부담정도, 그리고 부모의 장애정도에 따라 차등 지급되고 있다(박찬호, 2007).

그밖에 가족이 지원 받을 수 있는 정부 수당으로는 근로보조금(Job Grant), 아동보호프리미엄(Child Maintenance Premium), 미망인 부모 수당(Widowed Parent's Allowance) 등이 있다. 근로보조금은 저소득자 지원금(Income Support) 또는 구직자 수당(Jobseeker's Allowance), 노동능력부재수당(Incapacity Benefit), 또는 중증장애수당(Severe Disablement Allowance)을 26주간 이상 받았던 사람이 주당 16시간 노동을 시작할 때 받을 수 있는 면세 일시금 수당으로 한부모 가정이거나 아동이 있는 동거 가족인 경우 250파운드(약 45만원)가 지급된다. 아동보호프리미엄(Child Maintenance Premium)은 소득보조나 소득과 연계된 구직자 수당을 받는 아동이 있는 부모는 최고 10파운드를 추가로 지급 받는 것을 말한다. 미망인 부모 수당은 사회보험(National Insurance) 기여금을 납부했던 남편과 사별 했을 경우 1명 이상의 아동을 키우고 있거나 사별한 남편의 아동을 임신한 경우 지급되는 수당으로 기본적으로 주당 75.5파운드(약 15만원)가 지급되고 남편의 기여 경력에 따라 아동 1명당 9.65파운드에서 11.35파운드를 추가로 지급받을 수 있다(장혜경 외, 2006).

(2) 아동보육을 위한 노동 관련 지원

경제가 발전함에 따라 핵가족화 되고, 실질적으로 아동보육을 담당해야 하는 부모는 경제활동에 종사하게 되어, 일과 가정의 양립이 큰 사회적 문제로 제기되어, 영국 정부는 노동 관련 제도를 통해 이 문제를 해결하려는 시도를 해왔다. 대표적으로 육아휴가제도(Parental Leave)와 업무시간 유연화 제도를 통해 일과 가정생활의 양립(Flexible working and work-life balance)이 가능하도록 지원하고 있다.

육아휴가제도는 5세 미만의 미취학 아동과 18세 미만의 장애아동을 대상으로 하는 무급휴가제도인 반면, 출산휴가(maternity or paternity leave)와 입양 휴가는 새로운 생명의 탄생과 가족 구성원의 편입을 위해 법적으로 보호되는 유급휴가이다. 육아휴가는 무급이 원칙이지만, 만약 근로자가 저소득 계층에 해당된다면 저소득자 지원금(Income Support)을 수령할 수 있다.

업무시간의 탄력적 이용은 아동을 둔 부모가 일을 하는 경우 직장에서의 업무로 인해 아동보육에 소홀해지는 것을 방지할 수 있다. 대다수의 직장이 업무시간을 탄력적으로 운영하고 있다. 업무시간의 탄력적인 운영은 근로자의 아동보육을 지원하기 위한 것이지만, 해당 업무 유형에 적합해야 할 뿐만 아니라 근로자의 동의가 있어야 이행할 수 있다.

06 향후 추진계획

2004년 아동보육을 위한 10년 전략은 조기교육과 아동보육제도에 변화를 가져다 주었다. 그러나 몇 개의 과제는 남아 있다. 그런 과제에 관한 전략으로 영국 정부는 2009년도에 조기교육과 아동보육을 위한 다음 단계(Next Step for Early Learning and Childcare)를 발표하였다. 주요 내용은 가족지원, 0세~14세 아동에 대한 보육서비스 지원, 아동보육시설 운영자의 자격, 가족, 보육시설 운영자, 정부를 위한 정보, 그리고 재정지원과 보육수요 추계 및 관리이다.

출처: DCSF(2007). Building Brighter Futures-The children's Plan for Familes.

발표된 내용은 다음과 같다.

① 가족지원: 영국 정부는 양육자를 지원한다.

- 부모뿐만 아니라 가족정보서비스(Familes Information Service), 슈어스타트 아동센터(Sure Start Children's Centres), 연장학교(Extended Schools) 등 양육에 참여하고 있는 기관 및 종사자의 요구를 고려한다.
- 영유아기 종사자는 가족의 아동양육을 도울 수 있도록 연구해야 한다.
- 16세 미만의 아동을 보육하는 모든 부모(아버지, 어머니)에게 탄력근무 시간제가 가능해야 한다.
- 유럽위원회(European Commission)가 제시한 출산, 육아휴가제도를 고려하여 부모의 휴가정책제도를 확대 실시해야 한다.

② 0세~14세 아동에 대한 보육서비스 지원: 보육의 접근성을 높이고 질 높은 조기교육과 아동보육서비스를 제공하는 것은 아동에게 기회를 제공하는 것이다. 아울러 부모가 일과 가정생활의 균형을 유지하는 데 도움이 된다.

- 지방자치단체의 새로운 임무인 행동계획으로 0세~14세 장애아동을 위한 보육은 가족의 요구에 부합될 수 있도록 지원한다.
- 2009년 9월까지 모든 지방자치단체가 2세 무상보육 및 교육을 받을 수 있도록 한다.
- 3세~4세 아동의 무상보육을 주말을 포함하여 연간 38주 이상이 되도록 한다.
- 지방자치단체는 5세~14세 아동이 최고의 경험을 하는 데 효과적인 모형인 소그룹 활동을 집중적으로 지원한다.
- 교육표준국(Ofsted)에 모든 보호조치에 등록된 학령기 아동의 부모들이 보육료 지원(tax credit)의 혜택을 받을 수 있도록 필요한 조치를 취한다.
- 부모에게 재정지원에 관한 정보를 주기 위해서 학교와 직업센터가 연계한다.

③ 아동 보육시설 운영자의 자격: 우수한 인력이 아동보육에 종사하는 것이 중요하다.

- 2015년부터 모든 영유아보육종사자는 최소한 3등급(A등급)의 국가자격을 취득한 자이어야 한다.
- 2015년부터 모든 종일제 보육시설 교사는 대학졸업자이어야 한다.
- 보육종사자의 학력 수준을 높이기 위해서 이와 관련된 프로그램을 안내해 준다.
- 보육종사자에 대해 취업을 알선해 주고, 성실한 근무에 대한 보상을 해 주며 이들의 우수성을 개발한다.
- 종사자 자격의 꾸준한 향상을 위해서 연수를 실시한다.
- 우수한 교육을 통해서 종사자의 질을 높인다.

④ 가족 · 보육시설 운영자 · 정부를 위한 정보: 정보제공은 가족에게 보육시설을 선택할 수 있는 권리를 주고 질적으로 우수한 보육서비스를 이용할 수 있도록 한다.

- 모든 보육시설 운영자들은 기능, 시세, 공간에 대한 정보를 제공받는다.
- 정부는 표준보육료를 책정하고, 보육시설은 보육료를 공시하도록 함으로써 부모가 보육시설 간 비교가 가능할 수 있도록 한다.

- 국가차원에서 보육에 대한 정보 제공 및 상담을 확대한다. 아동보육 프로그램에 대해 부모가 센터에서 조언을 받을 수 있도록 한다.
- 보육료 지원(Tax Credits)을 받는 가족의 보육료를 산출할 수 있도록 계산 조건표(Ready Reckoner)를 만들고 이를 가족정보센터, 아동센터, 직업센터에 제공한다.

⑤ 재정지원과 보육수요 추계 및 관리: 아동 혹은 가족이 비용부담으로 인해서 우수한 아동보육서비스를 제공받지 못하는 일이 발생해서는 안 된다.

- 보육료 지원(Tax Credits) 단계를 세밀하게 조정하고, 납부방식을 정교화 한다.
- 런던에 살고 있는 장애아동과 저소득 부모들에게 가족지원체제를 마련해 준다.
- 부모들이 받는 재정지원의 효과를 높인다.
- 지방자치단체는 보육요구 및 지역의 보육역량 등 지역상황을 면밀하게 파악하여 '시장의 실패'를 줄일 수 있어야 한다.
- 무상보육을 실시할 수 있는 재원을 확보하여 아동에게 질적으로 우수한 보육을 제공하고 투명한 시설 운영 및 기능의 극대화를 통해서 우수한 보육을 제공할 수 있는 기반을 마련한다.
- 중앙 정부는 보육재정을 지원하고 보육의 질에 대한 정보를 지방자치단체에 제공한다. 이를 통해서 지방자치단체가 보육시장 추이 변화 관찰 그리고 보육에 대한 책임을 제대로 수행할 수 있도록 지원한다.

생각하기

1. 한 국가의 보육서비스가 아동빈곤을 해결하는 데 기여할 수 있을까? 이에 대해 논의해 보자.
2. 보육서비스는 영유아 조기개입의 중요한 수단이다. 그 이유가 무엇일지 논의해 보자.
3. 영국 정부가 보육에 혁신적인 투자를 감행하는 이유를 생각해 보자.

▌참고문헌▐

김정순(2007). 사회구조의 변화에 대응한 자녀양육관련법제 개선방안 연구. 한국법제연구원.

문무경 역(2007). 영국의 육아정책. 육아정책개발센터.

박찬호(2007). 영국의 자녀양육관련 법제와 동향. 한국법제연구원.

장혜경 외(2006). 주요 선진국의 가족 및 자녀사회화 지원정책 비교연구, 한국청소년 개발원.

홍성수(2007). 영국 '2006년 보육법'. 최신외국법제정보, 한국법제연구원.

DirectGov Newsroom, Childcare Act Guarantees a sure start for future generations available at http//:www.direct.gov.uk/en/N11/Newsroom

HM Government(2009). Nest Steps for Early learning and Childcare. http://publications.dcsf.gov.uk

HM Treasury, DfES, DWP, DTI.(2004). Choices for parents, the best start for children: A ten year strategy for childcare. Norwish: HMSO.

http//:www.opsi.gov.uk/acts/acts2006/20060021.htm

http//:www.opsi.gov.uk/acts/en200/2006en21.htm

http//:www.opsi.gov.uk/si/si2007/20070463.htm

Nicholson, S., Jordan, E., Cooper, J., & Mason, J.(2008). Childcare and Early Years Providers Survey 2007. DCSF & BMRB Social Research.

UKChildcare(2005). Policy and Lesislation: The National Childcare Strategy. http://ukchildcare.ca/policy/strategy.shyml.

DCSF(2007). Building Brighter Futures-The children's Plan for Familes.

CHAPTER 07

아동보호서비스

잉글랜드와 스코틀랜드의 아동보호서비스는 모두 관련 기관 간 협조 체계를 통해서 아동이 처한 위험에 최적의 순간에 대응할 수 있어야 한다는 점을 중시한다. 아울러 지방 정부가 아동보호서비스 추진의 중심축이며 지방 정부를 중심으로 아동에 대한 정보 공유 및 이들에게 필요한 서비스를 아동보호위원회를 통해서 제공하고 있다.

잉글랜드와 스코틀랜드의 아동보호서비스는 세부 절차 및 과정에 차이가 있다. 이는 영국 행정 체계의 특성상 잉글랜드와 웨일즈의 아동보호서비스는 아동법 2004(Children Act 2004)를 스코틀랜드의 아동보호는 아동법 1995(Children Act 1995)를 근거로 하기 때문이다.

01 잉글랜드와 웨일즈의 아동보호서비스

1) 아동법 2004에 나타난 아동보호서비스

아동보호서비스는 아동보호의 핵심 분야이다. Victoria Climbié 사건은 영국 아동보호서비스 체계에 근본적인 변화를 촉발하였다. 이 사건을 계기로 영국 사회는 아동보호에 보다 많은 관심을 기울여야 하며 관련 기관 간의 협조 체계 및 공동대응이 무엇보다 요청된다고 인식하게 되었다. 아울러 아동보호서비스 대상을 사정평가하는 과정에서 국가의료서비스(NHS)의 중요한 역할을 인지하게 되었다. 정부는 Victoria Climbié 사건이 아동보호서비스에 관련되어 있던 기관들이 아이를 보호해야 할 그들의 의무를 다하지 못한 결과 발생한 것으로 보고 있다(Lord Laming, 2003). 2002년 처음 출간된 『아동보호서비스지침서(Safeguard Children, 2002)』는 특별한 경우의 아동 및 일반 아동을 위한 보호서비스 둘 다에 대해 사회가 관심을 갖고 적극적으로 대응할 수 있어야 한다는 점을 강조하였다. 이러한 지적은 Every Child Matters를 계획하는 데 영향을 미쳤고, 아동법 2004(Children's Act 2004)에 반영되었다.

아동보호(safeguarding)의 의미는 2002년에 출판된 보고서에 나타나 있다. 당시에는 아동보호(safeguarding)와 아동보호(child protection)를 동일개념으로 이해하였다. 위험상황에 처한 아동의 보호를 의미하는 아동보호(child protection)보다는 아동의 전반적 발달을 도모하기 위한 보다 폭넓은 관점인 아동보호(safeguarding)의 개념을 사용하기 시작했다. 아동보호(safeguarding)는 아동과 청소년 복지를 실행하는 과정에서 공공부분이 개입을 의미하는 것으로 받아들여졌다. 정부는 아동보호(safeguarding)를 다음과 같이 정리하였다(Ofsted, 2008).

> "학대나 방임으로부터 아동을 보호하는 과정, 아동의 건강과 발달적 손상을 예방하고, 아동이 안전하고 필요한 보살핌을 제공받으면서 안전한 환경에서 자랄 수 있도록 도와주며, 아동이 자신의 인생에서 최선의 기회를 제공받음으로써 성공적으로 성인기에 이르도록 돕는 것이다."

이후 2006년 교육과학기술부(DfES)의 조사 후 거의 모든 지방 아동보호국(LSCBs)은 학대아동을 위한 아동보호가 아닌 광범위한 아동보호 활동을 펼쳐왔다. 이후 아동보호(safeguarding)의 개념이 확산되었다.

아동법 2004(Children's Act 2004)는 아동이 자신이 살고 있는 지역에서 자신의 필요를 제공받고 아동의 복지와 보호를 추구하도록 돕는 것은 공적 책임이며, 가족을 지원하는 것도 공적 기관의 몫임을 분명히 하고 있다. 만일 아동이 위험한 상황에 처했다고 의심되는 경우 공적 기관은 이를 조사할 의무가 있다. 조사 과정을 통해서 아동이 보호받아야 하는지 혹은 아동의 복지와 안녕을 위해 별도의 조치가 필요한지를 판단할 수 있어야 한다.

잉글랜드 아동법 2004(Children Act 2004)는 통합적인 아동보호서비스 제공과 더불어서 각 지역 아동보호국(LSCBs: Local safeguarding children boards)의 설치를 규정하고 있다. 영국 정부는 이것이 아동보호서비스의 효과를 높일 수 있는 중요한 기제가 될 것이라고 믿는다. 아동법 2004(Children Act 2004)는 아동의 복지욕구를 확인하고 아동과 관련된 정보를 아동보호서비스에 참여하게 될 기관들이 공동으로 활용할 수 있도록 하기 위해서 공동평가틀(CAF: Common Assessment Framework)을 새로이 마련할 것도 명시하였다. 정부는 아동법 2004(Children Act 2004)의 전면 실시에 맞춰 아동보호지침서를 개정하였다. 지역 간 차이를 줄이고 일관성을 높이기 위해서 지역아동보호국(LSCBs) 간에 공동으로 아동보호 절차를 마련한 지방자치단체도 있다. 그러나 몇몇 지역의 아동보호서비스 실행지침은 만족스럽지 못한데 특히 학습장애나 무능력 등과 같은 장애를 갖고 있는 아동들에 대한 보호절차가 여전히 미흡하다.

2005년 이후부터 지방 정부는 매년 아동보호서비스에 대한 평가보고서(APA: annual performance assessment)와 지역연합평가보고서(JARs: joint area reviews)를 작성해야 한다. 지방 정부는 아동의 복지를 증진하기 위해서 관련기관들이 어떻게 상호 협조 체제를 유지하는지 그리고 특정 목표를 어느 정도 달성하였는지를 평가한다.

2) 아동보호서비스의 구조

잉글랜드와 웨일즈의 아동보호서비스는 지역아동보호국(LSCBs: Local Safeguarding Children Boards)의 주도로 관련 기관 간의 전략적 파트너십을 서비스 전달의 핵심기제로 채택하고 있다.

(1) 지역아동보호국

아동법 2004는 지방 정부가 지역아동보호국(LSCBs: Local Safeguarding Children Boards을 설립할 것을 명시하고 있다. 이로써 민간조직이었던 각 지역의 아동보호위원회가 정부기구로 대체되었다. 2006년 4월 1일 이후 잉글랜드의 150개 지방 정부가 아동복지증진과 이들을 보호할 목적으로 지역아동보호국을 설립하였다.

지역아동보호국은 아동보호서비스의 추진 주체이다. 아동보호서비스 실행지침서에 따르면 '아동보호에 참여하고 있는 관련 기관과 종사자들이 지역아동보호국을 구심점으로 협조 체계를 증진하여 아동보호서비스의 효율성을 높이고자 한다.'라고 그 역할이 규정되어 있다. 이를 구체적으로 정리하면 다음과 같다.

- 특정 아동의 보호를 위한 적극적인 개입
- 보호가 필요하거나 위험상황에 처해있는 아동을 위한 사전예방 프로그램 제공
- 열악한 지역에 살고 있는 아동의 안전과 복지증진

이 지침서에 따르면 지역아동보호국은 아동의 안전한 생활을 보장하는 데 중점을 두는 반면, 실제 서비스를 계획하고 실행하는 것은 아동단체연합(Children's Trust)에게 있다. 지역아동보호국은 지역아동청소년 정책과 아동단체연합(Children's Trust)의 서비스를 전달하고 감독하는 책임을 진다. 각 지역은 지역아동보호국이 효율적으로 아동보호서비스를 수행할 수 있도록 경우에 따라 그 역할을 확대한다. 아동보호지침서는 지역아동보호국이 아동의 보호가 필요하다고 판단할 경우 즉각 아동보호서비스를 실행할 수 있도록 명시하고 있다.

2007년 현재 대부분의 지역아동보호국 대표를 민간이 아닌 공적 신분을 지닌

사람을 대표자로 임명하고 있다. 전체 지역아동보호국 중 34%만이 독립적인 대표를 임명하였다. 이는 2006년에 비해서는 증가한 것이다.

지역아동보호국이 독립성을 갖고 더 많은 영향력을 행사하는 것은 아동보호서비스에서 중요하다. 각 지역의 주요 인사들이 아동보호서비스의 대표를 맡게 되면 해당지역의 아동보호서비스와 지역아동보호국의 업무가 보다 활발하게 전개될 것이다.

〈표 7-1〉 Findings of surveys conducted in 2006(DfES) and 2007(Ofsted)

	2006	2007
아동보호서비스 대표	48%	40%
독립대표	17%	34%
지역아동보호국의 대표	34%	23%
법정 파트너	1%	3%

출처: DfES 2006와 Ofsted 2007.

지역아동보호국의 효과적인 역할

Stockport는 분기별로 아동보호업무담당자, 지역아동보호국의 대표, 시 대표, 시 관련부서의 대표 등이 참가하는 지역아동보호국의 업무 회의를 개최한다. 지역아동보호국의 대표는 정기적으로 지역의 아동 담당 직원 및 그 업무를 총괄하고 있는 담당자를 만나 아동보호에 관한 의견을 나누고 있다.

지역아동보호국은 2006년 처음 그 업무를 시작할 당시보다 업무의 독립성이 대폭 강화되고 있다. 보다 포괄적인 범위에서 아동보호서비스를 제공하려고 시도하고 있는데 이는 다음과 같은 현실적 한계를 인식하면서부터이다.

- 여러 공적 기구, 즉 Connexions services, Cafcass and the Youth Offending Service 와 같은 기구들이 지역아동보호국의 아동보호서비스에 참여하지 않고 있다.
- 어떤 지역아동보호국은 학대아동의 보호, 위탁보호, 일시보호, 시설보호 등의 특별한 보호가 필요한 아동들을 최우선으로 지원하지 못하고 있다.

- 지역아동국의 역할의 중요성을 인식할 만한 위치에 있지 않다. 그들의 역할이 미치는 영향력을 보여줄 만한 자료가 거의 없기 때문이다.

어떤 기관이 지역아동보호국의 아동보호서비스 과정에 참여해야 하는지 관련법에 명시되어 있지 않다. 그럼에도 불구하고 2008년 현재 90% 이상의 자선기관과 각 커뮤니티센터가 지역아동보호국의 아동보호서비스 과정에 참여하고 있다. 학교의 참여정도는 설립 유형에 따라 차이가 있는데, 국 · 공립학교의 89%, 사립학교의 18%가 지역아동보호국의 아동보호서비스 과정에 참여하고 있다.

교육기술부(Dfes: Department of Education and Skills)의 2006년 보고서에 따르면 거의 대부분의 지역아동보호국은 피학대 아동의 보호뿐만 아니라 포괄적인 아동보호서비스를 제공하는 것으로 나타났다. 〈표 7-2〉에 나타난 대로 26%의 지역아동보호국이 포괄적인 아동보호서비스의 필요성을 알리는데 주력하고 있다. 특히 지역아동보호국의 47%는 기본적으로 아동보호 인력이 안전하게 아동보호서비스를 실행할 수 있도록 이에 필요한 과정 및 절차를 확립하는 데 우선순위를 두고 있다(표 7-2).

A poll of Harrow's LSCB showed support for Clark to remain as chair

아동법 2004에 의거 지방 정부의 주도로 새롭게 시행되고 있는 아동보호서비스 과정에서 각 지방 정부가 아동을 지도하고 감독하는 능력과 최일선에서 아동보호서비스를 처리하는 역량이 점차 향상되고 있다. 대부분의 지방 정부는 상당히 명확한 아동보호서비스 판단의 준거를 사용하고 있다. 그러나 보호가 필요한 모든 아동과 가족의 요구에 반응하는 지방 정부의 역량에 대한 우려도 여전히 존재한다.

〈표 7-2〉 지역아동보호국의 업무 우선 순위

	순위	빈도
1	아동보호서비스 참여 인력의 안전성 확보	47%
2	효과적인 아동보호서비스의 유지	31%
3	아동 사망 분석 위원회 운영	28%
4	포괄적인 아동보호서비스에 대한 인식	26%
5	서비스의 질 확립 및 모니터링 체계 수립	26%
6	지역아동보호국의 효과적인 역할 수행	25%
7	괴롭히는 행위 감소	23%
8	가정폭력 감소	20%
9	훈련 프로그램의 전달	18%
10	관련 기관의 아동보호 절차에 대한 평가 분석	15%

출처: Ofsted, 지역아동보호국 조사, 2007.

(2) 전략적 파트너십

관련 기관 간의 파트너십은 아동보호서비스 과정에서 필수적인 것이다. 2005년 이후부터 이는 더욱 중시되고 있다. Every Child Matters는 관련 기관의 파트너십을 분명히 적시하고 있다. 그러나 관련기관 간의 파트너십을 이루는데 장애가 되는 몇 가지 요인이 있다.

- 관련 기관에 의한 통합서비스가 아직 제대로 작동되지 않는다.
- 예산 분배 시점이 달라 연계서비스를 제대로 제공하지 못하고 있다.
- 아동의 성학대와 폭력의 위험에 대한 보호서비스를 제공해 주기 위해서 어떤 기관이 이에 관여해야 하는 지가 분명하지 않다. 아동보호를 위한 지역연합단체에서 Youth Offending Teams(YOTs)의 역할, 기능이 모호하다.

두 번째로 출간된 아동보호지침서(Safeguarding children, 2005)는 아동보호서비스에 참여하는 기관 간의 협조 체계를 더욱 강조하였다. 이와 더불어서 아동보호서비스 과정에서 관련 기관들 간의 책임과 역할을 분명하게 규정할 것을 제안하였다. Victoria Climbié 사건은 아동보호서비스 체계에서 관련 기관에서 근무하는 고위직 직원들의 책무성이 결여된 데에서 일부 기인하였다. 이 사건 이후로 고위직 직원이 아동보호의 우선순위를 결정하는 경우가 증가하였다.

그러나 여전히 아동보호에 참여하고 있는 사람들의 아동학대와 방임을 구분하는 역량에 대한 확신이 부족하다. Safeguarding Children(2005)은 아동과 함께 일하는 모든 의료 인력이 아동학대와 방임을 구분할 수 있는 것은 아니라고 지적하였다. 모든 의료 인력이 아동보호에 대한 기본 교육을 받지 않기 때문이다. 학대아동을 판정하고 가족을 지원하는 과정에서 지나치게 엄격한 판정 기준을 적용하는 기관도 있다. 한편으로 아동보호서비스에 참여하는 사람들의 범죄기록을 범죄기록청(CRB: Criminal Records Bureau)에 의뢰하는 것이 필수적이다. 이들의 범죄기록은 일정 기간을 두고 반복 확인해야 한다.

아동보호기관 공동지침서(Working Together to Safeguard Children, 2006)는 아동보호 사안을 다룰 때 어떤 기관들이 서로 협력해야 할지 혹은 개별 기관이 개입해야 할지에 대한 서비스 전달 체계를 제시하고 있다(HM Government, 2006). 사회복지기관이나 경찰 등의 아동보호서비스 관련 기관들은 보호서비스 과정에서 독자적으로 역할을 수행한다. 아동에게 서비스를 제공하는 모든 기관들은 아동과 청소년이 위험상황에 처해 있는지에 대해 관심을 두어야 할 책임이 있다. 만족할 만한 수준의 아동보호서비스가 제공되고 있기는 하지만 의료계, Cafcass(the Children and Families Court Advisory and Support Service), YOTs(Youth Offending Teams), 정책서비스와 소년범죄자 제도(Parts of the Police Service and Youth Offender Institutions) 영역에서 관련기관 간의 책임이 명확하지 않다. 명확한 모니터링과 사례 파일 관리는 지속적으로 양질의 서비스를 제공하는 데 도움이 된다.

아동보호서비스를 실행하는 과정에서 관련기관들 간의 정보공유가 이루어지고 있지만 모든 기관이 공동으로 사용할 수 있는 국가차원의 아동평가도구가 마련되어 있지 않다. 아동보호서비스에서 공동으로 아동학대 사정척도(CAF: The Com- mon Assessment Framework)를 사용하는 것은 아동에게 제공되어야 할 서비스를 조기에 확인하고 관련 기관 간의 연계 및 협조 체계를 확대하기 위한 것이다.

아동보호 관련 지침서의 제공 및 서비스 과정 등의 아동보호서비스에 대한 전반적인 지역연합평가분석(JARs: Joint Area Reviews) 결과 아동보호서비스는 대체로 잘 실행되고 있는 것을 알 수 있다. 대부분의 기관은 지역의 아동 관련자들에게 아동보호의 책임이 있다는 것을 성공적으로 인식시키고 있었다. 학교는 아동보호 교사를 임명하는 데 별 어려움이 없지만 아동보호를 담당할 의사를 지정하기가 어려운 지역도 발견되었다.

영국 내에서 아동보호에 참여하는 기관으로 CPS가 있다. 어떤 지역의 CPS는 아동학대 전문가를 고용하는 경우도 있다. CPS는 범죄행위인 성폭행과 가정폭력, 그리고 아동학대를 함께 다룬다. 모든 아동학대 사례가 CPS 아동학대 전문가에게 회부되지 않는데, 아동학대 사례는 비교적 잘 처리되고 있다.

아동학대 평가자는 정책과 서비스 실행 과정에 대해 지속적으로 관심을 두고 있어야 한다. 심각한 아동학대 사례에 대해서는 사례분석이 진행된다. 자살 등으로 아동이 죽거나 아동학대 혹은 방임으로 인해 아동이 사망하는 경우이다. 아동이 학대나 방임으로 인해 생명의 위협을 느낄 만한 사례 등이다.

이런 형태의 사례가 발견되면 각 지역 아동보호국은 사례분석 위원을 위촉한다. 여기에는 최소한 사고발생 지역의 아동서비스 담당부서, 건강, 교육, 그리고 경찰 등이 참여한다. 위원들은 사례의 심각성을 Working Together에서 제시한 평가도구를 사용하여 평가한다. 지역아동보호국은 개별적으로 검토한 사항을 모아 종합적으로 검토하고 해결방안을 제시한다.

3) 아동보호서비스 현황 및 특징

(1) 아동보호서비스 현황

영국의 아동, 학교, 가족부(DCSF)는 심각한 사례뿐만 아니라 모든 아동보호 처리 과정에 대한 정보를 국가단위의 아동보호 자료로 기록한다. 각 지역 아동보호국은(LSCB) 발생된 아동학대 사례가 죽음을 유발할 만큼의 위험한 수준인지를 판단할 수 있어야 하며 이들을 위한 전문서비스를 제공해야 한다. 2007년 4월 1일부터 2008년 3월 31일 사이에 심각한 사례로 기록된 것은 모두 281건으로 이 중 189건은 아동이 사망한 사건이며 87건은 심각한 위험과 상해를 입은 아동학대 사례이었다.

〈표 7-3〉 심각한 아동학대 사건(2007년 4월 1일~2008년 3월 31일까지)

지역	사망	심각한 손상	기 타
북서부	38	18	1
요크셔와 험버강	34	13	1
동남부	28	9	2
북동부	19	11	
런던	21	9	
동부	12	8	1
웨스트 미들랜즈	16	4	
서남부	10	9	
이스트 미들랜즈	11	6	
합계	189	87	5

출처: Safeguarding Children(2008).

이를 연령과 성별로 나누어 보면 남아는 44% 영아 54%이며 이중 0세에서 1세 아동이 죽거나 심각한 손상을 입은 경우가 41%에 이르는 것은 주목해야 한다.

〈표 7-4〉 심각한 손상을 당한 아동학대 신고사례 수
(2007년 4월 1일부터 2008년 8월 31일까지)

	비율
성 별	
남	44%
여	56%
연 령	
0 - 1세	41%
1 - 3세	13%
4 - 5세	5%
6 - 9세	8%
10 - 13세	9%
14 - 17세	22%
알 수 없음	2%

출처: Safeguarding Children(2008).

중앙 정부는 각 지역의 아동보호국(LSCBs)에 심각한 학대 사례를 다룰 때 사용할 수 있는 실행지침서를 제공하고 있다. 중앙 정부의 아동학교가족부(DCSF)는 2년마다 심각한 사례를 분석한 자료를 발표해야 한다. 이것은 아동보호서비스가 본래 계획한 대로 이루어졌는지, 분석의 기준이 얼마나 엄격한 지 등을 평가하는 자료가 된다. 이렇게 평가 과정을 통해서 각 지역과 중앙 정부의 아동보호서비스 정책 및 실행 방향이 지속적으로 보완된다.

영국 아동보호서비스가 해결해야 할 과제를 정리하면 다음과 같다.

심각한 아동학대에 대한 각 지역아동보호국의 평가 차이이다. 심각한 아동학대 사례에 대한 평가가 각 지역아동보호국들 간에 다른 것으로 나타났다. 2007년에 행해진 118개 지역아동보호국을 대상으로 한 교육표준국(Ofsted)의 조사에 따르면 대략 같은 수준의 아동학대 사례에 대해서 5회 이상 사례 분석을 한 데 비해서 전국적으로 4분의 1의 지방 정부는 심각한 아동학대 사례에 대해 아무런 조치도 취하지 않은 것으로 나타났다.

〈표 7-5〉 지역아동보호국이 심각한 학대 사례를 분석한 횟수
(2006년 4월 1일부터 2007년 10월 1일까지)

SCRs의 수	LSCBs의 %
0	24%
1	31%
2	24%
3	12%
4	4%
5	3%
6	1%
7	1%

출처: Ofsted Survey of LSCBs 2007.

지역에 따라서 심각한 아동학대 사례를 다루는데 차이가 있다. 그런데 이 차이를 유발하는 원인을 파악하지 못하고 있다. 어떤 지역아동보호국은 개인별 사례관리 분석을 전혀 하지 않는다.

심각한 아동학대 사례에 대한 개입이 늦어지는 경우도 있다. 심각한 아동학대 사례는 어떤 경우라도 최소한 4개월 이내에 서비스 조치가 마련되어야 한다. 사법 처리가 필요한 경우 이는 사례 개입과 동시에 진행되어야 한다. 사법 처리 과정이 오래 걸리는 것은 불가피하다. 심각한 아동학대 사례는 아동보호서비스를 계획하고 평가하는 데 대개의 경우 오랜 시간이 걸린다.

심각한 아동학대 사례 분석 결과도 각기 다르다. 2007년 4월 1일 이후부터 교육표준국(Ofsted)이 36개의 심각한 사례를 분석한 결과를 보면, 12개의 사례(33%)는 잘 분석되었고, 42%인 15개 사례는 비교적 잘 분석된 것으로 나타났지만, 9개 사례(25%)는 분석이 적절치 못했다.

위험한 사례에 대하여 잘 판단되었다고 분류된 사례는 다음과 같은 특징이 있다.

- 참여한 기관이 개방적이면서 비평적인 분석
- 행동에 대한 명확한 분석
- 잘 구성된 행동계획
- 실효성 있는 향후 행동계획 수립

부적합하게 분석된 사례는 다음과 같은 특징이 있다.

- 애매하거나 지나치게 일반화된 참고자료들
- 정보를 이해하지 못하거나 각기 다른 정보를 이해하는 데 실패
- 아동보호서비스가 갖고 있는 약점을 극복하는 데 실패
- 개입에 대한 부적합한 평가
- 다른 관련기관과의 협조 체계 구축 실패
- 아동에 대한 미흡한 관심
- 새로 배운 지식에 대한 이해의 부족
- 모니터링에 근거한 행동계획 수립을 하지 않음.

이와 같은 교육표준국(Ofsted)의 분석결과는 각 지방아동국과 서비스 관련 기관들의 참여와 책임의 문제를 부각시켰다. 심각한 아동학대 사례에 대한 분석결과

아동보호서비스 과정에서 정보 공유의 중요성, 의사소통의 중요성, 그리고 사건이 일어난 순서 및 과정에 대한 정확한 이해, 구체적인 계획과 역할 분담, 가족의 저항을 잘 다루기, 그리고 평가의 정확성 등이 무엇보다 중요한 것임을 알 수 있다. 학교나 의료계 등에서 아동보호의 필요성 여부를 조기에 발견하지 못하는 사례가 자주 발견된다. 아동보호서비스를 직접 실행하는 팀과 의료팀 그리고 또 다른 관련자들 간에 효과적인 의사소통이 이루어지지 않는 것도 흔히 나타나고 있다.

아동의 삶에서 아동에게 서비스를 제공하는 사람들, 보호자가 누구인가는 매우 중요하다. 아동과 함께 일하는 사람들은 아동이 필요한 바로 그 사람이어야 하고, 적합한 훈련을 받고 이들이 안전한 사람인지 등이 검증된 사람들이어야 한다.

Ipswich Family Support Service는 정서와 행동의 문제를 갖고 있는 아동을 위한 지지 프로그램을 다른 자원봉사 조직과 연계하여 제공하고 있다. 이 프로그램은 조기 개입을 통해서 학교로부터의 퇴학과 정신건강 문제를 줄이는데 기여한 것으로 나타났다.

어떤 지역아동보호국은 심각한 사례에 대한 분석결과를 평가해 보고 이후 이를 아동보호서비스에 반영하고 있다.

Somerset 지역아동보호국은 1995년부터 지난 10년 동안 심각한 아동학대 사례에 대한 분석결과 가정폭력과 약물남용의 부모를 추후 아동보호서비스 과정에서 중요하게 다룰 수 있어야 한다고 평가하였다.

West Berkshire에 있는 한 학교는 학교가 수행한 보호서비스에 대해서 그 지역정부에 연간보고서를 제출하고 있다.

아동서비스에 의뢰된 아동의 수는 지난 2005년에서 2007년 사이 감소하였으나 이는 지역에 따라 차이가 있다. 대부분의 지역에서 아동서비스는 2차 '아동보호지침서(Safeguarding children, 2005)' 출간 이후 서비스를 평가하는 기준이 보다 명확해 졌다. 어떤 지역은 아동을 아동보호서비스 체계로 보내는데 관련 기관을 초월한 보다 엄격하고 타당한 준거를 사용하고 있다. 그러나 모든 지역이 그렇게 하는 것은 아니기 때문에 지역 간 서비스 과정의 차이는 여전히 아동에게 적합한 서비스를 제공하는 데 걸림돌이 되고 있다.

아동보호서비스 계획(CPP: child protection plan)의 대상자가 되는 아동은 지난 몇 해 동안 약간의 증가 추세를 보였다. 그러나 아동보호대상자로 재등록되는 사례는 증가하지 않았다.

〈표 7-6〉 **아동보호서비스 계획**(child protection plan(CPP)**에 의뢰된 아동 수**)
(2004**년** 5**월과** 2006**년** 7**월**)

	2004-05	2006-07
CPP에 의뢰된 아동 수	25,900	27,900
아동보호 등록 수(18세 이하 아동 10,000명 당)	27.7	30.1
CPP 아동 수(18세 이하 아동 10,000명 당)	23.4	25.2
CPR 재등록 수(18세 이하 아동 10,000명 당)	13.4	13.4
CPPs 중단 수(18세 이하 아동 10,000명 당)	28.1	28.8
2년 이상 서비스 제공 후 중지된 CPPs의 비율	6.0	5.8

출처: Office for National Statistics and Teenage Pregnancy Unit(2007).

성착취 대응 전략 등 효과적인 조기 개입 프로그램이 다수 있다. 가족 해체 예방 프로그램은 보호가 필요한 아동의 수를 감소시킬 수도 있다. 예방적 서비스를 실행하는 과정에서 지역에 따라서는 기관 간 협조 체계나 프로그램에 대한 평가가 제대로 이루어지지 않는 지역이 있다.

사법 영역에서의 위험에 처한 아동의 보호에 대한 문제는 여전히 해결해야 할 과제이다. 특히 교도소에 수감된 아동에 대한 보호가 그렇다. 이 경우 내·외부적인 아동보호 평가가 뒤따라야 하는 데 엄밀한 모니터링이 요구되는 아동보호 영역이다. 범법 청소년의 거의 대부분이 상처받은 아동기를 보냈다. YOTs에 있는 2%의 아동들과 수용시설에 있는 아동들의 3%는 아동보호서비스 체계에 등록되어 있다. 이는 평균보다 높은 수치이다.

Working Together에 따르면 아동서비스 관련자들은 모두 필요한 전문적인 훈련 및 재교육을 받도록 명시하고 있다. 여기서 Safeguarding Children(2005)은 훈련의 질과 양이 기관별로 다르다는 문제를 지적하였다. 그러나 JARs(지역연합평가단)은 대부분의 지방에서 잘 계획된 훈련 프로그램을 실시하고 있음을 보고하고 있다, CPS 또한 훈련에 많은 투자를 해 왔다. 특히 2005년부터 2008년까지 경찰과 공동으로 가정폭력 훈련을 실시하였는데, 이는 모든 법조인과 사례관리자 등에게 필요한 교육이었다.

복잡한 상황에서 아동의 욕구를 충족시키고 이들을 보호하기 위한 전문가 훈련은 일반적으로 잘 계획되었지만 다양한 관련 기관 간의 연계에 기초한 것이 아니라 특정 기관 혹은 대상에게 초점을 둔 교육이 진행되기도 한다. 교정시설 근무자 및 학교 직원들, 의사, 아동양육시설 종사자 등을 위한 교육이 제공되어야 한다.

(2) 아동보호서비스의 특징

잉글랜드 아동보호서비스의 특징을 다음과 같이 정리할 수 있다.

- 아동과 청소년의 복지증진을 위해서 관련기관의 협조를 의무화
- 아동보호서비스에 참여하는 책임기관은 아동의 복지증진과 보호서비스 제공 의무
- 지역아동보호국(LSCBs: Local Safeguarding Children Boards)과 함께 일하는 민간기관은 전략적 차원에서 아동보호서비스를 모니터링하고 협조
- 아동서비스 총괄 책임자의 임명 및 지역아동단체 협의체 구성
- 모든 지역에서 아동정책을 수립하고 관련기관의 연간 평가보고서 작성
- 새로운 규정에 대한 지속적인 홍보

(3) 포괄적인 아동보호서비스의 실행

아동보호서비스 과정에 참여하는 기관은 단순히 피학대아동에 대한 보호서비스만을 제공하는 것이 아니다. 이들의 역할은 상당히 광범위하다. 각종의 사고, 범죄, 따돌림 등 아동에게 위협이 되는 다양한 상황에 대해 보호서비스를 제공할 수 있어야 한다.

그러나 여전히 포괄적인 아동보호서비스 실행에 대해서는 인식이 부족하다. 특히 사회적 돌봄서비스와 범법 행위를 다루는 사법 영역에서 그렇다. 그리고 시설에 대한 안전점검 수준을 넘어서서 포괄적으로 아동보호서비스를 제공할 수 있는 접근법이 사실상 부족하다. 아동을 보호하고 교육하는 기관들은 사실상 아동이 안전하게 생활할 수 있는지의 규정만 있을 뿐이다. 그러나 안전을 심각하게 염려할 만한 수준에서 생활하고 있는 아동들이 있으며 아동안전 기준이 염려스러운 수준의 위탁가정과 아동양육시설 등이 있다.

초기단계에서 아동의 필요를 인지하고 개입하면 예방적 차원의 조기개입서비스를 제공할 수 있다. 그러나 예방적 서비스에 대한 지속적인 예산지원의 불투명성은 조기개입을 어렵게 한다. 십대임신 감소를 위해서 집중적인 예방서비스가 제공되고 있지만 이의 실효성은 아직 나타나지 않고 있다. 약물남용과 알코올은 여전히 청소년의 심각한 문제로 남아있다.

영국 대부분의 지역에서 정신건강서비스를 제공하려고 한다. 아동센터가 아동의 정신건강서비스 및 정서적 지원을 하고 있지만 이 또한 충분한 수준은 아니다. 여전히 몇몇 지역에서는 아동병상이 부족하고 아동의 정신건강서비스의 경우도 그러하며 검사하는 과정이 상당히 오래 걸리는 문제도 있다. 학습장애와 장애아동에 대한 서비스도 부족하다.

어떤 지역은 가정폭력이 심각한 수준이다. 이 문제는 지역아동보호국의 5번째 주요 업무이기도 하다. 그리고 관련 기관들이 가정폭력을 다룰 때 어떤 역할을 해야 하는 지에 대한 이견이 존재하고 있다.

02 스코틀랜드의 아동보호 체계 : 아동청문제도

스코틀랜드 정부는 부모들이 국가의 간섭에 의존하지 않고, 자신의 자녀에 대해서 자유로울 수 있어야 하고, 아동은 자신에 관한 결정에 대해 자신의 의견을 표현할 권리가 있다는 철학(Scottish Office, 1993)을 바탕으로 아동보호를 실행해 왔다.

가족이 갖는 자율성이 얼마나 중요한지를 인지하고 아동에 대한 국가의 책임은 아동 필요의 범주 내로 한정된다(Scottish Office, 1993)는 것을 적극적으로 강조한다. 스코틀랜드의 아동보호제도에 흐르고 있는 전체적인 가치는 가족문제 때문에 보호를 필요로 하는 상황에 처한 아동에게 그들이 필요로 하는 도움을 받을 수 있도록 해 주는 것이다. 아동문제를 본질적으로 사회문제의 증후로 이해하는 데(Thompson, 1996), 복지 개념과 일치한 시각이다.

스코틀랜드 아동보호의 주요한 체계인 아동청문제도(Children's Hearings System)에서 리포터, 지방 정부의 사회사업과 그리고 아동위원은 이 제도 운영의 핵심 주체이다. 이들 세 주체는 서로 역할을 공유하면서 각자 나름대로의 독특한 역할을 수행하고 있다. 이 세 주체의 역할은 그 어느 주체는 다른 어느 주체보다 더 큰 범주 내에서 독립적으로 존재하며, 다른 하나는 또 다른 어느 주체보다 더 작은 영역 내에서 움직이고 있다고 이해될 수 없다. 이 세 주체는 스코틀랜드 아동보호라는 범주에서 그리고 스코틀랜드의 아동보호의 한 체계로서의 아동청문제도 내에서 모두 작용하기 때문이다. 이 세 주체는 아동보호를 위한 모든 자료와 정보를 주고받고, 논의하도록 되어 있기 때문에 어느 것도 절대로 독립적으로 활동할 수 없다. 이 세 주체가 서로 공조체제를 유지할 때에 만이 아동보호가 성취될 수 있다.

1) 아동청문제도의 전개

(1) 아동청문제도의 원칙과 운영[4)]

스코틀랜드의 아동법(1995)은 아동 자신의 필요가 아동청문제도와 지방 정부에 의해서 고려될 때 최상의 아동복지가 실현될 수 있음을 명시하고 있다. 아동청문제도는 스코틀랜드의 아동보호서비스를 계획 실행해 나가는 실질적인 역할을 하는 아동보호제도의 핵심이 된다.

아동청문제도가 시작된 지난 30여 년 동안 이 제도는 국내에서나 국제적으로 인정을 받아 왔고, 관련 종사자들의 전적인 신뢰도 얻고 있다(Hill, Murray, &

4) 아동법 제39조부터 51조까지 아동문제 청취제도의 구성과 운영에 대한 조항

Tisdall, 1998). Hallet(1996)은 이 제도는 아동 최선의 이익을 고려할 수 있는 제도이며 스코틀랜드 아동복지의 혁신을 가져왔고, 이를 실현하는 데 중요하게 기여했다고 평가한다. 이 제도가 시작된 이래로 '혁신적 그리고 독특함'으로 많은 탄성을 얻은 개혁(Sloan, 1991)으로 평가되고 있다. 스코틀랜드의 독특한 제도로서 부모의 참여를 권장하면서 아동과 가족의 필요를 판단하고 '아동 최선의 이익'을 제공할 수 있는 최선의 결정을 찾는 데 목적을 둔다. 아동 최선의 이익이 무엇인가가 가장 중요하게 고려된다(Stephen, 2001; Tisdall, 1996; Moore, 1989).

스코틀랜드 정부에 의해서 명시된 아동청문제도의 이념적 원리(아동법 제1부 제1조, 제2조)를 보면, 이 제도의 성격을 더욱 분명하게 이해할 수 있다. 아동의 복지는 반드시 실현해야 할 이상이며, 이 과정에서 언제나 아동의 생각이 고려되어야 하고, 아무것도 하지 않는 것보다 어떤 지시를 하는 것이 더 낫다고 판단할 때만 어떤 결정을 한다는 아동법이 명시하고 있는 아동청문제도의 3가지 주요 원리들을 통해서 아동보호서비스의 운영방식을 알 수 있다. 이로써 아동문제를 해결하는 과정에서 아동의 필요를 중시하고 아동 자신의 생각과 감정을 스스로 표현할 수 있는 기회를 주는 것이다. 아동에게 그들 자신의 의견을 표현할 수 있는 기회를 주는 것이 이 제도의 가장 핵심적인 관심사이다.

인위적인 제한 없이 자유로이 문제를 논의하는 비형식적인 형태로 진행되지만 다른 모든 절차는 형식적인 과정으로 행정적 구속력을 갖는다(Thompson, 1996). 아동문제 청문 과정은 아동이 살고 있는 지역에서 3명의 아동청취위원과, 아동과 부모, 사회사업가, 리포터, 그리고 다른 전문가들이 참여한 가운데 열린다. 아동은 주로 경찰에 의해 의뢰되고, 사회사업과 그리고 민간복지기관들, 교사, 이웃들에 의해서도 의뢰된다(Hill, et al., 1998). 아동과 부모는 아동청문의 모든 단계에 참여할 의무가 있다(Tisdall, 1996). 아동과 부모의 적극적인 참여는 그 제도를 운영하는 하나의 중요한 목적이 된다. 그러나 만일 부모와 아동이 참여하는 것이 오히려 다른 문제를 야기할 것으로 판단되면 그들이 참여하지 않았을 경우에도 의사결정을 할 수 있다. 아동청문위원들은 사회사업부로부터 아동과 가족에 대한 정보를 넘겨받고, 아동이 다니는 학교의 주치의, 그리고 소아병리학의 소견도 필요할 경우에

받는다. 이러한 보고서들은 부모들에게도 제시된다.

(2) 리포터의 역할

스코틀랜드의 아동청문제도는 사회사업가이면서 변호사 자격을 갖춘 리포터의 핵심적인 역할에 의해 운영된다. 스코틀랜드의 아동보호에서 법률과 사회정책, 인간발달에 대한 전문적인 지식과 경험을 갖춘 리포터 제도를 도입하고, 다른 전문영역과 협력 관계를 이루면서 의뢰된 사례를 처리해 나가는 리포터의 독특한 역할을 분석해 보면 스코틀랜드의 아동보호제도의 일면을 단적으로 볼 수 있다.

리포터는 의뢰된 사례에 대한 초기 사정을 통해서 아동청취가 필요한지, 법적 개입이 필요 없다면 그 외의 다른 보호서비스 프로그램을 제공하기 위해 사례회의로 의뢰해야 할지, 의뢰된 아동에 대한 아무런 조치가 필요 없는 지의 여부를 결정할 수 있는 권한이 있기 때문에 흔히 아동문제청문제도의 수문장으로서의 역할을 한다고 평가된다.

사회사업가나 경찰, 교사 등에 의해서 어떤 아동이 보호받아야 할 필요가 있다고 판단된 모든 사례는 리포터에게 보고된다. 리포터는 의뢰된 아동이 아동법에서 명시하고 있는 보호 준거(compulsory measure of care) 중 해당되는 항목이 있는 지를 판단한 후 이 사례를 아동청취 제도에 회부해야 할지를 결정한다. 아동복지법 1995는 부모의 양육결핍으로 발달장애를 야기할 것으로 판단되는가, 아동이 성학대를 당하였거나 당할 가능성이 있는가, 어른에게 학대 당하였는가 등의 내용이 포함된 아동청문제도에 의뢰할 수 있는 12가지의 공식적인 보호 준거를 제시(아동법 제52조)하고 있는 데 리포터는 의뢰된 아동이 보호 준거 중 하나 혹은 그 이상에 해당되는 지의 여부를 조사해야 한다.

만일 리포터가 제시한 보호 준거에 부모가 이의를 제기하면 이 사례는 재판부로 이관된다. 아동복지법 1995는 재판부에 이의신청을 할 수 있는 내용을 첨가하였다. 부모와 아동이 리포터가 제시한 보호 준거를 받아들이지 않으면 아동청문제도는 사례를 처리할 수 없다(Norrie, 1997). 아동과 부모는 재판부의 결정에 대해서도 재심을 청구할 수 있도록 아동복지법이 명시하고 있어(Hill, 1998) 부모와 아동의 적극적인 참여를 보장하고 있다.

의뢰된 사례가 보호준거의 그 어느 범주에도 해당되지 않아 아동청문제도로 이관할 필요가 없다고 판단하였을 경우라도 앞서 언급한 대로 이 사례에 대해 아동보호를 위한 다른 어떤 프로그램을 제공해야 하는지, 혹은 아무런 조치가 필요하지 않은지도 리포터가 결정한다(Thomson, 1996). 의뢰된 사례에 대해 어떤 조치를 취할지를 결정하기 전에 사례에 대해 철저한 초기 사정을 해야 한다(Scottish Office, 2001). 지방 정부의 사회사업부는 초기 사정 과정에서 리포터가 필요한 의뢰된 아동에 대한 모든 정보를 제공할 의무가 있다. 이 때 리포터와 사회복지사와의 협력관계는 필수적이며, 이들은 자신의 관할 구역 내의 의뢰된 사례에 대한 정보를 나누고 진행과정을 정기적으로 서로 검토한다(리포터와의 면담으로 확인). 리포터는 사회사업부 뿐만 아니라 해당 아동의 학교, 주치의, 소아정신과 등 아동에 대한 정보를 제공할 수 있다고 판단되는 모든 기관으로부터 다양한 정보를 제공받을 권한이 있다(아동법 56조).

리포터는 전에 변호사나 사회사업가로서의 경험을 갖고 있는 정부의 공무원이지만 독립적으로 활동하며(Scottish Office, 2001; Waterhouse, et al., 1999) 자신의 관할 구역 내에서 활동한다.

(3) 각 지방 정부 사회사업과의 역할

아동복지를 추진하고, 적합한 서비스를 제공할 법제적인 의무를 갖고 있는 지방정부는 스코틀랜드에서 아동보호서비스의 전 과정을 수행하는 가장 핵심적인 역할을 한다. 이것은 아동보호서비스를 주도적으로 실행하는 의사결정체로서의 아동보호서비스의 주체임을 의미하는 것이 아니라 아동보호제도에서 결정된 서비스 프로그램을 제공할 수 있도록 도와주는 역할을 한다.

아동복지법은 지방 정부가 아동을 지원하기 위해 행사할 수 있는 다양한 형태의 권한과 의무를 명시하고 있다. 이러한 지방 정부의 권한은 아동이 학대당하는 상황을 피할 수 있게 해 주고, 필요한 아동보호서비스를 받을 수 있도록 도와준다(Scottish Office, 1998). 아동문제청문제도에서 사회사업과는 여러 가지 역할을 수행할 의무를 갖는다. 사회사업과는 사례에 대해 정밀 조사해 달라는 리포터의 요구를 수행해야 하고, 아동을 평가하기 위한 적절한 기구와 기관들을 이용할 수 있도록 도와주어야 한다. 사회사업과는 아동이 어려움에 처해 있어 어떤 도움이 필요한 상태에 놓여있는 아동을 발견하게 되면 이 아동을 리포터에게 보고하고 그 아동의 건강상태, 발달정도를 평가해야 한다(Fabb, et al., 1998).

사회사업과는 아동이 청문제도에 회부되었을 때 아동위원들이 요구한 아동에 대한 평가뿐만 아니라 이들이 결정한 개입 프로그램을 제공할 책임이 있다(Tisdall, 1996). 이를 테면 집에서 아동을 지도하게 하라든지, 아동을 대그룹 활동에 배치하라든지, 위탁가정에 맡기거나 시설보호(Fabb & Guthrie, 1998; Kendrick, 2000) 등과 같은 아동청문의 어떠한 결정사항도 수행해야 할 의무가 있다. 리포터가 민간아동보호기관의 도움이 필요하다고 판단할 경우, 사회사업과는 이에 적합한 기관을 찾아 이곳에 아동과 가족이 배치될 수 있도록 돕는다. 지방 정부는 아동과 가족의 필요가 무엇인지를 평가하고, 가족과 함께 제공해야 할 보호서비스 프로그램을 계획해야 한다. 서비스 프로그램은 반드시 부모나 아동을 양육하는 사람이 동의해야 실행에 옮길 수 있으며, 이들 내용은 모두 문서로 작성한다(Scottish Office, 1998).

사회사업가는 사례를 리포터에게 의뢰해야할 지의 여부를 결정하는 것을 제외하고는 아동보호의 어떤 단계에서도 독자적으로 의사결정을 할 수 있는 권한을 갖고 있지 않다. 다만 아동보호서비스의 전체적인 실행자로서 조사자, 평가자, 감독자, 증인, 정보제공자, 촉진자, 그리고 보좌역, 중재자의 역할을 한다. 때로 사회사업가의 역할은 양면성이 있어 모순된 것처럼 보이기도 한다. 이들의 역할이 지나치게 복잡하고 다양하다는 비난을 받기도 한다(Munro, 1999, 1998, 1996). 스코틀랜드에서 사회사업가들은 아동보호서비스를 실행하는 과정에서 서비스와 평가의 연결자로서 역할을 한다.

또한 지방 정부의 사회사업과는 아동보호와 관련된 각 기관의 통합적인 보호가 필요한 아동의 명단을 관리한다(Scottish Office, 1993). 아동청문위원에 대한 훈련도 이 부서의 관할 업무이고, 아동보호서비스 계획안도 만들어야 한다. 이처럼 스코틀랜드의 지방 정부 사회사업과 중심의 아동보호서비스는 다양한 사회자원이 아동보호에 참여하여 위험에 처한 아동을 위한 통합적인 보호서비스를 제공할 수 있도록 한다.

(4) 아동청문위원의 역할

아동청문제도에서 리포터와 지방 정부의 사회사업과와 더불어서 중요한 역할을 수행하는 것은 아동청문위원들이다(Hill, Murray, & Tidall, 1998). 이들은 모두 자원봉사자로서 리포터가 의뢰한 사례를 심의하는데, 최소한 여자 남자 각 한명씩 모두 3명으로 구성된다. 이처럼 비전문가인 아동위원(Children's Panel)이 참여하는 것이 아동청문시스템의 또 하나의 특징이다. Aaldgate와 Hill(1995) 그리고 Waterhouse 등은(1999), 어려움에 처한 아동에 대해 책임져야 할 지역사회가 그 아동에 대한 지역사회의 의견을 아동위원을 통해서 표현할 수 있다는 점에서 아동위원의 참여를 긍정적이라고 평가하였다.

아동위원은 아동청문제도의 성패를 가늠하는 중요한 역할을 수행한다(Kelly, 1996). 아동위원은 곤경에 처한 아동을 보호서비스 프로그램에 배치할지의 여부를 결정하고, 청문과정에 아동이 참여하는 것이 오히려 도움이 되지 않는다고 판단되는 상황에서는 아동의 불참을 요구할 수 있다(Kelly, 1996). 아동청문위원들은 의뢰된 아동을 위한 다양한 아동보호서비스 프로그램을 결정한다. 이것은 리포터의 임무가 아니다. 아동들은 또한 최선의 이익에 대해 표면적이든 잠재적이든 아동과 부모 간의 갈등이 있을 수 있으므로 모든 사례에서 지도요원을 임명해야 할지를 결정해야 한다.

아동위원은 어떤 한 지역에서 지원자들 가운데 스코틀랜드 지방 정부에 의해서 임명된 비전문가 단체이다(Tisdall, 1996). 이들은 아동보호에 관심을 갖고 있거나 이 분야 지식을 갖고 있는 사람들로(Fabb, & Guthrie, 1998; Norrie, 1997; Scottish Office, 2001; Thomson, 1996) 일정교육 기간을 이수한 후에 아동위원이 될 수 있는 데, 이들은 모든 청문과정에 참여해야 한다. 각 지방 아동위원회가 아동위원을 모집하는 데 개방적이고 의사소통 능력이 있는지, 지나치게 허용적이지 않는 지 등과 같은 바람직한 인성을 갖고 있는 지를 확인하는 절차를 거쳐 선발된다(Hill, et al.,1998). 또한 연령, 직업에서 그 공동체의 대표자격인 사람들을 선발하는 데(Thomson, 1996), 현재 약 1,700명의 아동청취위원이 있다.

이 제도를 도입하고 난 이후로 아동위원들의 훈련에 관한 이슈가 계속해서 제기되어 왔다. 아동위원들은 모든 교육에 참여해야 한다. 이들은 아동청문제도에 투입되기 전에 정기적인 지도, 평가를 받는다(Hill, Murray, & Tisdall, 1998; Scottish Office, 2001; Kelly, 1996). 법안의 내용과 이 제도의 운영에 필요한 기술을 집중적으로 교육받고, 이러한 교육 과정을 통하여 아동의 필요에 맞는 서비스 프로그램이 무엇이 있는 지를 파악할 수 있는 통찰력을 갖게 된다(Stephen, 2001). Kelly(1996)는 아동청문위원에 대한 교육은 아마추어리즘을 극복할 수 있을 만큼 충분하다고 주장한다.

2) 아동청문제도에 대한 평가

스코틀랜드에서 아동청문제도(Children's Hearings System)를 운영한 것은 사회사업법(1968)에 의해 시도된 하나의 혁신적인 변화였다. 30여 년 동안 아동보호 철학을 표방하고 이를 실제적으로 실천함으로써 아동복지를 실현하는 데 긍정적인 기여를 하였다는 것이 이 제도에 대한 일반적인 평가이다. 그러나 이러한 긍정적인 평가에도 불구하고 아동청취제도가 시작된 이래로 이에 대한 논의는 스코틀랜드에서 매우 광범위하게 진행되어 왔다.

아동청문제도가 실시된 처음 10여 년 동안 실제 현장에서 적용해 본 경험을 토대로 이 제도가 갖고 있는 원리를 비판적으로 논의하였다(Hill, et al., 1998). 그 제도가 지향하고 있는 철학적 기반(Adler, 1985)이나 그것의 법적(Norrie, 1997; Keariney, 1987) 그리고 행정적 기능(Finlayson, 1992)에 대한 비판도 있다. Murray와 Hill(1998)은 그 체계 내에서 일하는 사람들이 지나치게 내부지향적이라서 제도 밖에 있는 새로운 아이디어를 사용하는 데 실패했다고 평가하였다. 이러한 비평적 분석이 끊임없이 이어지는 가운데 이 제도는 철학적 사상, 원리 그리고 운영절차에 커다란 변화 없이, 아동의 '필요'를 중시하는 복지철학에 근간을 두고, 현재에 이르고 있다(Hallet, 1998; Waterhouse, et al., 2000).

아동문제청취제도에 흐르고 있는 전반적인 철학적 배경은 가족 문제 때문에 보호가 필요한 상황에 처한 아동에게 그들이 필요한 도움을 줄 수 있도록 한다는 것이다(Thomson, 1996). 아동은 하나의 개별적인 존재로 이해되어야 하고 아동이 갖고 있는 문제들은 가정환경에서 비롯되는 것으로 보며, 정상적인 양육을 받을 수 없는 양육 환경에 아동은 효과적으로 대응할 수 없다는 입장을 취한다(Norrie, 1997).

이러한 철학적 배경 때문에 이 제도는 몇 가지 예외적인 경우를 제외하고는 거의 모든 과정에 부모와 아동이 참여해서 자신의 의견을 표현할 수 있도록 하였다. 이것은 이 제도의 중요한 특징이며 유엔아동권리협약 중 아동이 자신의 삶과 관련된 결정에 참여해야 한다는 참여권 관련 조항을 구체화한 것이다. 이렇게 함으로써 부모와 아동 모두의 이익을 보호할 수 있게 된다(Thomson, 1996). 참여하는 아동의 권리는 보호받아야 하는 아동권리와 밀접하게 연관되어 있다는 Sinclair(1996)의 주장처럼 아동청문제도의 참여권 보장은 아동권리를 실현하는 데 중요하게 기여하고 있다는 데 이견이 없다.

청취과정에 아동과 가족들이 적극적으로 참여함으로써 이 제도가 성공적으로 운영될 수 있었다고 여러 연구들은 지적하였다. 최근 실시된 연구에 따르면(Hallet & Murray, 1998; Waterhouse et al., 2000) 너무 어린 아동을 제외하고는 아동과 사춘기 청소년의 87%가 참여하고 있었다. 참여한 아동들은 비록 의사소통에 갭이 있고 몇몇 사례는 가볍게 처리된 감이 있어도(Waterhouse et al., 2000), 그 제도를 '비교적 공평한 것'으로 지각하고 있었고(Waterhouse et al., 1999), 자신의 생각을 리포터가 잘 들어 준 것으로 보고하였다.

아동청문 그 자체의 진행과정, 아동청문위원들의 숙련성의 증가, 아동보호 관련 다영역들 간의 조직망 구성, 그리고 보고주의(reporterism) 등이 이 제도의 성공을 이끌어 낼 수 있는 중요한 요인이다. 특히 아동의 문제를 들어주는 운영방식은 아동과 가족의 참여를 유도하여 이 제도의 긍정적인 평가에 기여하고 있다. 게다가, 진행과정에서 어떤 인위적인 제한도 하지 않음으로써(Norrie, 1997) 광범위한 영역에 대한 조사가 가능하고 비평적 논의가 계속될 수 있기 때문에 이 제도에 대한 만족감을 상승시키는 또 다른 이유가 된다.

아동청문제도는 완벽한 제도는 아니다. Waterhouse et al.(2000)은 곤경에 처해 있는 나이든 아동을 그 제도에서 진지하게 다루고 있지 못하다고 지적한다. 이용할 수 있는 자원을 발견하는 것이 쉽지는 않지만(Hallet, 1998), 이용할 수 있는 서비스 자원이 제한되어 있는 것은 이 제도의 취약점이다. 아동청문제도는 불가피하게 리포터와 사회사업가의 전문성, 아동위원의 역량에 의존할 수밖에 없다. 리포터, 사회사업가, 그리고 청문과정은 각각 단계에서 어떤 형태로든 사례를 기각하거나 사례를 취할 수 있기 때문에 그들의 전문적인 역량은 아동보호에 긍정적인 결과를 가져오는 중요한 요소이다.

비록 이상과 현실의 갭이 있고 이 제도를 운영하는 과정에서 나타나는 몇몇 어려움이 계속될지라도 아동청문제도는 참여하는 사람들과 가족들로부터 많은 인정을 받고 있다.

생각하기

1. 우리나라에서 아동학대가 발생하는 생활 현장이 어떠한 생각해 보자.
2. 우리나라가 '아동이 살기에 적합한 환경'인지를 생각해 보자.
3. 우리나라 아동보호서비스 과정에서 가장 중요하게 다루어져야 할 것이 무엇인지 생각해 보자.

▌참고문헌▐

Adler, R.(1985). *Talking Juvenile Rights Seriously*, Scottish Academic Press.

Children (Scotland) Act 1995.

Department of Health (2002) A Joint Chief Inspectors' Report on Arrangements to Safeguard Children. London, Department of Health.

Department of Health(1995). *Child Protection: Messages from Research*, HMSO.

DfES(2006).Local safeguarding children boards: a review of progress. Nottingham. DfES.

DCSF(2007). Office for National Statistics and Teenage Pregnancy Unit. UK.

Fabb, J., & Guthrie, T. G. (1997). *Social Work and the Law in Scotland*, Edinburgh : Burtherworth.

Hallet, C. (1996). *Coordination on Child Protection*, Edinburgh, Scotland : HMSO.

Hallet, C. Hazel, N. (1998). *Evaluation of the Children's Hearings System in Scotland: Volume 2* The International Context-Trends in Juvenile Justice and Child welfare, HMSO, Edinburgh.

Hallet, C. Murray, C. (1999). Children's Rights and the Scottish Children's Hearings System. *International Jr. of children's rights, 7*, 31-51.

Hallet, C. Murray, C., Jamieson, J., Veith, W.(1998). *Deciding in Children's Interests*, HMSO, Edinburgh.

Hill, M. Murray, K. & Tisdall, K. (1998). Children and their Families. English, J.(Ed.),Social services in Scotland, 91-117, Mercat Press : Edinburgh.

Hill, M., Aldgate, J. (1996). The Children Act 1989 and Recent Developments in Research in England and Wales, 3-23. IN M. Hill, & J. Aldgate(Eds.), Child welfare Services. Jessica Kingley Publishers: London.

HM Government (2006) Working Together to Safeguard Children: A guide to inter-agency working to safeguard and promote the welfare of children. London; accessed at www.ecm.gov.uk

Keariney, B.(1987). Children's Hearings and the Scheriff Court, Butterworths : London.

Kelly, A. (1996). Scottish Children's Panel. Waterside Press : UK

Kendrick, A. (2000). The Views of the Child : Article 12 and the Development of Children's Rights in Scotland.

Laming L. C.(2003). Victoria Climbiéinquiry report. House of Commons Health Committee: TSO.

Moore, J. (1989). A guide to the Children's Hearings, Green and Son : UK

Munro, E (1996). 'Avoidable and unavoidable mistakes in child protection work', *British Journal of Social Work*, 26, 793-808.

Munro, E (1998). Imploving Social Workers' Knowledge Base in Child Protection Work, *Br. J. Social Work, 28*, 89-105.

Munro, E. (1999). Common Errors of Reasoning in child Protection Work, *Child abuse and Neglect vol. 23*, 8, 745-758

Norrie, K. M. (1997). *Children's Hearings in Scotland*. Sweet and Maxwell: Edinburgh.

Ofsted(2007). Survey of chairperson of Local Safeguarding Children Boards. London. Ofsted.

Safeguard Children(2005). Safeguard Children, The second joint Chief Inspectors' Report on Arrangements to Safeguard Children. London. Ofsted.

Safeguard Children(2008). Safeguarding Children, The third joint chief inspectors' report on arrangements to safeguard children. London, Ofsted.

Scottish Office (1998). *Protecting Children - A Shared Responsibility*. Edinburgh, HMSO.

Scottish Office (1998). *Protecting Children - A Shared Responsibility*. Guidance for Health Professionals in Scotlasnd, Edinburgh, HMSO.

Scottish Office (2001). *Monitoring The Children(Scotland) Act 1995*. Scottish Executive Central Research Unit 2000, HMSO.

Scottish Office, (1993). *Scotland's Children: Proposals for Child Care Policy and Law(CM2286)*, Edinburgh, HMSO.

Scottish Office, (1995). *The Children (Scotland) Act !(95 Regulations and Guidance. vol. 1 Support and protection for Children and their Families. Edinburgh*, HMSO.

Sinclair, R. (1996). Children's and Young People's Participation in Decision-Making : The legal Framework in Social service and education. In M. Hill & J. Aldgate(Eds.)Child Welfare Services: Developments in Law, Policy, Practice and Research(pp. 90-102). JSK : London

Sloan, B. (1991). *Lord Pressident Hope*, JSK : Edinburgh. Social work (Scotland) Act 1968

Stephen, N. (2001). *Children's Hearings System*. Scottish Office home page

Thompson, J. (1996). Children's Hearings - A Legal Perspective After Orkney, 166-177, L. Waterhouse, L. & O., Stevenson(Eds.), Child Abuse and Abuser, JKP : London.

Tisdall, K. (1996). From the Social Work(Scotland) Act 1968, 24-39. M. Hill, & J. Aldgate(Eds.), Child welfare Services. JKP : London.

Waterhouse, L., McGhee, J., Whyte, B., Loucks, N., Kay, & H. (1999). *The Evaluation of the Children's Hearings in Scotland : Children in Focus. vol. 3* Scottish Office.

Waterhouse, L., McGhee, J., Whyte, B., Loucks, N., Kay, H., & Stewart, R. (2000). *The evaluation of the Children's Hearings in Scotland: Children in Focus*, Edinburgh, Scottish Executive. HMSO.

CHAPTER 08

빈곤아동정책

영국은 다른 유럽 국가에 비해 높은 아동빈곤율로 고통을 겪었다. 토니블레어 정부는 1999년 3월 한 세대 안에 아동빈곤을 근절시킨다는 '빈곤제로 2020' 정책을 채택하고 고든브라운 정부가 들어선 현재까지도 이 정책은 지속되고 있다. '빈곤제로 2020'을 실행한 이후 2004~2007년 동안 영국에서 상대적 빈곤과 환경적 결핍의 종합 지표를 사용하여 빈곤으로 정의된 아동의 수는 2백 2십만 명에서 2백만 명으로 2십만 명이 감소하는 등의 상당한 진전이 있다.

01 빈곤의 개념

영국 정부는 계층(tiered)을 활용한 새로운 유형의 아동빈곤 측정방식을 '아동빈곤측정(Measuring Child Poverty)'에서 제시하였다(DWP, 2003). 가족의 수입이 다른 가족의 수입 아래로 떨어졌을 때, 이것이 추가로 기회의 불평등 및 사회적 배제 등의 부정적 결과를 가져온다는 것을 인정하며, 정부는 상대적 저소득 계층에 해당되는 대상에 대해 3가지 평가척도로서 아동빈곤을 모니터링 한다.

계층방식은 상호 관련된 지표의 집합, 즉 층을 사용한다. 이 새로운 접근방식의 첫 번째 지표는 절대 빈곤이다. 이 지표에서는 가장 빈곤한 사람들이 실질적으로 자신의 수입의 상승여부를 알고 있는가를 측정한다. 절대적 빈곤아동은 인플레이션을 적용해서 특정 기준선 이하의 수입을 가진 가족에서 생활하는 아동의 수이다. 2003 현재 한명의 자녀를 두고 있는 양부모 가족이 주당 210파운드 이하로 생활하고 있는 가족이 절대 빈곤가정의 기준선이다. 210파운드라는 액수는 현 물가를 기준으로 산정된다. 수입이 가족 규모에 의해 조정됨에 따라 실제 현금 기준선은 한부모 가족의 경우 더 적을 것이고 확대가족의 경우 더 많아질 것이다. 가족의 수입에는 가족이 받는 주거수당(Housing Benefit)이 포함된다.

절대 빈곤 가족을 측정하는 방식 하나만으로 영국의 아동빈곤을 측정하는 것은 충분하지 않다. 그러나 절대 빈곤은 빈곤지표의 하나로써 환경적 결핍 및 상대적 빈곤 지표와 동시에 고려하면 자녀를 양육하고 있는 가구가 가구 소득 내에서 어떤 경험을 하고 있을 지를 충분히 예측할 수 있다.

두 번째 지표는 중위소득 60% 이하의 가구에서 생활하는 아동으로 정의되는 상대적 빈곤이다. 영국은 상대적 빈곤에 초점을 둔다. 이것은 OECD 가구균등화지수를 사용한다. 선진국가들은 상대적 빈곤을 중시한다. 그래서 이 측정기준은 유럽연합 국가들의 빈곤아동 측정에서 가장 널리 사용되고 있는 지표이다. Lisbon (2000)과 Laeken(2002)에서 채택된 유럽연합협정을 보면 상대적 빈곤이 사회적 응집력을 증가시킬 수 있는 동인이 되고 성과를 측정할 수 있다는 점에서 빈곤측정의 중심 잣대라고 표현하고 있다. 상대적 빈곤은 평균소득보다 중위소득의 비율이 기준선이 된다는 이점이 있다. 평균 빈곤선의 비율은 평균이 가장 높은 수입의 영향을 받게 됨에 따라 자칫 잘못 해석될 수 있다. 예를 들면, 소수 부자들의 이민으로 인해 마치 아동이 빈곤상황에 처하게 된 것처럼 보이게 할 수 있다. 반대로 빈곤선의 중앙값 비율은 고소득의 영향을 받지 않는다.

세 번째 지표는 물적 결핍과 상대적 빈곤에 의한 빈곤 측정이다. 이것은 특정 재화와 서비스가 부족한 물질적인 결핍 상태와 동시대 중위소득 가구 수입의 70% 이하 가계소득 상태인 가족으로 정의된다. 모든 가구들의 결핍 상태를 측정할 수 있는 표준화된 방식이 없었다. 영국 정부는 2004년도에 가족자원조사(Family Resource Survey)에서 환경적 결핍의 측정 자료를 취합하였다.

- 절대빈곤 : 이 지표는 최빈곤층 가족이 자신의 수입이 실질적으로 상승하는지에 대해 알고 있는지를 측정한다. 그 수준은 현 시세로 표시된 1998-1999년 기준선 연도의 상대적 빈곤기준과 같이 고정되어 있다.
- 상대적 빈곤 : 이것은 최빈곤층 가족들도 일반적으로 나타나고 있는 수입의 증가와 같은 수준의 수입증가가 있는 지를 측정한다. 이 지표는 동시대 중위소득 60% 이하인 가구의 아동 수를 측정한다.
- 환경적 결핍과 빈곤의 결합 : 이 지표는 사람들의 생활 수준에 대한 더 포괄적인 측정방법을 제시한다. 이 지표는 환경적 결핍과 동시대 중위소득 70% 이하인 가구의 아동 수를 측정한다.

중위소득 60%를 약간 웃도는 가구들은 대부분 환경적, 물질적인 결핍상태에 있다. 이런 까닭에 영국 정부는 빈곤계층을 측정할 때 환경적, 물질적 결핍과 중위소득 기준선의 70%를 사용할 계획이다. 이로써 더 많은 아동들의 빈곤 상태를 파악할 수 있게 된다.

〈표 8-1〉 빈곤가구 아동의 비율

		상대적 빈곤			절대적 빈곤		
	Low-income threshold	50% of median*	60% of median	70% of median	50% of median*	60% of median	70% of median
기준선 (주거 비용 제외)	1996/1997	12%	25%	35%	14%	27%	37%
	1997/1998	13%	25%	35%	14%	26%	36%
	1998/1999	13%	24%	35%	13%	24%	35%
	1999/2000	12%	23%	35%	10%	21%	33%
	2000/01	11%	21%	33%	9%	17%	29%
	2001/02	10%	21%	33%	7%	14%	25%
	2002/03	10%	20%	32%	7%	13%	22%
	2003/04	11%	20%	32%	7%	13%	23%
	2004/05	10%	19%	32%	7%	12%	21%
	2005/06	11%	20%	31%	7%	12%	21%
기준선 (주거 비용 포함)	1996/1997	23%	33%	41%	25%	35%	43%
	1997/1998	23%	32%	40%	24%	33%	41%
	1998/1999	23%	33%	40%	23%	33%	40%
	1999/2000	22%	32%	40%	19%	30%	38%
	2000/01	20%	30%	39%	15%	25%	34%
	2001/02	19%	30%	38%	12%	22%	31%
	2002/03	19%	28%	37%	11%	19%	27%
	2003/04	19%	28%	37%	11%	19%	27%
	2004/05	17%	27%	37%	10%	17%	25%
	2005/06	19%	29%	38%	10%	17%	25%

출처: www.dwp.gov.uk/mediacentre/pressreleases/2005/feb/iad-170205-frs.pdf.

빈곤아동 측정 방식과 관련한 논의는 빈곤의 개념에 대한 논의를 점화시켰다. 즉, 빈곤의 개념을 주거비용 지출 이전의 가계소득을 기준으로 하던 기존의 방식과 달리 지출 이후를 고려한 방식을 사용해야 된다는 것이었다. 이는 2001년 재무장관이었던 고든브라운(Gordon Brown)이 빈곤아동의 수를 1백 2십만 명 감소시켰다고 발표한 데 대한 의구심에서 촉발되었다. 특히 런던과 같이 주거비용이 높은 지역에서 거주하는 사람들에게 주거비용을 포함한 총액으로 빈곤율을 계산하게 되면 이들의 실제 빈곤율을 과소평가하게 된다는 것이다. 결국, 이러한 새로운 개념을 적용한 결과 2000년 영국의 아동빈곤율은 32%로 유럽 국가 중 가장 높은 수치를 나타냈다(박순우, 2007).

02 빈곤아동 현황

영국에서 빈곤아동의 수는 1980년대와 1990년대에 급격하게 증가해서 1998-1999년에는 3백 4십만 명의 아동들이 상대적 빈곤상태에 있었다. 영국은 다른 유럽 국가에 비해서 아동빈곤율이 높아 고통을 겪었다. 이에 1999년 3월 영국 정부는 한 세대 안에 아동빈곤을 근절시킨다는 선언을 했고 그 이후 아래와 같은 상당한 진전이 있었다(DWP, 2008).

- 1998~2007년 동안(1998~1999년보다 2005~2006년에) 약 6십만 명의 아동이 상대적 빈곤에서 벗어났다. 그리고 아동이 빈곤하게 생활할 위험도 26%에서 22%까지 떨어졌다.
- 1998~2007년 동안 절대빈곤 아동의 수가 3백 4십만 명에서 1백 7십만 명으로 50%가 감소했다.
- 2004~2007년 동안 영국에서 상대적 빈곤과 물적 결핍의 두 가지 측정지표를 사용했을 때 빈곤으로 분류된 아동의 수는 2백 2십만 명에서 2백만 명으로 2십만 명이 감소하였다.
- 영국에서 빈곤아동의 비율이 1997~2000년 17%에서 2002~2005년 11%로 내려갔다.

특히, 빈곤의 위험이 높은 아동들에게서도 〈표 8-2〉와 같은 진전이 발견되었다.

〈표 8-2〉 1998~2007년까지 상대적 빈곤지표에서의 변화

가족유형	빈곤아동 수 감소	빈곤위험 감소
한부모 가족	200,000	46%에서 37%로 감소
3자녀 이상 가족	400,000	40%에서 33%로 감소
5살 이하 아동이 있는 가족	300,000	31%에서 26%로 감소

상당한 진전에도 불구하고, 2백만 명의 아동들은 여전히 빈곤상태에 있다. 이는 정부가 빈곤을 근절하겠다는 혁신적인 목적을 달성하기 위해서는 더 많은 지원과 정책이 필요함을 의미한다. 많은 아동들이 여전히 빈곤의 위험에 처할 가능성이 매우 높다.

빈곤의 위험이 특히 높은 가족

다음 특성을 가진 가족들은 빈곤에 처할 가능성이 매우 높다.

- 빈곤의 위험률 평균 22%보다 상당히 높은 58% 수준에 있는 실업가구의 아동.
- 한 명의 부모가 시간제 일을 하는 양부모 가족 아동의 빈곤 위험률 44%.
- 모든 소수인종 가족의 1/3 이상이 빈곤상태.
- 한 명 혹은 그 이상의 장애 성인이 있는 가족의 아동은 31%의 빈곤 위험률.
- 4명 혹은 그 이상의 자녀가 있는 가족의 아동의 빈곤 위험률은 40%.
- 런던에 살고 있는 아동의 빈곤 위험률은 35%.

출처: DWP(2008). Working Together: UK National Action Plan on Social Inclusion.

특히 실업가족 아동이 빈곤에 처할 위험이 58%로 여전히 높다. 이는 아동이 빈곤에 처할 평균 위험률 22%보다 훨씬 높다. 결국 직업은 빈곤을 탈피하는 최상의 경로가 된다는 것을 알 수 있다. 그러나 이것이 보증수표는 아니다. 빈곤한 아동의 위험은 부모의 한 사람 혹은 양부모 모두 직장을 다닐 때 58%에서 14%까지 떨어졌다(HM TREASURY, 2008).

[그림 8-1] 2002~2003 저소득층 아동

출처: Child Poverty Review.

03 아동빈곤정책

영국은 아동빈곤의 원인과 결과를 분석하고 이에 대처할 수 있는 정책을 수립, 실행하고 있다. 빈곤아동정책을 실행한 결과 현재와 미래 가족의 소득을 증가시키고 긍정적 발달 결과를 가져올 것으로 기대한다. 영국 정부의 빈곤정책은 다음과 같이 크게 4가지로 나누어 볼 수 있다.

1) 고용증가와 수입증대정책

빈곤문제를 해결하기 위한 고용증가와 수입증대정책은 다음과 같다.

구분	관련 정책
근로자에게 제공되는 기본 조건	• 6세 이하 아동, 장애아인 경우 18세 이하 아동의 부모들은 법적으로 탄력적인 근무시간을 요구할 권리가 있다. 대상아동의 연령 확대를 추진 중이다. • 유급 및 무급 휴가에 대한 부모의 사회보장권이 확대되었다. 〈2007년 4월에 법정 출산수당(Statutory Maternity Pay)이 26주에서 39주로 확대〉 2008년 말까지 법정 출산수당을 더 확대하고 추가적으로 부의 출산휴가와 수당을 도입할 계획이다. • 국가 최저임금제 : 2008년 10월부터 국가 최저임금은 성인의 경우 1시간에 5.73파운드까지 상승하였다.
부모와 아동의 욕구 충족	• 2008년 4월부터 아동보육법에 의해 지방 정부는 일하는 부모들을 위해서 보육시설을 충분히 확보해야 한다(장애아동을 위한 시설 포함). • 모든 3~4세 아동은 적어도 매주 12.5시간, 연간 38시간 무료 조기교육을 받을 자격이 있고 2010년까지 매주 15시간으로 무료 조기교육 시간이 증가된다. • 1억 파운드가 3년에 걸쳐 15시간 무료 조기교육의 확대 및 취약지역의 보육시설 확대에 투자될 예정이다. • 2007년부터 향후 3년 동안 연간 7천 5백만 파운드가 직업훈련에 참가하는 실업부모 5,000명의 무료 보육서비스를 위해서 사용된다. • Care to Learn(C2L)은 어린 부모들이 계속해서 학교에 다닐 수 있도록 보육시설 비용 및 관련 비용을 보조해 준다. • 2005~2006년까지 아동보육 비용의 적정 가격을 산출한다. • Aiming high for disabled children: better support for families는 장애아동을 위한 아동보육시설 접근성 프로젝트로 3천 5백만 파운드의 추가예산 지원을 한다. • 아동센터(Children's centre)는 5세 이하 아동과 그 부모들을 위한 원스톱 서비스 체계이다. 아동센터는 drop-in, 가족보건서비스, 부모를 위한 상담과 지원서비스를 제공한다. 현재까지 1백 9십만 명의 아동과 그들의 부모를 지원하는 2,500개 이상의 아동센터가 설립되었으며 2010년까지 모든 지역사회에 아동센터를 설립할 예정이다. • 2008년 4월부터 취약지역에 있는 아동센터에 2명의 사회복지사를 추가 배치하고 이에 필요한 재정을 지원한다. 훈련과 개발을 통해 지역사회복지의 질이 향상될 것이다.
기술 증대	• 2001년부터 시작된 생애교육(Skill for Life)을 통해 성인의 언어, 문해, 수리적 사고 능력을 향상시키고자 한다. 1백 7십만 명의 성인들이 이 프로그램을 수료하였다. • 모든 고용인들은 피고용인들이 더 나은 기술을 습득할 수 있도록 돕는 기술 서약을 맺도록 권장 받는다. • 정부는 문해, 수리 사고 프로그램, 최고의 프뢰벨 2 자격 증명 프로그램에 대한 재정지원을 통해 고용주들이 피고용인의 기술 향상을 돕도록 조장한다. • Train to Go는 고용주에게 기술 중개 서비스를 제공하여 이들의 훈련 욕구를 충족시킬 수 있도록 지원한다.
한부모 지원	• 한부모를 위한 뉴딜 프로그램(NDLP: New Deal Program)은 직장을 구하는 한부모를 지원하기 위해서 계획된 정보제공 및 재정지원을 하는 맞춤 패키지 프로그램이다. • 파트너를 위한 뉴딜 프로그램(NDLP: New Deal Program)은 직장을 구하는 파트너들을 지원하기 위해서 계획된 정보제공 및 재정지원을 하는 맞춤 패키지 프로그램이다. • 한부모에 대한 정부의 지원은 취업면접(Work Focused Interviews)과 한부모 뉴딜 프로그램(NDLP: New Deal for Lone Parents)을 통해, 한부모들이 자신이 이용할 수 있는 고용 기회에 대한 정보를 제공하고, 고용에 장애가 되는 요인을 확인하고 이를 해결하도록 하고, 그리고 노

	동임금을 확실하게 지불 받는 것 등에 중점을 두고 있었다. • 2008년 4월까지, 소득지원을 받는 모든 한부모 가족들은 적어도 6개월마다 취업면접(WFIs: Work Focused Interviews)에 참여해야 한다. 2008년 10월부터 한부모 가족들은 소득지원을 받는 자격이 상실되기 전에 분기별로 WFIs에 참여해야 할 것이다. 2008년 4월부터 자녀가 있는 실업수당 대상자의 파트너들은 6개월마다 WFIs에 참여해야 한다. • 한부모 뉴딜 플러스(New Deal Plus for Lone Parents)는 7개의 직업센터(Jobcentre Plus)에서 시범 운영되는 자발적인 프로그램이다. 이 프로그램은 정보제공 및 지원을 강화하고 In-work Credit이나 In-work Emergency Discretion 기금, 그리고 Discovery Events를 포함하고 있다. 2008년 4월부터 뉴딜종합정책은 모든 한부모를 대상으로 전국적으로 확대될 것이다. 게다가 뉴딜 플러스 패키지는 현재 시범 운영되고 있는 구역에서 모든 양부모를 대상으로 한 프로그램으로 확대되고 있다. • In Work Credit(IWC)은 노동복귀 첫 해, 적어도 1년 동안 수혜를 받은 한부모 가족들을 위한 (런던에서는 양부모 가족도 포함) 주당 40파운드(런던은 60파운드)의 급부이다. 이것은 2008년 4월에 시범지역에서 모든 한부모 가족에게로 확대될 것이다. • 칙령서인 Ready for work: full employment in our genenration(2007, 12 출판)는 한부모의 의무를 확대하였다. 단지 한부모이기 때문에 Income Support를 요구하는 한부모는 가장 어린 자녀의 연령이 2008년 10월부터는 12세 이상, 2009년 10월부터는 10세 이상, 2010년 10월부터는 7세 이상일 경우, 더 적합한 지원정책을 수혜할 수 있어야 한다. 아래는 칙령서의 지원내용이다. – 고용 전 지원 : 3주부터 6주까지로 취업시도 증가, 구직을 돕는 Option and Choice의 도입, 직장면접 보증인(Jobcentre Plus는 한부모의 직장면접을 보증할 것이다.), 개인들에게 기본적인 고용잠재력 기술 혹은 고용주의 구인욕구를 만족시키기 위해 필요한 특정 기술을 가르쳐 주는 업무 중심 훈련. – 근로상태지원 : In Work Credit의 전국적 확대, 유지 원조로서 In Work Credit 사용의 시범화, 어려움을 해결하도록 도우며 다른 지원을 지도할 Jobcentre Plus의 근로자문지원, 한부모가 처음 직장을 다닐 경우 일어나는 예상치 못한 장애를 극복하도록 하는 근로재정 원조를 제공하는 In-Work Emergency Discretion Fund의 전국 확대. • 런던에서 Up-Front Childcare 비용에 대한 지원이 시범 운영될 것이다. 이 비용에는 등록비, 예금과 선지급 지원이 포함될 수 있다. 런던에서 한 부모에 대한 선지급 보육 재정지원을 시범적으로 실시할 것이다.
기타 취약계층 지원	• The Partner Outreach For Ethnic Minorities(POEM) 시범사업은 Jobcentre Plus에 접속할 수 없는 실업자들, 특히 방글라데시인, 파키스탄인, 소말리아인과 긴밀하게 연관된 민간, 지역기관을 통해 지원방법을 검토하는 것이다. 시범사업으로 10개의 Partner Outreach가 설립되었다. • 2008년 10월부터, 시범사업은 새로운 Better Off in Work Credit을 운용할 것이다. 이것은 전일제 취업을 한 노동능력부재 수당(IB: Incapacity Benefit)와 저소득자 지원금(Income Support) 혹은 구직수당의 장기 수혜자가 자신들이 받았던 실업수당보다 많은 주당 적어도 25파운드의 근로수입을 획득하는 것을 보장하는 것이다. 시범사업이 성공적으로 운영되면 2009년에 전국으로 확대할 것이다.

2) 재정적, 물리적 환경 개선을 위한 정책

세제혜택은 모든 사람들을 지원하고 필요한 사람들에게는 추가 지원이 가능한 정책으로 상당히 적극적으로 추진되고 있다. 사실상 이런 혁신적인 세제개혁안은 아동빈곤을 완화시키는 해결책이 될 수 있다. 정부가 1997년 조세와 수혜체계를 단순히 격상시키고 아무것도 하지 않았다면, 아동빈곤이 현재보다 더 심각해 졌을 수도 있다.

구분	정책 내용
재정적 지원	• 아동수당은 아동양육보조비로서 수입에 상관없이 모든 부모들이 이용할 수 있는 보편적 급부이다. 이 수당에는 세금이 없고 16세 이하 모든 아동에게 개별적으로 지급된다. 2007~2008년 첫째 아동의 경우 주당 18.10파운드, 그리고 모든 아동들에 대해 12.10파운드까지. 2010년 4월, 첫째 아이에 대한 아동수당이 주당 20파운드로 증가한다(CRC). • A Healthy in Pregnancy Grant(190파운드 상당) 2009년 4월부터 모든 예비 어머니들이 이용할 수 있을 것이다. 임신 후기 여성의 건강과 안녕을 지원하고 임산부의 출산에 필요한 비용을 지원하기 위해서 임신 25주부터 지급된다. • 아동세금공제제도 (The Child Tax Credit)는 일정 소득 수준 이하이면서 16세 미만의 아동이 있는 가구를 대상으로 소득세 산출 세액을 공제해 주는 프로그램이다(박만숙, 2006). • 주거비 및 주거공간지원(Housing Benefit)과 주민세(Council Tax Credit) 지원 • 근로세금공제제도(WTC: the Working Tax Credit)는 저소득 가구에 대한 소득보전 이외에 추가의 재정지원을 제공한다. 2007년 12월에, 자녀가 있는 대략 2백 3십만 가족들과 자녀가 없는 3십 5만 가구들은 WTC의 지원을 받았다. 십일만의 가족들은 WTC의 장애 노동자 지원혜택을 받았다. 이는 WTC 전인 장애인 세금공제(the Disabled Person's Tax Credit)의 지원보다 지원액이 2배 이상 늘었다. • 구직수당(Jobseeker's Allowance) • 저소득자 지원금(IS: Income Support)은 국민기초생활보장제도와 유사한 공공부조 프로그램. 자산조사를 전제로 하여 노령, 질병, 장애, 부양책임 등으로 인해 노동시장에 참여할 수 없는 16세 이상의 저소득층에게 지급된다(박순우, 2007). • 보육수당(Care's Allowance) 수혜 대상자는 주당 35시간이나 그 이상 보육시설을 이용하는 사람들이다. • 복지혁신법(the Welfare Reform Act(2007)에서 규정한 고용과 지원수당(ESA: Empolyment and Support Allowance)은 2008년 10월부터 새로운 요구자들을 위해 현 노동능력 부재 수당(Incapacity Benefit: IB) 체계를 대신할 것이다. ESA는 권리와 책임이 조화를 이룰 것이다. 민간 및 제3섹터에 의해 우선적으로 전달되면서, ESA는 2008년 직업/노동(Work) 프로그램에서 지원될 것이다. 2008년 4월부터 근로급부(Work Credit)의 재실시는 취업이 급부 수혜대상자들을 빈곤으로부터 해방시켜줄 것을 확신하면서 결정된 것이다. 연간 15,000파운드 이하의 임금을 받는 사람들 중 직업을 구하는 사람들에게만 해당된다. • 영국 정부는 아동빈곤을 해결하고 양육효능감을 증진시키며 효과적인 비용과 전문적 서비스를 제공하면서 간단하며 투명한 아동 양육비지원 체계를 만들고 있다. 2007년 3월 5만 7천 명의 부모들이 월 1백 9십만 파운드에 상당하는 아동양육특별수당(Child Maintenance Premium)을 받

	왔다(CRC 5.90). • 아동신탁기금(Child Trust Fund)은 미래에 모든 젊은이들이 18세에 재정적 자산형성을 지원해 주며 자녀를 위한 가족의 저축을 장려할 것이다. 모든 신생아들은 250파운드(저소득아동은 500파운드)의 정부지원금(Government contribution)을 받을 것이다. 정부기부금은 모든 아동이 7세가 될 때까지 받을 수 있다. 가족기금(Family Fund)은 심각한 장애아동이 있는 저소득 가족을 위한 추가 재정지원이다. 2006-07년 평균 549파운드가 지원되었다. 현재 가족기금(Family Fund)은 장애아동의 연령이 16세까지만 지원되지만 18세까지로 확대하기 위해서 향후 3년에 걸쳐 추가 재정투입이 있을 것으로 발표되었다.
물리적 환경개선을 위한 지원	• 영국 정부는 2004~2010년 동안 임시주거지 거주자 수를 반으로 줄일 계획이다. 모든 지방 정부는 노숙자의 예방에 총력을 기울이고 노숙문제를 다루기 위한 전략을 갖고 있어야 한다. • 2010년 말까지 400억 파운드 이상이 공공주택 개선에 투자될 것이다. 공공주택의 95%가 사회적 기준에 맞게 개선될 것으로 기대된다. • 영국 정부는 2010년까지 추가로 3백만 호의 주택을 공급할 계획이다. 향후 3년에 걸쳐 처음에는 Housing Corporation을 통해, 그 후 새로운 Homes and Communities Agency에 의해서 주택공급을 늘려갈 것이며 주택공급에 84억 파운드가 투자될 것이다. • 2007년 12월 영국 정부는 과밀행동계획(Overcrowding Action Plan)을 착수했다. 향후 3년에 걸쳐 과밀문제를 다루기 위해서 1백 5천만 파운드를 투입하고 2008~2009년에는 현재의 자금지원 이외에도 과밀문제를 해결하기 위해서 3백 8천만 파운드의 추가자금이 제공된다. • 일정한 소득계층의 가정의 난방 · 단열과 관련한 종합 정책을 수립한다. The Warm Front Scheme는 연료 빈곤을 다루는 정부 전략이다. Warm front는 2000년 이래 잉글랜드에서 1십만 6천 가구를 원조하고 있다. 이들 중 3십 2만 5천 명은 16세 이하 아동이었다. 영국 정부는 성공적으로 1996~2004년에 잉글랜드 전역에서 3백만 가구의 연료 빈곤을 감소시켰다. 그러나 에너지 가격의 상승이 이 정책을 추진하는 데 영향을 미쳤다. 그래서 2005년에 영국에서 연료 빈곤 가구의 수는 증가했다. • 아동, 학교, 가족부(The Department for Children School and Families)는 잉글랜드에서 Bookstart, Booktime, and Book Up 운동을 통해 아동들을 위해 무료 책(전집)을 제공하는 Booktrust에 재정지원을 한다. • 2006~2008년 동안 저소득층의 아동이 가정에서 인터넷에 접속할 수 있도록 Computer for Pupil 정책에 6천만 파운드가 지원되었다. • 건강한 출발(Healthy Start) 프로그램은 어린 아동이 있는 저소득 가족에게 신선한 과일과 기타 필요한 물품과 교환할 수 있는 바우처를 준다. • 지방 정부는 무료 급식을 제공할 의무가 있다. School Food Trust가 추진하는 더 포괄적인 사업은 학교 음식의 질을 높이는 것이며 이에 아동, 학교, 가족부(DCSF)는 2011년까지 6억 5천만 파운드를 투자할 것이다. • The Education and Inspections Act 2006은 저소득층 학생들을 위한 무료 수학여행에 대한 사회보장권리(entitlement)를 확대했다.
재정 능력	• 영국 정부는 2005년~2008년 동안, 재정신용도를 높이기 위해서 1천 2백만 파운드의 Financial Inclusion Fund를 사용하였다. • 2008-11년에 재정신용도를 높이는 활동을 하는 제3섹터와 지방 정부 및 다른 주요 기관들이 전략적으로 활동할 수 있도록 1억 3천만 파운드의 새로운 Financial Inclusion Fund가 사용된다. • 사회기금(Social Fund)은 저축액과 자산이 없는 이들을 지원하면서, 위기에 취약한 사람들을 위한 보조금과 융자를 제공한다. 영국 정부는 재정서비스기관(Financial Service Authority)과 파트너십으로 1천 2백만 파운드를

	들여 재정활용계획(Money Guidance pathfinder)을 수립할 것이다. • 2008년 9월부터, 잉글랜드 중학교 교과과정에 개정 교과목인 Personal, Social, Health and Economic(PSHE)을 추가하고, Key Stage 3, 4에서 아동의 경제적 안정과 역량 배양을 추가하였다. • 과거 5년 동안 3백만 파운드가 성인들이 재정관리 능력을 개발하는 Skill for Life Financial Literacy 프로젝트에 투자되었다.

3) 지역사회 발전과 가족지원

지난 10년여 동안 새로운 의사소통(NDC: The New Deal for Communication)과 이웃사랑기금(NRF: Neighbourhood Renewal Fund)은 소외지역이 직면한 몇 가지 주요한 문제를 다루고 있다.

구분	관련 정책
지역사회 지원	• Planning Policy Statement 3(PPS3)은 아동의 주거욕구를 고려한 주거의 필수요건을 제시하였다. • CABE Space(green space 확보) • 범죄 발생률을 감소시키고 반사회적 행동에 대처하면서 지역주민과 관계를 맺으면서 지역 곳곳을 순찰하는 Police Community Support Officers의 수가 증가하였다. 94%의 지역에서 반사회적 행동 발생률이 2003년-2006년 3년 동안 감소하였다. • 반사회적 행동은 법률적 기준 및 평가기준, 그리고 공공의 권한을 통해서 다루어진다. 이 새로운 수단은 서면경고, 가정방문, 수용 가능한 행동계약(Acceptable Behaviour Contract), 반사회적 행동명령(ASBOs: Anti-Social Behaviour Orders), 부모명령(Parenting Orders) 이 있다. • 도전과 지원(Challenge and Support) 프로젝트는 학교에서의 나쁜 행동, 무단결석과 같은 문제 발생 초기에 개입한다.
결핍 지역 재건	• 지역사회 혁신정책은 실업, 범죄, 학습부진, 건강발달의 위험, 그리고 주택 및 물리적 환경 등의 문제를 다루기 위해서 39개의 극빈 지역에 20억 파운드를 제공하였다. 이에 대한 예산투입은 지역사회 참여를 높이고 주인의식을 고양시킬 것으로 기대되고 주요 기관들 간의 파트너십을 형성하는 데 도움이 된다. • 2008년 4월부터 이웃사랑 기금(Neighborhood Renewal Fund)이 함께 일하는 이웃기금(Working Neighborhoods Fund)으로 대체될 것이다. 이 기금은 고용과 경제 개발을 증진시키기 위해서 소외계층을 지원할 것이다. • The Gypsy and Traveller Site Grant는 지방 정부와 Registered Social Landlord가 기존의 장소를 리모델링하는 데 사용된다. 2006-08년에 동안 5천 6백만 파운드가 편성되었다. 450개의 가게터가 만들어졌다. 향후 3년 동안 이 사업에 9천 7백만 파운드가 투입될 것이다. • The New Communities Fund는 2007년에 발표되었다. 이 기금은 지방의회와 지역 파트너들이 취약한 몇몇 지역을 재건하는 데 사용된다.
지역 파트너십	• Local Strategic Partnership(LSPs)는 법적근거 없이 여러 기관이 파트너십을 이루는 것이다. • 모든 지방 정부는 Children's Trust Arrangement를 가지고 있다.

	• 2008년 6월까지, 모든 지역은 The Local Area Agreement(LAA)를 수립하게 된다. 이것은 전국적, 지역적인 관심사이다. LAA는 지방 정부와 사업에 참여하고 있는 관련 기관들이 지역 현안을 해결하기 위해서 추진 중인 목표를 이루기 위해 계획된 사업에 우선 지출할 수 있도록 융통성을 부여한다. 많은 지방 정부들은 아동 빈곤 근절을 최우선 순위에 포함할 것이다. • 정부와 3센터 간 파트너십 증진

4) 빈곤아동의 기회확대정책 : 저소득 계층 아동의 기회확대와 발달성과를 증진

현재 빈곤의 문제를 다루고 빈곤의 영향을 최소화하기 위해서 정부는 빈곤한 아동이 동일한 기회를 가질 수 있도록 하는 정책을 실행하는 데 집중하고 있다. The Every Child Matters는 개혁적인 정책안으로 아동에게 제공되는 서비스의 통합을 추진하고 있으며 저소득층 아동의 발달기회와 발달결과를 향상시키는 데 초점을 두고 있다. 조기교육과 학교기준을 향상시키려는 정책 또한 빈곤아동과 다른 아동과의 학업성적의 격차를 좁혀준다. 정부는 아동에게 제공되는 서비스가 아동과 청소년의 발달성과를 높일 수 있다고 전제한다.

구분	정책 내용
취약 집단	• Aiming High for Disabled Children: Better Support for Families는 장애아동의 발달을 위한 3가지 영역, 즉 접근성 및 역량강화, 즉각적인 서비스 제공과 시기적절한 지원 그리고 서비스의 질과 수용력의 향상에 대한 정책이다. 이 전략은 아동 · 학교 · 가족부(The Department for Children Schools and Families)에서 보건부(DH)의 추가 지원을 받아 향후 3년에 동안 3억 4천만 파운드가 지원된다. 2007년 12월 Child Plan에서 9천만 파운드가 더 지원될 것이다. • 2007년 6월에 출판된 Care Matter: Time for Change에는 보육을 통해 아동의 경험을 확대시키고 발달성과를 달성할 수 있는 새로운 정책이 제시되었다. • The Children and Young People Bill은 보육에서 아동과 청소년에게 기회를 확대하고 필요한 개혁을 단행할 것이다. • National Strategies는 지방 정부가 Special Educational Needs(SEN)를 발달시키기 위해 이를 위한 지원책이다. • The Department of Health(DH)는 정책을 검토하고 어린 양육자들을 지원할 계획을 제시할 것이다. • 격차줄이기(Narrowing the Gap)는 2년간 실시될 연구 프로젝트이다. 이 프로젝트는 DCSP에서 자금을 제공받고, LGA가 주관하며 The Improvement and Development Agency for Local

	Government(IDeA)가 지원한다. 프로젝트 목적은 취약아동과 그렇지 않은 아동 간의 발달성과의 격차를 줄이는 것이다.
조기교육	• 영국 정부는 저소득층 및 취약 계층 아동과 그들의 또래 간의 학업성취 격차의 해소를 목표로 한다. 이 학업격차의 감소목표는 모든 교육 체계에 적용된다. • 영국 정부는 모든 3세와 4세 아동이 무료 조기교육을 받을 수 있도록 무료 사회보장 자금 3억 파운드를 제공한다. • 영유아기 기초 교육과정(The Early Years Foundation Stage: EYFS)은 모든 아동들이 어린 시절에 성취해야만 하는 학습, 발달, 보육에 대한 기준을 제시하고 일정 수준의 질을 유지할 방법을 제시한다. • 높은 질의 교육을 제공하기 위해서는 전문적으로 교육받은 종사자를 필요로 한다. 영국 정부는 2015년까지 잉글랜드 전반 모든 종일 보육시설에 석사출신 조기교육 전문가(A Graduate Early Years Professional)를 배치하는 것이다. Graduate Leader Fund는 특별히 민간시설이 영유아의 학습과 발달을 돕기 위해서 대학원 출신의 교사를 고용할 수 있도록 지원하기 위해 도입되었다. 이에 따라, The Children's Workforce Development Council은 0-5세 사이의 아동 교육용 The Early Years Professional Status(EYPS)를 개발하였다.
학교교육	• 2007-08년에 Dedicated Schools Grant는 취약계층 학생을 지도하고 결핍학생과 그렇지 않은 다른 아동들과의 학업격차를 줄이는 학교를 보조하기 위해 지방 정부에 2억 8천만 파운드를 지원하였다. • 학습 프로그램 • London Challenge 프로그램은 2002년 런던 소재 학교들의 수준을 높이기 위한 5개년 계획 프로그램이다. 이 프로그램은 Black Country와 Greater Manchester의 학업과 취약계층과의 연관성을 타파하기 위한 3개년 프로그램이다. 이는 City Challenge으로 확장되었다. • The Excellence in Cities(EIC) 프로그램은 1999년에서부터 2006년까지 운영되었다. 이 기간 동안 극도로 소외된 지역에 소재한 학교의 학업성적을 끌어올리기 위해 17억 파운드가 투자되었다. • The School Admissions Code(학교입학 규정) • The Education and Inspections Act 2006(수학여행 지원) • Choice Advisers가 133개의 지방 정부에 있다. • Personalized Learning은 모든 아동들에게 자신의 어려움을 극복하고 자신의 강점을 강화하고 잠재적 가능성을 충분히 달성하도록 돕는 프로그램이다. • The Social and Emotional Aspects of Learning은 학교생활과 교과과정 전반에서 모든 학생들이 사회정서적 능력을 개발하는 프로그램이다. • The National Health School 프로그램(NHSP)은 모든 사람들이(교사, 아동, 부모, 직원, 주지사 등) 학업성취, 건강, 정신적 안녕을 향상시키고 안전한 학교를 만들고 영유아에게 건강한 환경을 제공하는 것을 목적으로 한다.
의무교육 이후	• The Education and Skill Bill은 14세부터 19세까지의 혁신적인 교육계획안이다. 이는 모든 청소년들이 더 많은 기회를 제공받고 직업을 준비할 수 있도록 구성되었다. • 청소년들의 진로선택에 관한 우수한 정보, 상담, 지도는 청소년들이 자신의 포부와 야망을 성취하는 데 도움이 되기 때문에 모든 이용가능한 정보를 제공해주어야 한다. 2008년 4월부터 지방 정부는 청소년의 진로선택에 대한 정보, 상담, 지도를 수행할 의무가 있다. • The Education Maintenance Allowance(EMA)는 16세 이후의 저소득계층의 청소년들이 교육 혹은 훈련을 계속 받을 수 있도록 지원하는 것이다. • 새로운 의무 교육연령이 도입될 것이다. 2015년까지 모든 청소년들이 18세까지 교육과 훈련에 참가해야 한다. 이 훈련은 직업 훈련에 집중된다.

	• Aim Higher는 대학교 수업견학, 석사생에 의한 멘토링, 여름학교와 Master Class는 청소년들이 꿈과 포부를 성취하도록 돕기 위해서 파트너십으로 함께 대학교나 전문학교에 입학하도록 하는 국가 프로그램이다. • 학생을 위한 재정지원은 빈곤학생들이 국가로부터 더 많은 재정지원을 받도록 함으로써 더 공정한 사회 체계를 형성하도록 한다.
건강서비스	• 빈곤아동의 신체, 정신건강은 열악하다. 학교는 양질의 스포츠 활동, 학교급식, 인성, 사회성 경제 교육(PSHE)을 제공하여 모든 청소년이 건강한 생활을 하도록 지원하고 있다. 방과 후 학교 프로그램을 통해서 학교는 학교 밖 스포츠 활동을 제공하고 있다 • 아동센터와 방과 후 학교(extended school)는 건강한 생활양식, 건강서비스의 접근성을 높이고 전문가의 서비스를 받을 수 있는 기회를 제공하고 있다. • 아동, 학교, 그리고 가족부(The Department for Children School and Families)와 보건부(The Department for Health)는 아동청소년건강정책(Children and Young People's Health Strategy)을 개발한다. 이것은 2008년 1월에 발표되었다. • 십대임신 예방에 대한 책자 발간
위기 가족을 위한 서비스 연계	• Family Pathfinders • Family Intervention Projects(FIPs) • Family Nurse Partnership(FNP)
긍정적 활동	• 2002년 이래 1억 6천 5백만 파운드가 36개 경제적, 문화적 결핍 및 농촌 고립지역의 학교, creative practitioner와 기관간의 파트너십인 Creative Partnerships에 투자되었다. • 2007년 11월 영국 정부는 2011년까지 취학 전 모든 유아가 악기를 배울 수 있는 기회를 주기 위해서 향후 3년에 걸쳐 3억 3천 2백만 파운드를 지원하고 있다. • 영국 정부는 자신의 사회계층과 상관없이 학교에서 적어도 일주일에 2시간 우수한 체육활동을 하는 5~16세 아동의 비율을 증가시키고 5세~19세 아동이 일주일에 적어도 3시간 이상 스포츠 활동에 참여할 기회를 제공한다. • 영국 정부는 모든 어린 아동들이 학교내 · 외에서 우수한 문화활동에 주당 5시간 참여할 것을 독려한다. 시범사업을 위해 2천 5백만 파운드를 투입하였다. • 2007년 12월 영국 정부는 아동이 안전하고 재미있는 놀이에 참여할 기회를 제공하기 위해서 공공기관, 부모, 지역사회에 대한 획기적인 투자계획을 발표하였다. 전국적으로 열악한 지역에 있는 3,500개의 놀이터를 장애아동도 이용할 수 있게 새로 고치고 8~13세 아동들을 위한 30개의 어드벤처 놀이터를 새로 만들기 위해서 향후 3년간 약 2억 2천 5백만 파운드가 투자될 것이다. 전문가에 의해 이들 놀이터가 관리될 것이다. • 영국 정부는 모든 아동이 자신의 아동기를 즐기고 긍정적인 활동에 참여할 수 있는 기회를 확충시켰다. 이는 미래의 발달에 초점을 둔다. The Youth Opportunity Fund와 Youth Capital Fund는 청소년이 자신의 동네에서 긍정적 활동에 참여할 기회를 주고 시설 이용에 따른 비용보조를 해주고 있다. 지방 정부는 취약계층의 청소년들이 의사결정과정에 참여할 수 있도록 도와야 한다. 2006~2008년에 1억 1천 5백만 파운드의 기금이 조성되었고 대략 1백만 명의 청소년들에게 혜택을 가져다 주었다.
안전	• 아동복육법 2004(the Children Act 2004)는 지방 정부, 보건, 경찰, 청소년비행팀을 비롯한 많은 기관들이 아동복지를 증진시켜야 할 의무를 명시하였다. 모든 지방 정부에 지역아동보호 업무를 코디네이터 할 지역아동보호국(Local Safeguarding Children Board)이 설립되었다.

	• 2월에 출간된 The Staying Safe Action Plan은 3개 영역의 행동을 제시하고 있다. 취약계층 아동의 위험을 감소시킬 수 있는 목표 수립, 새로운 위험이 생기거나 장기적인 위험의 영향을 감소시킬 수 있는 대처행동, 사회경제 수준이 낮은 아동의 긍정적 발달 결과를 얻는 것이다. 콘센트 커버, 화재경보기, 계단통로 문과 같은 안전설비설치 지원을 위해서 1천 8백만 파운드가 투자되었다.
범죄	• Targeted Youth Support Pathfinders는 2005년 14개 지역에 설립되었다. 이러한 Pathfinder로부터의 학습은 모든 지방 정부가 서비스를 개혁하도록 돕는다. • Dedicated Youth Offending Teams는 경찰, 사회복지, 보건, 교육 및 주거 관련 종사자들이 참여하고 있다. 이 팀의 일은 소년범죄자의 욕구와 범법행위를 초래한 문제를 확인하고 욕구에 대응하는 프로그램을 개발하는 것이다
부모지원	• 2008년 4월부터 Parent Support Advisers는 학생들의 출석률을 높이고, 행동발달을 도우며 학업성적의 향상을 위해서 부모를 지원할 것이다. • 2010년까지 모든 학교는 유아학교 제1학년 학급 혹은 중등학교에 들어가는 아동이 있는 부모에게 Transition Information Sessions를 제공해야 한다. Transition Information Sessions는 모든 부모들에게 양육에 관한 정보, 아이디어, 기회를 제공한다. • 2008년 4월부터 지방 정부는 Family Information Service를 통해 부모에게 많은 정보를 제공할 것이다. 부모들이 상담전화서비스, 온라인 자원, 지속적인 메시지 그리고 사회적 네트워크를 통해서 부모역할에 대한 정보에 접근할 수 있다. 2008년 4월부터 Parent Know How는 부모의 양육행동을 지원하는 프로그램이다. • The National Academy of Parenting Practitioners는 전문가 집단에 대한 훈련과 효과적인 훈련에 대한 조사 연구를 실시하여 양육의 질을 향상할 것이다. • Family Literacy Language and Numeracy(FLLN)은 부모와 자녀들의 식자, 언어, 수리적 사고를 향상시키는 데 도움이 될 것이다. 잉글랜드에서 가장 결핍된 지역에 재정지원이 집중된다. 이 프로그램은 학교, 연장학교(extended school), 아동센터 등의 공식적인 서비스기관을 통해서 전달된다. • DISU는 The Learning and Skill Council(LSC)를 통해 연간 1천 2백만 파운드의 예산편성을 한다. 2007년 12월 영국 정부는 가족의 학습을 지원하기 위해 추가로 3천만 파운드를 배정하였다. • 조기교육 파트너십(The Early Learning Partnership) 사업은 학습지체의 위험이 있는 1세~3세 아동을 대상으로 이들의 부모를 지원한다. • The Parenting Early Intervention Pathfinder는 18개의 지방 정부에서 발달성과가 제대로 나타나지 않고 특히 반사회적 행동을 할 위험에 놓인 8~13세 아동의 부모들을 지원한다. • Respect Parenting Practitioners의 업무를 확립하며 모든 지방 정부는 자녀의 행동에 대처하는 데 어려움을 느끼는 부모를 지원하기 위해 2명의 양육자문 전문가를 배치한다. 양육전문가들은 방과 후 학교와 지방 정부의 관련 업무에서 활동할 것이다. • Parenting Contracts and Orders는 양육효능감을 강화시키고자 설계되었으며 자녀의 부적절한 행동과 자녀 행동을 통제하고 훈련할 필요가 있을 때 사용되는 양육 프로그램이다.

04 아동빈곤 근절을 위한 프로그램

1) 영유아 프로그램

(1) Sure Start

1998년 슈어스타트는 저소득층 지역의 아동의 발달을 지원하는 프로그램으로 출발하였다. 아동빈곤의 문제가 심각해지고, 빈곤의 영향이 아동발달을 위협하고 계층 차이를 심각하게 유발하는 현실에서 사회 통합 정책의 하나로 기획된 탈빈곤 프로그램이다. 4세 이하의 아동과 가족을 대상으로 하는 이 프로그램은 1999년 첫 사업을 시작하고 2004년 10개년 국가보육 전략에 포함되었다. 빈곤지역의 영유아와 빈곤가족을 대상으로 시작된 슈어스타트는 10년 전략을 통해서 모든 지역의 모든 아동을 대상으로 한 포괄적인 서비스 프로그램이 되었다.

본래 이 프로그램은 박탈이 심각하여 초기교육을 적절히 시작할 수 없는 아동을 가진 가족을 지원하는 것이다. 이를 통해 취학 전 아동의 학교교육 준비, 성공적인 학업성취, 사회적 적응 그리고 성인이 되었을 때 직업적 성공을 지원하기 위한 것이다. 이 프로그램의 또 다른 목적은 실직가정에서 성장하는 아동의 수를 감소시키는 것이다. 이러한 맥락에서 이 프로그램은 교육기술부와 더불어 고용연금부가 함께 담당하고 있었고, 2007년부터 아동, 학교, 가족부가 소관하고 있다.

아동이 살고 있는 지역을 중심으로 진행되기 때문에 지역사회가 필요로 하는 욕구에 따라 지역별로 상이한 접근법이 취해진다. 이러한 의미에서 현재는 “슈어스타트 지역 프로그램(SSLPs: Sure Start Local Programmes)”으로 지칭되기도 한다.

슈어스타트 지역 프로그램(SSLPs: Sure Start Local Programmes)은 기본적으로 지역의 욕구와 환경에 따라 다양하게 전개된다. 그러나 동시에 중앙 정부가 모든 SSLP에 몇 가지 핵심 프로그램을 반드시 포함시키도록 강제할 뿐만 아니라 모든 SSLP은 반드시 슈어스타트 원칙을 따르도록 감독한다. 중앙 정부가 기본 전략과 하드웨어를 제공하고 지방에서 구체적이고 실천적인 통합적 서비스를 제공한다(박순우, 2007).

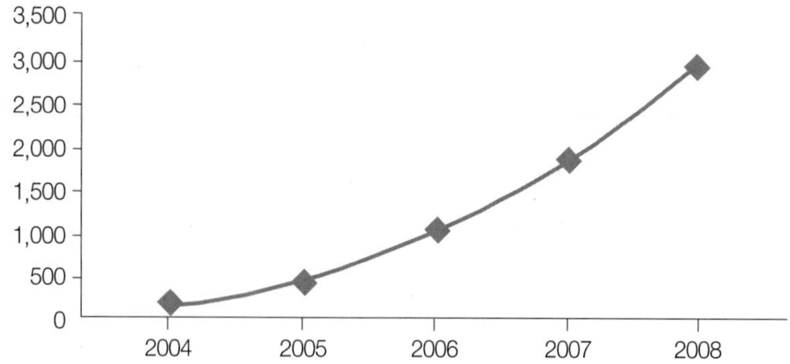

[그림 8-2] 아동센터의 수(2004-08)

출처: http://www.everychildmatters.gov.uk

슈어스타트 프로그램은 중앙 및 지방 정부, 민간의 새로운 협력 체계이다. 슈어스타트 프로그램의 가장 큰 특징인 파트너십은 세 가지 차원이 있는데, 첫째는 중앙 정부(슈어스타트국, Sure Start Unit)와 지방(지방슈어스타트협의회, Local Sure Start Partnership) 단위의 파트너십, 둘째는 지방 단위의 지방협의체와 서비스 공급자(지방법정기관인 지방 정부와 보건기관 등), 자발적 조직, 지역사회조직, 민간부문 조직과의 파트너십, 셋째 지방프로그램 운영에 가장 중요한 역할을 수행하는 지방협의체 내부의 협의체 운영자, 전문가, 부모 간의 파트너십이다.

슈어스타트 지방협의체(SSLP)가 지역사회 특성과 욕구를 고려하여 슈어스타트를 다양하게 전개하는 것이라고 해도 기본적으로 중앙 단위에서 규정하는 몇 가지 프로그램, 즉 현장방문 및 가정방문서비스, 가족지원, 지역사회 강화, 양질의 놀이 학습 보육, 아동 건강과 발달을 위한 조언, 특별한 욕구를 가진 아동과 부모에 대한 지원서비스를 제공한다. 동시에 모든 슈어스타트 지방협의체(SSLP)는 슈어스타트의 원칙, 즉 부모와 아동과 함께 하기, 모두를 위한 서비스, 유연한 전달 체계, 생후 초기부터 시작, 존중과 투명성, 지역사회 참여와 전문적 조정, 결과 지향이라는 원칙을 따르도록 되어 있다.

슈어스타 전달 과정에서 지방 정부, 지방협력단체, 그리고 슈어스타트 센터는 서비스 전달과정에서 핵심적인 역할을 한다. 지방 정부는 슈어스타트 전달 과정에서 전략 수립, 자문과 협력, 서비스 전달 지원, 재정적 책임, 성과 모니터링, 아동발달 증진 등의 전반적인 책임을 진다. 아동과 가족지원에 필요한 모든 지역 자원으로 결성된 지역사회협의체는 지역계획 수립 등 그 지역 슈어스타트 프로그램을 실질적으로 이끌어 가는 역할을 한다. 슈어스타트센터는 아동과 가족을 위한 직접 서비스는 물론 지역 전문가와 조직의 허브 역할을 수행하면서 슈어스타트 프로그램을 전달하는 핵심적 역할을 수행한다.

슈어스타트센터는 원스탑의 통합적 서비스를 제공하는 독특한 조직구조를 갖고 있다. 슈어스타트에는 약 20여 명의 직원이 배치되는 데 그 중에 5명은 상근 직원이고 나머지는 비상근 직원이다. 비상근 직원은 지역사회 특정 기관에 소속된 전문가로 지역사회 슈어스타트 프로그램에 따라 슈어스타트센터에 일주일에 1~2회 파견근무를 나와 근무한다. 슈어스타트센터는 아동 특히 영유아의 삶과 관련된 거의 모든 자원이 집결하는 집결체 역할을 한다. 슈어스타트센터는 부모들에게도 폭넓은 지원을 제공한다. 슈어스타트센터는 2002년 이후 아동센터(Children's Centre)로 발전하면서 아동보육과 교육을 기본으로 하여 보건서비스, 가족지원, 부모현장방문, 고용지원, 정보제공, 부모에 대한 조언과 지지, 네트워크의 포괄적 통합적 기관의 역할을 하고 있다.

영국 정부는 슈어스타트를 위해 막대한 재정투자를 하고 있다. 슈어스타트를 위한 예산은 1999~2000년에 약 2억 파운드에서 2005~2006년에 약15억 파운드 이상으로 7.5배가 증가하였다.

(2) The Effective Provision of Preschool Education(EPPE) 프로젝트

이 프로젝트를 통해서 취약 계층인 2세 유아에 대한 양질의 조기교육이 성취격차를 감소시킨다는 것이 확인되었다. 이 프로젝트는 1,200명의 취약지역 거주 2세 유아를 대상으로 시간제 무료 조기교육을 실시하는 시범사업이었다. 이 시범운영을 통해 영국 정부는 2세 유아에 대한 무상 조기교육을 일주일 13시간 받는 정책을 수립하였다.

(3) The Bookstart

The Bookstart 프로그램은 무료 도서와 유아 및 부모들에게 독서에 관한 정보를 제공하여 조기학습을 돕는다. 이 프로그램은 유아의 조기 읽기 능력을 발달시킨다.

(4) The Government's Early Support Pilot Programme(ESPP)

이 프로그램은 매우 어린 장애아동과 그 가족들에 대한 서비스의 성과를 향상시키기 위해서 2002년부터 시작되었다. 이 프로그램은 서비스의 통합에 중점을 두고 부모 및 관련기관의 협조 체계에 의한 서비스를 추진한다.

2) 학교 참여 프로그램

(1) 연장학교(Extended School) 프로젝트

2004년 영국의 교육부는 『연장학교: 모든 아동을 위한 기회와 서비스(Extended School: Access to opportunities and service for all)』라는 백서를 출판하였다. 이 백서의 기본적인 골자는 학교를 아침 8시부터 오후 6시까지 개방하고 맞벌이 부부 가정을 위해 아침급식 클럽(breakfast club)이라든가 방과 후의 각종 클럽을 만들어 아이들이 학교에서 배우고 즐겁게 시간을 보낼 수 있게 한다는 것이다. 프로그램 운영시간은 영국 정부가 재정지원이 가능한 범위 내에서 설정한 것으로 융통성이 있다. 지역주민을 위한 야간 컴퓨터 코스의 개설이라든가 주말에는 지역주민들을 위해 학교를 개방하기도 한다.

연장학교(Extended School) 백서의 목적은 학력 향상, 아동들의 다양한 호기심 유발과 즐거운 학교 환경 조성, 경제적으로 불안정한 아동들의 보호, 아동의 학습활동에 학부모의 참가 유도, 스포츠, ICT, 예술 활동 등을 위한 학교공간을 지역사회에 개방, 학부모들이 노동시장에 복귀할 수 있도록 도와주고 아이들이 빈곤상태에 빠지는 것을 사전에 방지하고자 한다. 2004년 106개의 학교가 연장학교(extended school) 정부로부터 재정지원을 받았다. 연장학교(Extended School)는 아동센터와 협력하여 서비스를 제공한다(HM TREASURY, 2004).

(2) Aiming High 프로그램

이 프로그램은 소수 인종 학생들의 참여에 중점을 둔다. 이중 언어를 사용하는 초등학생을 지원하고 아프리카-캐리비안 중학생의 학업성취를 향상시킬 것을 목적으로 하는 시범 사업이다.

(3) School Leadership

2003-2004년부터 The Leadership Incentive Grant가 영국에서 가장 취약한 지역에 있는 1,400개 학교의 리더십 향상을 도왔다. 멘토링과 코칭을 통해 지역 내 교장과 리더십 팀들이 필요한 기술과 지식을 공유한다. 그래서 모든 학교들은 최상의 업무처리방식을 서로 배울 수 있다.

3) 아동범죄 관련 조기개입 프로그램

(1) Youth Inclusion and Support Panels(YISPs)

Youth Inclusion and Support Panels(YISPs)는 범법 행동의 위험에 있는 8세부터 13세 아동에게 적용된다. 패널들은 사람들의 요구에 맞는 지원을 하고 전문사회복지사에 의해서 제공되는 지원 프로그램을 중시한다. 범죄 행동의 위험요인에 대한 조기개입은 최소의 비용으로 아동범죄를 감소시킬 수 있어 가장 효과적이며 가치 있는 방법이다.

(2) Youth Inclusion Projects(YIPs)

Youth Inclusion Projects(YIPs)는 범법 행동을 할 가능성이 매우 높거나 이미 범법 행위를 한 13세부터 16세 아동에게 적용된다. 이 프로젝트는 개별 아동의 주요 위험요인을 맞춤식 종합 서비스 프로그램을 제공함으로써 이를 감소시키는 것이다. 개입 프로그램은 스포츠와 같은 주의를 분산시키는 활동과 건강, 교육 및 전문고용 상담이 있다. 14개의 시범사업이 시행되었고, 이후 Youth Offending Teams(YOTs)에 의해 통해 잉글랜드 전역에서 실시되고 있다. 2004년 현재 잉글랜드와 웨일즈 지역에서 70개의 YIPs가 운영되고 있다.

(3) The Intensive Supervision and Surveillance Programme(ISSP)

The Intensive Supervision and Surveillance Programme(ISSP)은 2004년 현재 10세부터 17세 사이의 지속적인 범죄 행위를 하는 아동을 지원하는 프로그램이다. 해당 아동들의 수가 적더라도 이들의 범죄율은 사실상 매우 높다.

(4) Parenting Programme

Parenting Programme은 공격적 성향이 있고 범법 행위를 할 위험이 있는 아동의 부모를 위한 프로그램이다. 부모는 자발적으로 참여할 수 있으며 법원의 부모 명령에 의해서 참여하기도 한다. 소년 사법 체계(Youth Justice System)를 통해 2004년 거의 5,500명의 부모가 참여하였다.

(5) Positive Future

Positive Future는 국가적 스포츠를 통한 사회통합 프로그램이다. 이 프로젝트는 소외지역에서 운영된다. 107개의 지역 프로젝트가 고립과 소외를 느끼는 10세~19세 아동을 대상으로 하고 있다. 2004년 참여 인원은 20,000명이다.

(6) 조기개입

범법 행위와 관련된 위험요인을 감소시키고자 설계된 4~12세까지의 초기 개입 및 예방 프로그램을 실시한다. 교사가 가능한 문제행동을 확인하자마자 조기에 개입할 수 있도록 학교에 기반을 두고 실시된다. 이 프로그램은 위기 상황에 도달하기 전에 아동과 가족을 지원할 수 있는 종합적인 서비스를 제공하기 위해 다양한 분야의 전문가들과 협력한다. [그림 8-3] 범죄 행동에 따른 개입의 유형을 보여주고 있다.

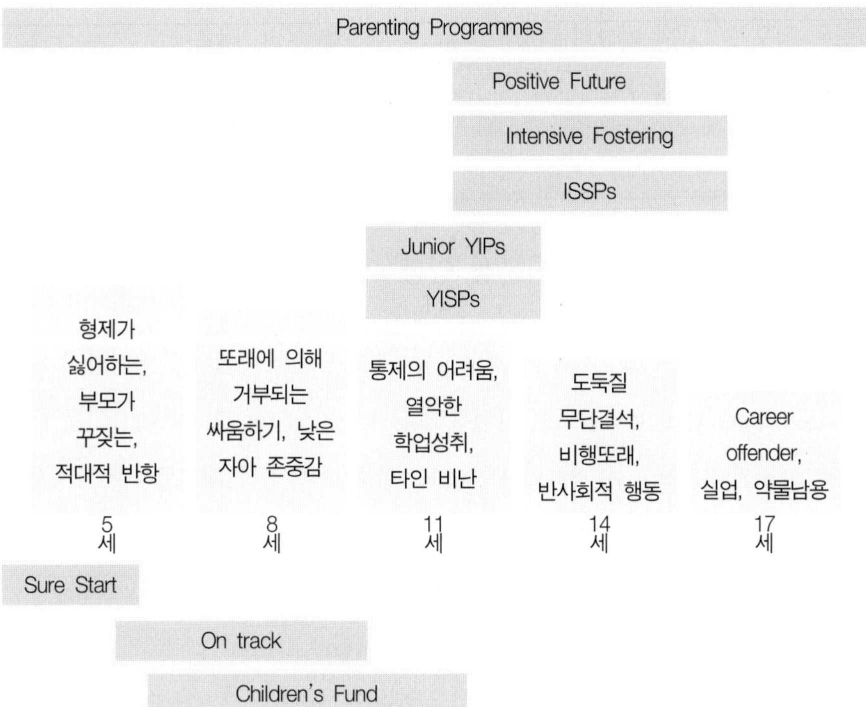

[그림 8-3] 조기개입 프로그램들

4) 보건서비스

(1) 영양 프로그램

영국 정부는 모유수유를 권장하고 있으며 잉글랜드의 4~6세 학생 1백만 명에게 공립학교에서 무료 과일을 제공하는 정책(The National School Fruit Scheme)을 실시하고 있다. 취약아동이 신선한 과일과 채소를 먹을 수 있는 기회를 주고 5-A-DAY 등의 프로그램을 통하여 아동의 영양 상태를 향상시키고자 한다. 또한 The Welfare Food scheme과 the National Healthy Schools 프로그램의 개혁도 단행되었다. 이 프로그램은 건강한 먹거리에 관한 정확하고 다양한 메시지를 담고 있으며 건강한 먹거리를 선택하도록 가르친다.

(2) 비만예방 프로그램

영국 정부는 2천개 이상의 학교가 스포츠 시설을 설치, 개선하는 것을 통해서 체육교육의 기준을 향상시켜왔다. 5~16세 아동의 스포츠 참여 기회를 늘려나가도록 한다.

5) 아동빈곤 종사자 전문성 향상 프로그램

2008년 1월 아동, 학교, 가족부(DCSF)는 아동빈곤정책 아젠다를 실현하기 위해서 Together for Children(TfC)을 설립하였다. Together for Children(TfC)은 슈어스타트 아동센터(Sure start children's center)의 하나의 전달 체계로서 지방자치단체를 지원하기 위해 아동, 학교, 가족부(DCSF)와 함께 파트너십을 이루고 있다.

Together for Children(TfC)은 이미 경제사회통합센터(Centre for Economic and Social Inclusion)와 아동빈곤 퇴치단체(Child Poverty Action Group)가 개발한 아동빈곤 관련 전문가 훈련 프로그램들이 아동빈곤 영역 종사자들의 역량 강화를 위한 프로그램으로 사용되고 있다. 아동빈곤 프로그램은 지방자치단체와 아동센터 등이 아동빈곤에 대한 인식과 대처전략을 수립하는 데 활용된다.

Together for Children(TfC)는 종사자를 위한 아동빈곤 프로그램(Child Poverty Toolkit, 2008)을 개발하였다. 종사자 프로그램은 전략 개발, 인식 증진, 요구에 대한 이해 등을 도울 수 있는 내용으로 구성되었다. 이 도구는 지방자치단체, 아동센터 지도자, 아동센터 직원, 지역아동센터위원회(CC's Local Advisory Boards)들에게 사용된다.

아동빈곤 프로그램의 종류는 다음과 같다.

Tool 1: Child Poverty Wheel

Tool 2: Every Community Matters–Dimensions of Poverty

Tool 3: Stairway to Success

Tool 4: Mind Maps

Tool 5: Workless Households Checklist

Tool 6: Child Poverty Quiz

이 중 Child Poverty Wheel, Every Community Matters-Dimensions of Poverty, Stairway to Success, Mind Maps의 내용을 소개하면 다음과 같다.

Tool 1: *Child Poverty Wheel*

- Child Poverty Wheel은 무엇인가?
  Child Poverty Wheel는 팀의 의견과 의사 결정을 촉진시키기 위해 활용
- Child Poverty Wheel은 누가 사용하는가?
  아동센터 지도사, 아동센터 직원, 관련 종사자, 지역아동센터위원회
- Child Poverty Wheel는 어떻게 사용하는가?
  빈곤에 대한 인식 증진, 자기 평가, 계획 수립

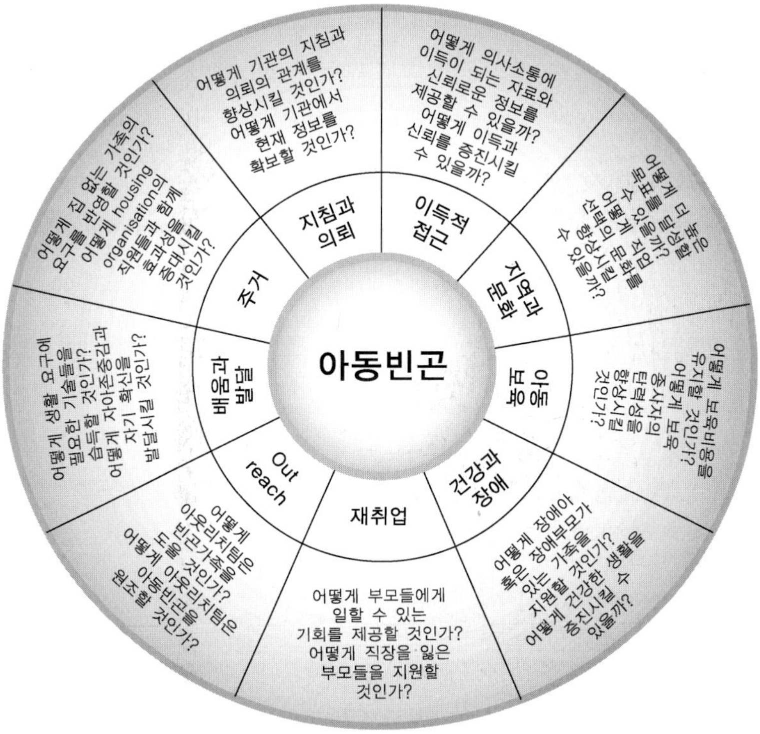

[그림 8-4] Child poverty Wheel

출처: Railton(2008). TFC Child Poverty Toolkit, Together for Children.

Tool 2: *Every Community Matters-Dimensions of Poverty*

- Every Community Matters-Dimensions of Poverty은 무엇인가?
  욕구분석을 위한 개념 모델
- Every Community Matters-Dimensions of Poverty은 누가 사용하는가?
  지방자치단체, 아동센터 지도교사, 아동센터 직원, 지역아동센터위원회
- Every Community Matters-Dimensions of Poverty는 어떻게 사용하는가?
  아동의 요구 수준 평가, 가족과 지역사회의 문제 파악, 욕구분석 결과

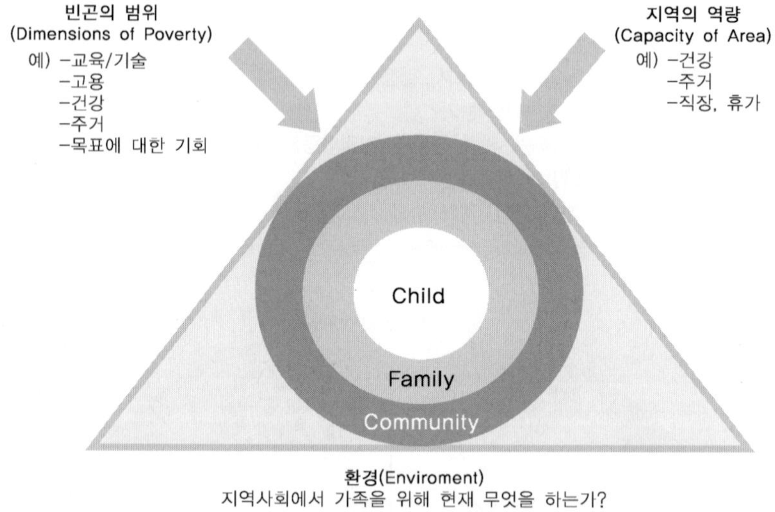

[그림 8-5] Every Community Matters-Dimensions of Poverty

출처: Railton(2008). TFC Child Poverty Toolkit, Together for Children.

Tool 3: *Stairway to Success*

- Stairway to Success는 무엇인가?
  전문가 입장에서 조언 및 권고
- Stairway to Success는 누가 사용하는가?
  아동센터 직원, 파트너
- Stairway to Success는 어떻게 사용하는가?
  아동센터의 부모 고용에 관한 인식 증진

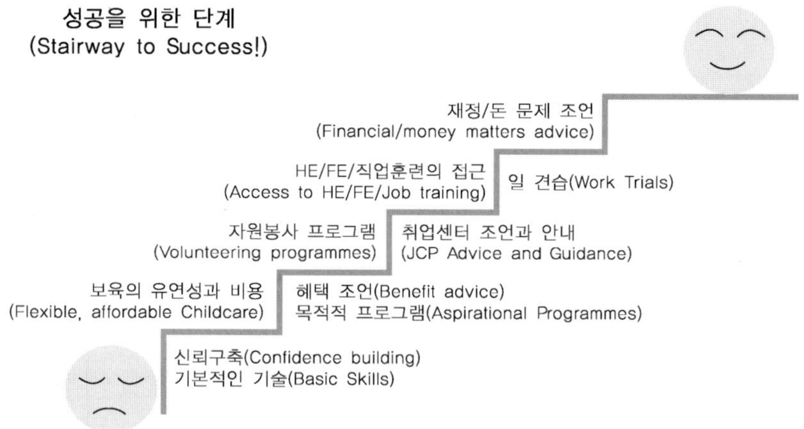

출처: Railton(2008). TFC Child Poverty Toolkit, Together for Children.

Tool 4: *Child Poverty Mind maps*

- Mind Maps은 무엇인가?
  Mind Maps의 예는 창업지원 프로그램처럼 개발된다.
- Mind Maps은 누가 사용하는가?
  지방자치단체, 아동센터 지도자, 아동센터 직원 및 관련기관, 지역아동센터위원회
- Mind maps는 어떻게 사용하는가?
  주제와 관련된 문제, 요인, 영향 등을 연결 상태로 표시

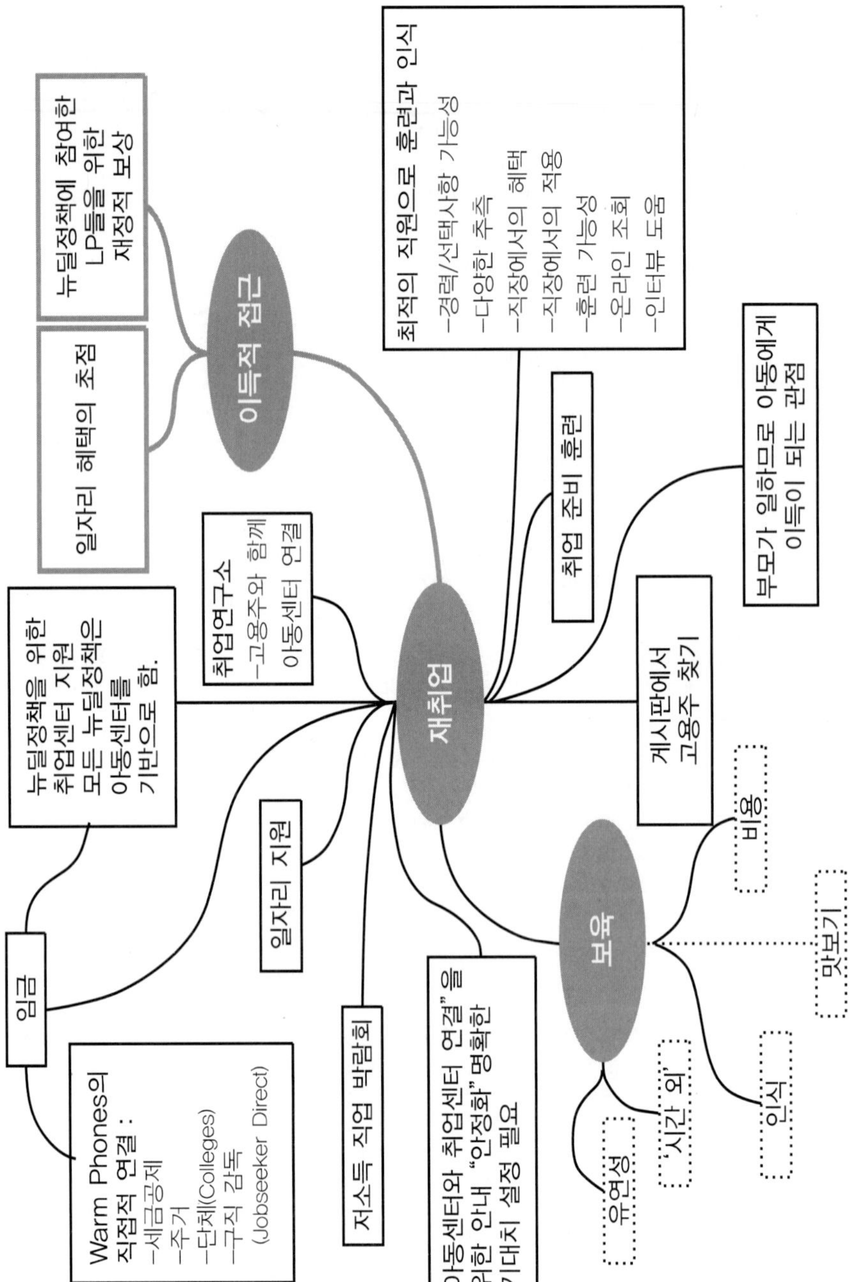
재취업
이득적 접근
일자리 혜택의 조정
뉴딜정책에 참여한 LP들을 위한 재정적 보상
최적의 직원으로 훈련과 인식
-경력/선택사항 가능성
-다양한 추측
-직장에서의 혜택
-직장에서의 적용
-훈련 가능성
-온라인 조회
-인터뷰 도움
취업 준비 훈련
부모가 일하므로 아동에게 이득이 되는 관점
게시판에서 고용주 찾기
보육
비용
맛보기
인식
'시간 외'
유연성
"아동센터와 취업센터 연결"을 위한 안내 "안정화" 명확한 기대치 설정 필요
저소득 직업 박람회
일자리 지원
취업연구소
-고용주와 함께 아동센터 연결
뉴딜정책을 위한 취업센터 지원 모든 뉴딜정책은 아동센터를 기반으로 함.
임금
Warm Phones의 직접적 연결 :
-세금공제
-주거
-단체(Colleges)
-구직 감독
(Jobseeker Direct)

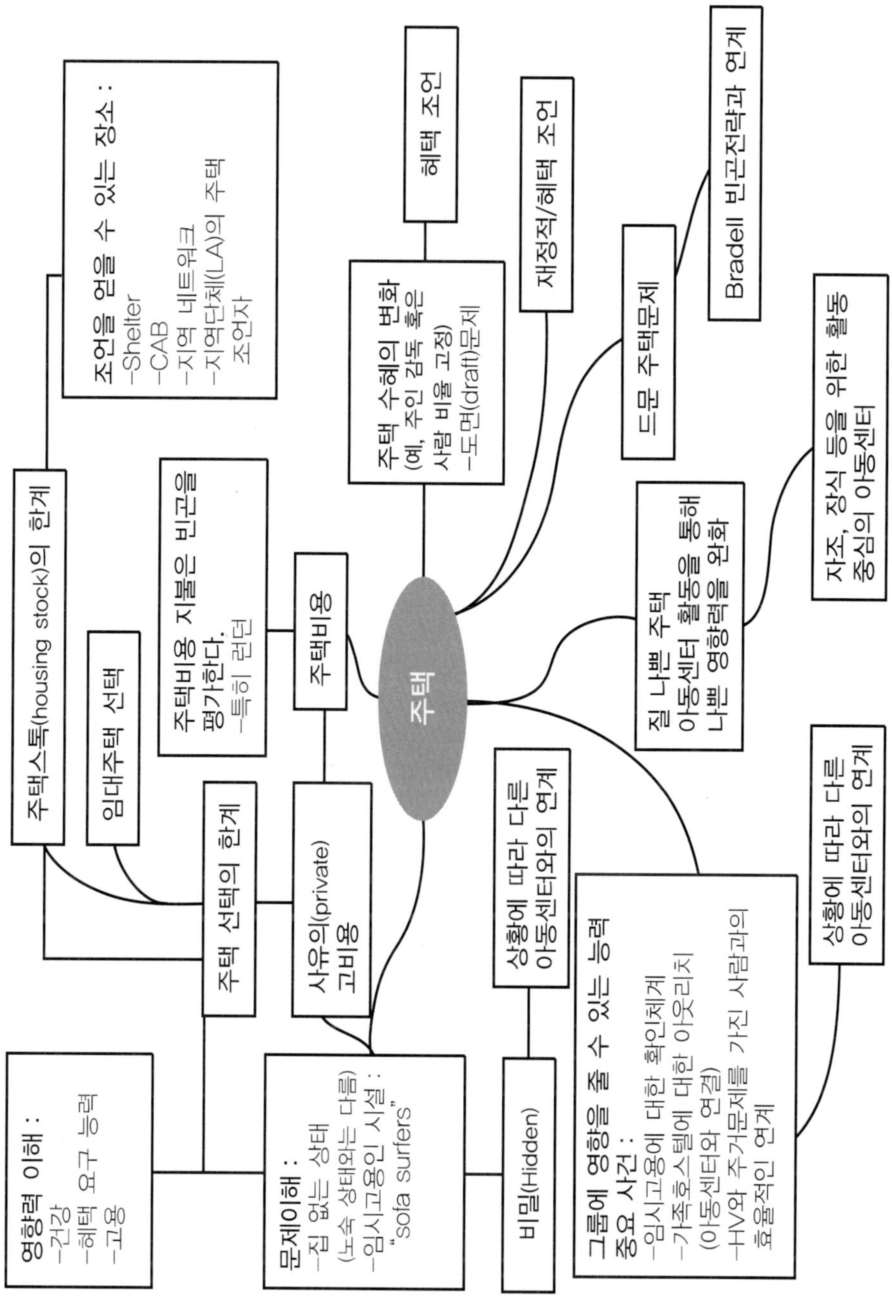
주택
주택비용
주택비용 지불은 빈곤을 평가한다.
-특히 런던
주택스톡(housing stock)의 한계
임대주택 선택
주택 선택의 한계
사유의(private) 고비용
조언을 얻을 수 있는 장소 :
-Shelter
-CAB
-지역 네트워크
-지역단체(LA)의 주택 조언자
주택 수혜의 변화 (예, 주인 감독 혹은 사람 비율 고정)
-도면(draft)문제
혜택 조언
재정적/혜택 조언
드문 주택문제
Bradell 빈곤전략과 연계
집 나쁜 주택 아동센터 활동을 통해 나쁜 영향력을 완화
자조, 장식 등을 위한 활동 중심의 아동센터
상황에 따라 다른 아동센터와의 연계
고름에 영향을 줄 수 있는 능력 중요 사건 :
-임시고용에 대한 확인체계
-가족호스텔에 대한 아웃리치 (아동센터와 연결)
-HV와 주거문제를 가진 사람과의 효율적인 연계
상황에 따라 다른 아동센터와의 연계
비밀(Hidden)
문제이해 :
-집 없는 상태 (노숙 상태와는 다름)
-임시고용인 시설 : "sofa surfers"
영향력 이해 :
-건강
-혜택 요구 능력
-고용

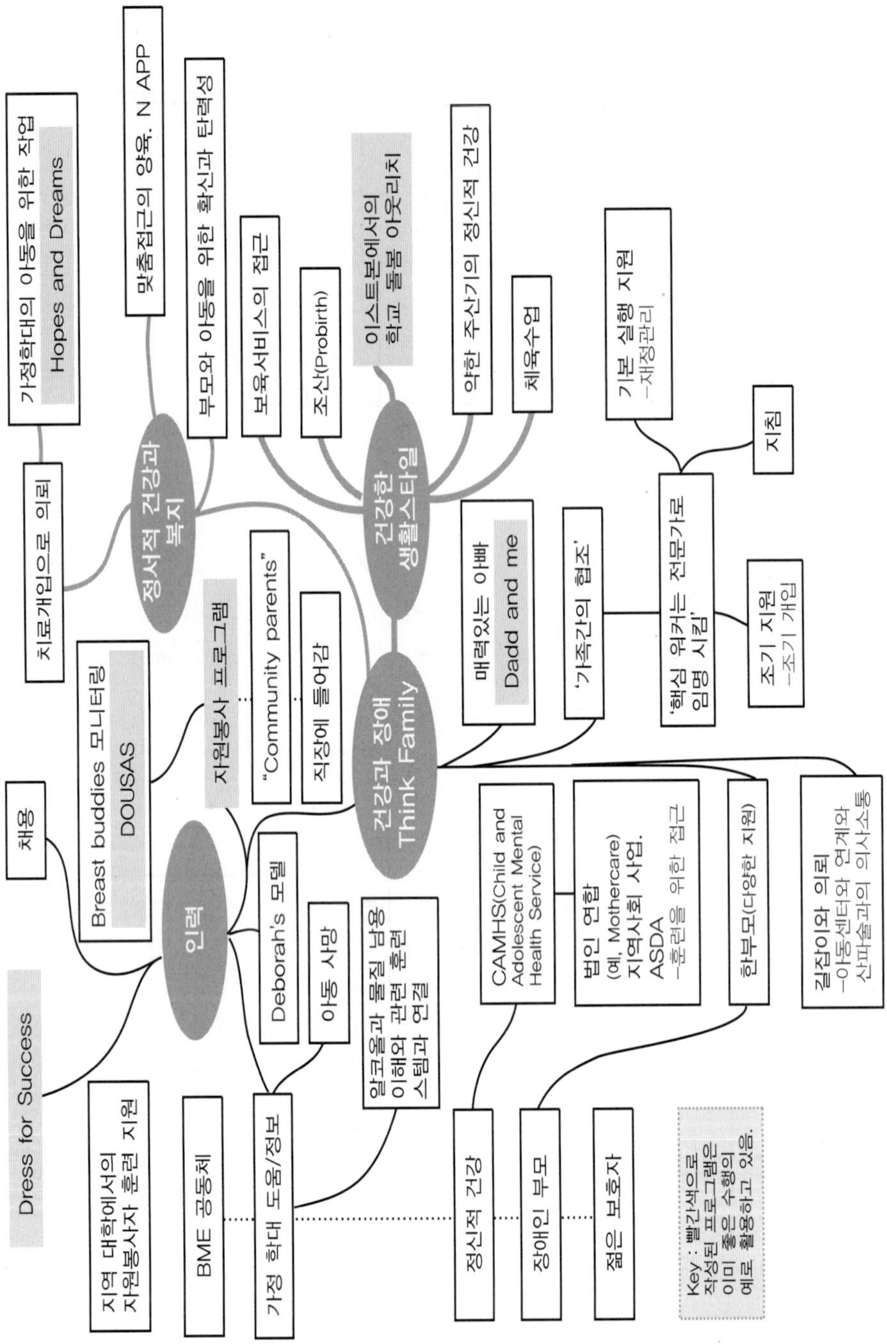

출처: Railton(2008). TFC Child Poverty Toolkit, Together for Children.

생각하기

1. 우리나라 아동빈곤의 문제를 해결하기 위해서 우선적으로 해야 할 것이 무엇인지를 우선순위별로 정리해 보자.
2. 아동빈곤 종사자들을 위한 훈련 프로그램을 구상해 보자.
3. 우리나라 빈곤아동과 빈곤가족이 처한 위험을 순위별로 정리해 보자.

❙ 참고문헌 ❙

박만숙 (2006). 영국과 미국의 자녀지원 세액공제제도 비교 연구. 이화여자대학교 대학원 석사학위논문.

박순우 (2007). 영국 사회투자국가의 성과와 과제 - 아동정책을 중심으로. **상황과 복지**, 24, 101-136.

최봉섭 (2005). 영국: Extended School, 학교역할의 개편, 교육개발, 32(6), 48-54.

http://www.dwp.gov.uk/ofa/indicators/indicator-2.asp

www.dwp.gov.uk/mediacentre/pressreleases/2005/feb/iad-170205-frs.pdf.

DWP (2008). Working Together: UK National Action Plan on Social Inclusion.

DWP(2003). *Measuring Child Poverty.*

HM Government(2007). The Consolidated 3rd and 4th periodic Report to the UN Committee on the Rights of the Child-UK Government. HMSO.

HM TREASURY (2004). *Child Poverty Review.*

HM TREASURY, DWP & DCSF(2008). *Ending Child Poverty: Everybody's Business.*

Railton L.(2008). TFC Child Poverty Toolkit. Together for Children.

CHAPTER 09

연장학교

영국 정부는 학교라는 공간과 시설을 활용하여 각 지역사회에서 살고 있는 아동과 가족의 요구를 충족할 수 있는 연장학교(Full-Service Extended School) 개념을 2005년부터 도입하였다. 2010년까지 학교가 지역사회 자원을 활용하는 네트워킹의 중심축으로서 아동과 가족들이 필요로 하는 서비스를 제공하는 역할을 해야 한다는 인식 하에 이를 확대, 강화하는 정책을 적극적으로 추진하고 있다.

영국 정부는 방과 후 학교(After School)가 아닌 연장학교(Extended School)라는 개념을 사용하였다. 이는 지역발전의 메카로서 학교의 역할을 중시하고, 이용자가 아동으로 제한되지 않으며, 평일 수업 종료 이후 혹은 이전으로 학교 개방 시간을 한정하지 않기 때문이다. 즉 휴일과 주말 혹은 늦은 시간에 지역의 성인들도 학교시설물을 이용하거나 프로그램에 참여할 수 있어야 한다는 것이 영국 정부의 의지이기 때문이다.

연장학교(Extended School)라는 새로운 시도에 대해 영국 정부는 기대가 크다. 그리고 역동적인 미래 비전을 제시하는(Kelly, 2005) 것으로 이해하고 있다. 학교는 지역사회의 중심이며 도전이 실행되는 곳이다. 학교는 아동의 잠재능력을 최대한 발휘하도록 돕기 위해 부모와 파트너십을 이루고 이들의 요구를 만족시켜야 한다. 연장학교(Extended School)는 각 지역의 아동단체를 중심으로 관련 기관 간의 협조 체계를 통하여 아동에게 최선의 서비스를 제공하려고 노력하고 있다.

01 연장학교의 도입

영국 정부는 아동법 2004(Children Act 2004)를 근거로 마련된 'The Every Child Matters: Change for Children'에서 연장학교(Full- Service Extended School)의 개념을 소개하였다. 연장학교(Extended School)는 2000년 들어서면서부터 본격적으로 시도되었고, 시범운영을 거쳐 2010년까지 영국 내 전역의 초 · 중등학교가 연장학교를 운영할 수 있도록 한다는 정책목표를 세웠다.

연장학교(Extended School)를 통해서 안전하면서 동시에 기본 설비가 갖추어져 있는 학교를 중심으로 아동들에게 다양한 활동을 제공함으로써 최적의 발달을 돕고 더 나아가서는 빈곤의 악순환도 막을 수 있다고 영국 정부는 판단한다. 이런 맥락에서 영국 정부는 연장학교(Full- Service Extended School)를 확대, 강화하는 정책을 적극적으로 개발하고 있다. 학교는 지역사회 자원을 활용하는 네트워킹의 중심축으로서의 역할을 수행하고 기능을 담당하고 있다.

연장학교(Extended School)는 '일 년 내내 학교 일과 시간 이후 혹은 이전에 아동, 부모 및 지역사회의 요구에 맞는 다양한 서비스 및 이에 참여할 수 있는 기회를 제공하는 서비스'를 의미한다. 이는 아동양육에 대한 정부의 장기계획이다. 학교 및 지역사회 기관들은 오전 8시부터 6시까지 양질의 신뢰할 만한 보호서비스를 아동들에게 제공하고, 숙제지도 및 각종 신체 · 운동 활동, 음악 활동, 무용과 연극 연기, 각종 미술 작업, 체스나 응급처치 교육 등 각종의 특별 활동 프로그램을 실시하고 있다. 부모들을 위해서는 자녀양육에 대한 각종 정보를 제공하고, 교육을 실시하며, 언어치료나 정신건강서비스 등 집중적인 전문서비스를 필요로 하는 아동이나 가족들을 전문기관에 의뢰하여 치료를 도와주고 있으며, 지역사회의 다양한 기관들을 활용할 수 있는 서비스를 제공하고 있다.

연장학교(Extended School) 운영 과정에서 아동, 부모 그리고 지역사회의 요구에 부응하기 위해서 각 지역 아동 관련 기관들의 상호협력은 필수적이다. 학교를 지원하고 아동의 건강한 발달을 돕기 위해서 각 지역에 있는 아동과 가족에게 서비스를 제공하는 모든 관련 기관들이 서로 협력해야 한다. 이는 'The Every Child Matters: Change for Children' 정책기조의 핵심 개념으로서 학교와 다른 서비스기관 간의 긴밀한 연대를 통해서 아동발달을 지원하도록 하는 것이다. 이는 이제까지 전례가 없는 새로운 방법이다. 영국 정부는 아동과 가족 그리고 모든 학교가 관련 기관들과 협조 체계를 유지하면서 이와 같은 연장학교(Extended School) 서비스에 참여할 수 있기를 희망한다.

관련 기관들이 함께 아동에게 필요한 서비스를 제공함으로써 문제가 있는 아동에 대한 효과적이고도 전문적인 조기개입이 가능해 졌다. 특정한 요구를 가진 아동청소년의 필요를 만족시키기 위한 목표 중심적인 서비스뿐만 아니라 모든 아동청소년을 대상으로 하는 보편적인 서비스를 제공할 수 있게 되었다. 아동과 관련된 서비스를 제공하는 기관들이 함께 연장학교(Extended School)에 참여함으로써 일반 서비스를 제공하던 학교가 전문가의 지원을 받아 개별화된 전문서비스를 제공할 수 있게 되었다. 문제를 조기에 발견하고 효과적인 서비스 개입이 가능해 졌다. 장애를 갖고 있거나 특별한 교육적 요구를 갖고 있는 아동들은 모두 이 서비스에 참여하고 있다. 이미 몇몇 학교는 이런 형태의 프로그램을 이 서비스가 본격적으로 실행되기 전부터 실시해 왔다.

연장학교(Extended School)는 아동보육서비스, 성인교육, 부모역할 지원 프로그램, 지역사회에 기반한 보건 프로그램 그리고 사회보호 서비스, 행동발달 지원 프로그램, 그리고 방과 후 프로그램 등이 제공된다. 학교는 지역사회의 요구에 부응하고 부모들의 욕구를 만족시키기 위해서 부모들과 긴밀한 관계 속에서 프로그램을 제공해야 한다. 부모들은 서비스를 계획하는 과정에 참여하여 자신의 의견을 말할 수 있으며, 학교는 지역사회의 요구를 최대한 반영하여 서비스의 내용을 확정한다. 학교는 부모들로부터 프로그램에 대한 의견을 듣고 자신들이 제공하는 서비스에 대해 지역사회의 광범위한 의견을 들어야 한다.

초등학교는 지역의 다른 기관들과 연대하여 연장학교(Extended School) 프로그램을 제공한다. 초등학교는 반드시 학교 내에서만 연장학교(Extended School) 프로그램을 제공하는 것은 아니다. 그러나 중등학교는 좀 다르다. 모든 중등학교가 오전 9시부터 오후 6시까지 일 년 내내 청소년들을 위한 활동을 제공한다.

학교를 개방함으로써 부모 입장에서 보면 자녀의 장소이동에 대한 걱정 없이 자녀가 자신에게 필요한 활동을 할 수 있게 되었다. 이것은 초 · 중등학교에 대한 적극적인 자본 투자를 통해서 가능해 졌다. 연장학교를 계획하고 있는 학교는 교육표준국(Ofsted)의 점검기준 및 국가보육시설 기준을 만족시킬 수 있어야 한다.

02 연장학교 프로그램의 목적과 기대 효과

1) 연장학교(Extended School)의 목적과 운영 형태

연장학교(Extended School)의 가장 핵심적인 아젠다는 모든 아동과 그들의 가족이 필요한 서비스를 제공하는 것이다. '포괄성' 이것이 연장학교의 핵심이다. 2002년 9월 장애아동에 대한 차별을 없애고 장애아동의 방과 후 프로그램의 접근성을 높이기 위해서 관련 조항이 개정되었다. 학교와 지방 정부는 이를 실현하기 위한 계획을 치밀하게 수립할 수 있어야 한다.

연장학교(Extended School)의 목적은 아래 제시된 바와 같다.

- 아동의 생활 기준을 향상시킨다.
- 아동이 즐겁게 생활할 수 있도록 하며 필요한 새로운 기술을 개발한다.
- 위험에 처한 보호가 필요한 아동에 대한 지원을 강화한다.
- 아동이 학습하는 과정에 부모의 참여를 독려한다.
- 학교를 지역사회에 개방함으로써 시설 활용률을 높인다.
- 아동의 보다 폭넓은 요구를 충족해 주기 위해서 보다 나은 서비스를 제공한다.

연장학교(Extended School)는 다음과 같은 형태로 운영되고 있다.

- 학교 및 지역사회 기관들은 오전 8시부터 6시까지 양질의 아동보호서비스를 아동들에게 제공한다.

- 양질의 아동양육 서비스는 학교나 지역사회 내의 다른 공간을 활용하여 오전 8시부터 6시까지 일 년 내내 제공된다.
- 다양한 활동을 제공한다.

  숙제지도 및 각종 신체 · 운동 활동, 음악 활동, 무용과 연극 연기, 각종 미술 작업, 체스나 응급처치 교육, 외국어 교육, 자원봉사 활동 등 각종의 특별활동 프로그램을 제공하고 있다. 여기에는 숙제지도 및 운동, 음악교습, 미술, 그리고 만들기, 박물관 견학하기, 경제활동하기 등의 학습지원 프로그램이 포함된다.
- 부모양육지원서비스

  부모들을 위해서 자녀양육에 대한 다양한 정보를 제공하고, 교육을 실시하며, 가족이 함께 배우는 프로그램을 실시한다. 부모를 위한 양육지원 프로그램은 아이들이 부모와 함께 참여할 수도 있다.
- 전문서비스

  언어치료나 정신건강서비스 등 집중적이면서 전문적인 서비스를 필요로 하는 아동이나 가족들을 관련 전문기관에 의뢰하고 이들의 치료를 도와주고 있다.
- 학교시설 개방

  컴퓨터실, 운동시설 및 미술 관련 시설을 지역사회에 개방한다. 평생교육 공간 및 시설도 제공한다.

건강 및 사회적 돌봄 등의 연장학교(Extended School)에서 제공되는 서비스는 모두 무료로 제공된다. 이 비용을 지불하기 위해 각 지방자치단체와 Primary Care Trusts와 같은 아동단체연합에 소속된 기관들이 필요한 재정을 확보해야 한다. 그러나 아동보육서비스는 부모들이 비용의 일부를 납부해야 하지만 저소득가정 아동의 보육비용은 정부의 지원을 받을 수 있다. 부모들에게 징수되는 비용은 연장학교와 서비스를 제공하는 기관이 책정한다.

연장학교(Extended School) 프로그램에 참여하는 교사는 이 프로그램에 대한 책임이 없다. 학교는 활동과 서비스에 가장 적합한 사람을 물색해야 한다. 이 프로그램에 참여하는 인력은 National Agreement on Raising과 Standards and Tackling

Workload를 이행할 것을 서명한다.

연장학교(Extended School)는 학생, 부모 및 지역사회의 욕구를 확인하는 것은 필수적인 일이다. 아울러 모든 아동과 부모들이 최소한의 서비스라도 받을 수 있도록 지역사회의 제반 환경을 조성하는 것도 중시해야 한다. 특히 특수교육이 필요한 아동청소년을 위해서 이들이 전문적인 서비스를 받을 수 있도록 필요한 서비스를 제공하는 것이 무엇보다 필요하다.

연장학교(Extended School)는 학교에서 행해지는 활동을 그대로 따라 하는 것이 아니다. 연장학교(Extended School)와 학교와의 유사성은 사실상 최소한이 되도록 해야 한다.

2) 연장학교(Extended School)의 기대효과

지방 정부와 연장학교(Extended School)를 운영하고 있는 학교는 연장학교 프로그램을 통해서 학생과 지역사회에 대한 학교의 역할을 재조명해 보게 되었다. 학교는 시설물을 유지할 본래의 책임을 갖으면서 동시에 연장학교(Extended School)를 통해서 높은 수준의 목표에 달성할 수 있을 것이다.

대부분의 초등학교(87%)가 연장학교를 운영하고 있다. 95%의 중등학교가 연장학교(Extended School)를 실시하고 있다. 이중 3분의 2는 휴일 연장학교도 운영하고 있다. 잉글랜드에 있는 거의 모든 학교가 일 년 내내 일정 수준의 연장학교(Extended School)를 운영하고 있음을 알 수 있다.

연장학교(Extended School)는 아동에게 다음과 같은 긍정적 효과를 줄 것이다.

- 아동의 요구를 충족하는 데 초점을 둠
- 출석률의 향상
- 발달기준의 향상 동기부여와 자존감의 향상
- 다양한 학생들의 요구를 충족시키기 위해서 전문가의 도움 제공
- 학습능력을 높이기 위해서 부가적인 시설과 설비를 이용
- 학습태도 향상

- 개별화된 서비스 제공
- 우수학생에 대한 더 많은 기회제공
  - 아동이 즐겁고, 이들의 흥미를 발달시키고 새로운 능력을 학습
  - 위험에 처한 아동들의 지원이 가능
  - 아동의 학습에 부모의 참여를 늘릴 수 있음
  - 학교시설물을 일반 대중에게 공개함으로서 학교시설 설비의 효율적 활용
  - 학교교육 외에 다른 활동에 관심 있는 학교 직원들의 활동을 지원
  - 부모의 취업을 확대하여 빈곤 아동의 수를 감소하는 데 기여
  - 건강서비스 및 돌봄서비스 가능

영국 정부는 연장학교(Extended School)가 모든 아동들에게 혜택을 줄 뿐만 아니라 아동들 간의 발달적 차이를 줄일 수 있을 것으로 기대한다.

가족에게 주는 혜택은 다음과 같다.

- 사는 곳과 근처에서 전문가의 지원을 받을 수 있음
- 아동의 학습과정에 부모의 참여 수준 확대
- 지역에 대한 학습이 가능하고 고용효과도 기대

지역사회에게 주는 이점은 다음과 같다.

- 지역사회의 요구에 부응해야 한다는 인식의 확산
- 전문가 서비스 수혜자의 확대
- 스포츠, 예술, 도서관 이외의 각종 시설설비의 확충 및 증가
- 세대 간 교류의 확대
- 방과 후 양질의 아동보호 가능
- 반사회적 행동의 감소
- 자원의 효율적 사용 증가

연장학교 운영기준과 프로그램의 목표 간에는 어느 정도의 차이가 있다. 이러한

차이는 언제나 존재한다.

영국 정부는 연장학교를 통해서 아동이 즐겁고 행복할 수 있고 새로운 학습을 할 수 있을 것으로 기대한다. 아울러 열악한 환경에서 성장하고 있는 아동들을 지원할 수 있을 것으로 기대한다. 아동과 가족이 경험하는 서비스의 질적 차이를 줄일 수 있을 것으로도 평가한다. Sure Start 프로그램과 연계됨으로써 시너지 효과를 얻을 수 있을 것으로 본다. 뿐만 아니라 부모는 자녀의 학습과정에 참여하면서 부모역할을 제대로 감당할 수 있을 것이다. 아동들은 보다 더 폭넓은 욕구를 표출할 수도 있을 것이다.

03 연장학교 프로그램

1) 아동보육 프로그램

DfES, 2005 : Extended schools : Access to opportunities and services for all A prospectus

영국 정부는 '아동보육 10개년 계획(Ten-Year Strategy for Childcare'인 '부모의 선택, 아동을 위한 최선의 출발: Choice for Parents, the Best Start for Children'을 1998년 수립하였다. 이에 따르면 양질의 아동보육서비스 제공 과정에서의 학교의 주요한 역할을 명시하고 있다. 이것은 아동에게 분명한 혜택이 될 뿐만 아니라 학교의 기준도 높일 수 있다. 특히 취업부모들이 일과 양육의 균형을 이룰 수 있도록 돕는다.

'아동보육 10개년 계획(Ten-Year Strategy for Childcare'에서 언급한 연장학교의

보육기능을 구체적으로 다음과 같이 정리할 수 있다.

- 2010년까지 초등학교 학생을 둔 모든 부모들은 연중 자녀가 다니는 학교를 통해서 오전 8시부터 오후 6시까지 아동보육서비스를 이용할 수 있도록 한다. 아동보육서비스는 아동이 다니고 있는 초등학교나 학교 근처 혹은 연장학교에 참여하고 있는 기관들이 제공하는 장소(가정보육교사인 childminders 포함)에서 이루어진다.
- 2010년까지 모든 중등학교는 오전 8시부터 오후 6시까지 연중무휴로 학교를 개방한다. 학교는 음악, 춤, 그리고 휴일 활동 프로그램을 제공한다. 최소한 3분의 2의 학교가 2008년까지 이 서비스를 실시하게 된다.
- 2010년까지 모든 3세와 4세 아동들은 주당 15시간의 조기학습 프로그램을 무료로 이용할 수 있다. 연간 38주간의 무상보육도 받는다. 부모들은 일주일에 3일 무상보육서비스를 이용할 수 있다.

학교가 실시하는 아동보육서비스는 몇 가지의 전달 체계를 갖는다.

- 직접 전달 체계

  학교가 아동보육서비스를 직접 제공한다. 보육에 필요한 모든 시설설비를 학교가 한다. 교사도 직접 채용하고 행정 절차 등 학교가 직접 운영한다.
- 다른 기관과의 협조 체계

  가정보육교사 즉 Childminders와 같은 다른 아동보육기관과 학교가 상호 협조한다. 지방 정부는 이런 형태의 서비스를 권장하고 있다.
- 다른 학교와의 협조 체계

  지역의 다른 학교와 함께 아동보육서비스를 제공하는 형태이다. 아동보육서비와 관련한 책임을 공동으로 지며, 참여 학교가 공동으로 관리하고 필요한 자원을 공동으로 사용한다.
- 영유아보육서비스 제공

  몇몇의 학교는 양질의 영유아보육서비스를 제공하고 있다. 지역의 아동센터 등과 연합하여서 출생 직후부터 이 서비스를 이용할 수 있으며 가족지원 프로그램도 제동한다.

학교가 아동에게 스포츠, 자원 봉사 활동, 예술 활동 등을 통한 아동 보육서비스를 통해서 아동의 교육적 성취를 높일 수 있다. 학교가 보육서비스를 제공함으로써 부모들은 안심하고 직장을 다닐 수 있을 뿐만 아니라 근무시간도 융통성 있게 사용할 수 있다. 더욱이 가족의 빈곤을 극복할 수 있도록 돕는다.

요크에 소재한 Woodthorpe 공립초등학교는 등록된 가정보육교사들과 함께 아동보육서비스를 제공하고 있다. 가정보육교사는 학교 일과 시간 전에는 아동을 집에서 돌보기도 하고 아동을 학교까지 데려다주고 데려오기도 한다. 방과 후 활동에 아동을 데려다 주기도 한다. 아동들이 방과 후 활동을 하는 중간 빈 시간에 아동들을 돌보는 역할도 한다. 가정보육교사는 부모들과 직접 만나서 학교에 대한 부모들의 의견도 듣는다.

학교가 아동보육을 위한 공간을 확보할 수 없을 경우에는 학교 근처의 다른 장소를 이용할 수도 있다. 아동들이 안전하게 사용할 수 있는 공간을 확보하는 것이 아동보육의 가장 핵심적인 요소이다.

2) 중등학교

중등학교는 오전 8시부터 오후 6시까지 연중 개방한다. 청소년들은 예술 활동, 스포츠, 특별한 클럽 활동, 그리고 학습지원 등을 받는다. 청소년들에게 모자라는 부분을 채워 주거나 갖고 있는 역량을 더 키워줄 수 있는 프로그램을 제공한다. 청소년들은 그들이 하고 싶은 활동에 참여할 수 있으며 학교는 프로그램 개발과정에 청소년들을 참여시킬 수 있다. 이와 같은 연장학교 프로그램이 청소년들에게 가져다주는 혜택은 막대하다. 청소년들에게 자신들의 흥미를 유지하고 새로운 기술을 개발할 수 있는 기회가 된다. 이러한 활동은 건강한 생활을 영위하는 데 필수적인 것으로 특히 요리교실이나 스포츠 등을 통해서 비만을 예방할 수도 있다.

Archbishop Michael Ramsey Technological College의 연장학교 프로그램은 Camberwell에 살고 있는 청소년들에게 새로운 삶을 부여하였다. 이 학교는 11세부터 19세 사이의 아동 850명이 다니고 있다. 이 학교는 토요일에도 오후 1시까지 개방되며 지역 커뮤니티센터는 NVQ courses와 New Deal 프로그램을 운영한다. 학교는 방과 전/후 프로그램을 운영하고 있으며 아동에게 학습과 다양한 활동을 해 볼 수 있는 기회를 제공한다. 여러 종류의 클럽들이 학생들의 도움을 받아 운영되는 경우도 있다. 방과 전 클럽은 오전 7시 45분에 시작된다. 방과 후 프로그램은 일주일에 3일 동안 운영된다.

라이체스터 지역에 있는 Beauchamp College는 별도의 교육 과정을 개발하였다. 이 프로그램은 성인교육 프로그램과 읽기 교육 프로그램, 개방대학(Open University), 그리고 그 지역 초등학교의 교육 과정도 포함하였다. 14학년부터 19학년에 재학 중인 500여명의 학생들은 응급구조, 춤, 아로마케라피 클라스에 참여하고 있다. 개방대학(Open University) 과학 교과목도 교육내용에 포함되었다 초등학교에서와 같이 일대일 읽기지도도 한다.
학습지도는 학생들의 학습의욕을 북돋아 줄 뿐만 아니라 지역사회를 위한 자원봉사활동에 대한 학생들의 관심을 높인다. 대학진학이나 취업 시 도움이 될 만한 경력을 쌓을 수 있다.

DfES, 2005 : Extended schools : Access to opportunities and services for all A prospectus

3) 부모지원서비스

부모는 자녀들의 삶에 가장 큰 영향을 미치는 존재이다. 그리고 첫 번째 교사이다. 가정에서의 부모역할은 아동의 성취수준에 커다란 차이를 가져온다. 영국 정부는 연장학교 프로그램을 통해서 부모역할을 지원한다.

학교는 부모와 함께 아동의 학습과 발달을 도울 수 있다. 교육기술부(DfES)는 학교가 부모참여를 높일 수 있는 방안을 담은 자료집 'Involving Parents: Raising Achievement'를 출간하였다. 여기에 나타난 부모참여의 긍정적인 효과는 아래와 같다.

- 성취 수준의 향상
  부모들이 아동의 학습을 돕고 격려함으로써 학습능력의 향상을 가져온다.
- 보다 긍정적인 학생의 태도와 행동을 발달
- 학교생활에 부모의 적극적인 참여와 지원 촉발
- 학교와 부모가 정보를 공유하려는 노력을 하게 되고 조기에 문제를 지각

대부분의 부모들은 부모역할에 대해 보다 많이 알고 있으면 자녀들의 생활이 더 나을 것이라고 생각한다.

- 아동이 초등학교에 입학하거나, 초등학교에서 중등학교로 진학할 때가 부모에게 정보를 제공하는 결정적인 시점이다. 학교는 부모들이 자녀의 학교 생활과 건강한 생활, 성, 음주, 학교 밖 활동 등에 대한 다양한 정보를 갖고 있기를 바란다. 학교뿐만 아니라 아동관련 기관들도 부모들에게 유용한 정보를 제공한다.
- 커뮤니티센터 등의 지역공공기관에서 개설한 부모교육 과정은 부모에게 정보를 제공할 목적으로 만들어진 프로그램인 경우도 있다
- 특별한 요구를 갖은 부모들 즉 자녀의 학교 출석에 어려움이 있는 등의 문제를 가진 아동의 부모들은 특별한 도움을 받는다.
- 부모가 자녀를 양육하는 데 필요한 정보는 영국 내 부모지원 라인과 웹사이트를 통해서도 전국적으로 제공된다.

Gloucestershire의 Parentline Plus는 LEA와 the local Behaviour

Support Team과 함께 9개 초등학교와 중등학교의 부모들을 위한 워크숍을 실시하고 있다. 낮에 혹은 저녁에 워크숍이 진행되며 부모들은 학교를 통해서 이 워크숍에 대한 안내를 받는다. 학교와 연대해서 워크숍이 제공되며 부모의 의견을 반영한다. 주제는 "아동의 학습 돕기", "따돌림 예방하기", "아동을 돕기 위해 학교와 어떻게 지내야 하나" "십대부모" 등으로 구성되어 있다.

---

4) 평생교육/가족학습

지역사회에 있는 성인들도 연장학교 프로그램을 이용할 수 있다. 학교는 언어, 수, 그리고 예술활동, 만들기 등 성인들을 위한 각종 활동을 제공하며, 자격증 취득 과정도 있다.

5) 건강지원 및 돌봄서비스

연장학교를 통해서 아동 그리고 성인은 모두 자신이 살고 있는 지역에서 가능한 시간에 즐겁게 학습역량을 배양할 수 있는 프로그램을 이용할 수 있다. 아동과 청소년 정신건강서비스, 가족지원서비스, 행동지원서비스, 청소년을 위한 건강서비스(특히 성교육)를 받는다. 어떤 학교는 건강지원과 돌봄서비스를 제공하는 과정에서 핵심적인 역할을 수행한다. 각 지역의 관련 기관들이 건강지원과 돌봄서비스를 제공하고 있지만 학교는 이러한 서비스의 근접성을 높일 수 있고 관련 기관의 협조를 이끌어 낼 수도 있다. 연장학교 프로그램을 제공하는 학교는 '건강한 학교의 성취'라는 목적을 갖고 있다. '건강한 학교 프로그램'(National Healthy Schools Programme)은 교육기술부(DfES: Department of Education and Skills)와 보건부(DH: Department of Health)의 재정지원을 받고 있다.

정부는 모든 학교가 국가건강 기준을 충족할 수 있기를 기대한다. 그렇게 되기 위해서 학교 프로그램은 신체 활동, 식습관, 정서적 건강과 복지 기준에 맞아야 한다. 학교는 이러한 기준을 충족시키기 위해서 부모, 학생, 그리고 학교 행정실무자, 학교 직원 등의 의견을 청취해야 한다.

Archbishop Sumner School은 방과 후 클럽에서 학교 건강증진 프로그램을 실시하였다. Fit4Kids 프로그램을 활용하여 간호사가 이 프로그램을 진행하였다. 여기에 참여한 학생들은 어떻게 하면 건강한 생활을 하고 건강한 학교를 만들기 위해서 어떻게 해야 하는 지를 배운다. Fit4kids는 주단위의 활동중심 프로그램이다. 요리하기, 춤추기 그리고 정원 가꾸기 등이 포함되어 있다. 부모들은 교육과정 중 자신의 자녀와 두 차례 교육에 참여해야 한다. 이 시간에는 건강한 생활에 대해서 전반적으로 배운다.

이 프로그램에 참여한 초등 5학년 아동은 "이 프로그램은 정말로 재미있었다. 나는 내가 어떻게 하면 건강하게 생활할 수 있을 지에 대해서 배웠다"고 말하였다. 한 6학년 아동은 "건강하다는 것은 우리가 먹는 것만을 의미하지 않는다"고 말하였다.

04 연장학교 전달 체계

1) 관련 기관

(1) 공공기관의 역할/행정기구의 역할

공공기관의 역할은 계속해서 변화하고 있다. 특히 학교의 적극적 역할이 요구되는 연장학교가 도입되면서 공공기관의 역할은 여전히 변화하고 있음을 알 수 있다. 연장학교를 확충하는 데 학교와 교육행정 당국의 역할은 핵심적이다. 학교와 교육행정 당국은 학교법 2002(Education Act 2002)의 제27조항에 의거하여 산하 학교들이 아동들을 위한 다양한 활동과 서비스를 제공할 지를 결정한다. 학교가 위치해 있는 지역의 학생과 학부모들을 위해 제공되어야 하는 서비스가 있는 지 등을 검토하고 이와 관련된 계약을 주도하는 등 연장학교 운영에 대한 전반적인 책임이 있다.

교육행정 당국은 연장학교 프로그램을 계획하면서 각 지방 정부가 수립한 '아동 청소년 계획'을 참고하였고, 관련 법적 기준과 일치하는지 등을 검토, 분석해야 한다. 이러한 분석은 매우 중요한 과정으로 가르치고 배우는 학교 본래의 기능과 연장학교가 어떻게 연계될 수 있는 지를 분명히 평가할 수 있어야 한다. 교육행정 당국은 학교의 목표와 일치하면서 연장학교가 제공해야 할 프로그램이 무엇인지를 결정해야 한다.

연장학교 : 조기발달에 대한 보고서
(Office for Standards in Education : Ofsted, 2005)

- 부모들은 방과 후 프로그램이 주는 긍정적 효과에 대해서 적극적인 관심을 갖고 있다. 프로그램의 구성은 상황에 따라서 달라진다.
- 연장학교 프로그램은 기준에 명시된 대로 아동이 함께 참여할 수 있어야 한다.
- 방과 후 프로그램은 서비스를 제공하는 과정에서 아동, 가족, 그리고 지역사회의 아동 및 가족의 접근성을 높이기 위해서 다양한 영역의 관련기관들이 팀을 이룬다.
- 연장학교 프로그램의 효과는 각 지역에서 학교 운영 계획을 수립하는 단계부터 연장학교 프로그램을 계획할 때 가장 크게 나타난다.

(2) 지방 정부

지방 정부는 연장학교 프로그램을 제공하는 과정에서 관련 기관 간의 협조 체제를 구축하고, 이들의 활동을 계획하며 조정하고 홍보하는 등의 모든 연장학교 프로그램을 운영하는 과정에서 핵심적인 역할을 한다. 지방 정부는 각 지역에서 제공되는 방과 후 서비스는 각 지역의 욕구를 충족시킬 수 있어야 한다고 본다. 아동법 2004(Children Act, 2004)은 지방 정부가 연장학교 프로그램을 계획하고 실행하는 과정에서 각 지역 아동단체연합(Children's Trust)에 소속되어 있는 주요 기관들과 함께 일을 하도록 규정하고 있다. 지방 정부는 양질의 아동보호서비스를 민간, 공공, 그리고 자원봉사 기구 차원에서 제공 할 의무가 있다. 지방 정부는 제공되고 있는 서비스에 대해 충분히 이해해야 하며 서비스의 향후 발전을 위해서 회계감사도 실시해야 한다. 지방 정부는 연장학교 운영 계획을 수립해야 한다. 이 계획은 학교가 지방 정부와 계약을 체결할 때 중요하게 고려된다.

정부는 안전하고 충분한 아동양육서비스를 제공할 책임이 지방 정부에 있다는 새로운 의무조항을 2008년 추가하였다. 이 계획에는 2010년까지 3세부터 14세 아동이 오전 8시부터 오후 6시까지 학교가 아닌 연장학교 장소로 이용할 수 있는 곳이 포함되어 있다. 지방 정부는 방과 후 서비스를 개발하고 이 서비스를 제공하는 데 필요한 자원을 개발하는 과정에서 학교를 돕는다. 지방 정부는 서비스를 제공하는 데 필요한 기금을 줄 수 있는 기관들을 접촉할 수도 있다.

(3) 아동단체연합(Children's Trusts)

빅토리아 클림비(Victoria Climbié) 사건을 분석한 Laming 보고서를 보면, 관련 기관의 협조 체계와 기관 간의 의사소통이 아동보호서비스 과정에서 가장 핵심적인 요소임을 알 수 있다. 아동단체연합은 관련 기관들 간의 책임을 분배하고 협조체제를 구축하는 역할을 한다.

2006년 현재 대부분의 지역은 아동단체연합이 구성되어 있다. 2008년도까지는 대부분 지역에서 아동단체연합이 설립될 것이다. 아동단체연합은 방과 후 프로그램의 질을 높일 수 있는 다양한 서비스와 이에 필요한 자원을 제공함으로써 통합적인 연장학교서비스를 제공한다.

(4) 아동센터

정부는 연장학교가 아동센터와 밀접하게 연계되어 있어야 한다고 생각한다. 아동센터는 5세 미만과 그들의 가족을 지원하는 핵심기관이다. 조기학습과 보육서비스, 건강서비스, 가족지원 등의 포괄적인 서비스를 제공한다. 각 지역에서 실행되고 있는 슈어스타트를 운영하면서 축적된 전략과 지식을 연장학교의 운영에 활용하고 있다. 특히 초등학교는 아동센터와 밀접하게 연계되어 있어야 하며 부모와 가족의 요구에 맞는 프로그램을 제공할 수 있어야 한다. Every Child Matters는 2008년까지 2,500개소의 아동센터를 설립하고 2010년까지는 모든 지역사회에 하나씩을 설립하는 것을 목적으로 총 3,500개의 센터 설립을 목적으로 하고 있다. 전체 센터 중 30%의 아동센터는 열악한 지역에 설치되어 있다.

연장학교와 아동센터가 같은 지역에 위치해 있기 때문에 그들이 서로 목적하는 바를 달성하기 위해서 이 두 기관은 시너지 효과를 낼 수 있을 것이다. 아동센터는 학교와 파트너십을 이룰 수 있다. 학교는 필요한 재원을 확보하고 건강서비스를 제공하는 역할을 하고 아동센터는 보험가입, 건강, 안전, 그리고 접근성 등의 역할을 수행할 수 있다.

아동센터는 다음의 서비스를 제공하지만 지역에 따라 그 내용은 약간의 차이가 있다.

- 아동과 가족건강서비스
- 보육, 연장학교, 아침급식 클럽 등과 연계한 조기교육 프로그램
- 부모교육과 가족지원서비스
- 산전산후서비스, 시간제 보육, 놀이와 운동
- 영유아를 위한 보육서비스
  - 가정보육교사 네트워크
  - 교육 훈련 직업알선
  - 이외의 각 지역에서 필요로 하는 서비스

Martenscroft Early Excellence Centre

Martenscroft Early Excellence Centre는 맨체스터 지역에서 아동보육과 슈어스타트 아동센터를 동시에 운영하고 있는 기관이다. 이 센터는 보육시설의 아동과 그 지역에 위치한 두 개의 초등학교 학생들을 위한 휴일보육을 비롯해서 방과 후/전 보육을 제공하고 있다. 7시 30분부터 5시까지 연중 운영된다. 생후 6개월부터 보육시설과 유치원 아동 102명이 이용하고 있다. 부모들의 요구를 충분히 반영하고 있으며 부모들에게 필요한 서비스를 가능한 한 제공하려고 애쓰고 있다. 필요한 전문인력을 외부에서 영입해 오고 건강서비스와 평생학습 프로그램도 제공하고 있다.
지방 정부는 아동센터의 대표를 유치원의 대표와 따로 임명하지 않았는데, 이는 아동센터와 유치원 그리고 어린이집 운영의 일관성을 위해서이다. 연장학교 예산도 아동센터 전체 예산의 범주에서 집행되고 있다.

아동센터는 지방 정부의 관리 감독을 받으며, 이 서비스의 총괄 진행과 책임을 맡을 책임자를 임명해야 한다.

2) 연장학교(Extended School) 운영 재정

연장학교를 위한 모든 비용은 정부가 보조한다. 영국 정부는 방과 후 서비스를 위해서 6천 800백만 파운드를 2006년부터 2008년까지 투입하였다. 2003년부터 8

천 4백만 파운드를 이 제도의 정착을 위해 투입하였다. 2008년부터 2011년까지는 무려 1.3조 파운드를 투입할 예정이다. 각 지역의 요구에 부응하고 연장학교의 질적 성장을 도모하려는 정부의 노력을 엿볼 수 있다.

연장학교 프로그램에 필요한 재정은 각 지방 정부가 조달하는 데, 슈어스타트(Sure Start), 영유아보육기금(SSEYCG: Early Years and Childcare Grant) 등을 통해서도 일부 지원 받는다. 모든 아동들이 방과 후 활동에 참여하는 데 필요한 재정을 일부 추가지원을 통해서 확보할 수 있다. 2009-2010년과 2010-2011년 사이에 필요한 추가재정은 학습연구지원 기금(Academic-Focused Study Support)에서 확보한다. 일부 재정은 학교발전 기금으로 모아진 National Challenge 기금이 사용되었고, 이 기금을 활용한 프로그램에 참여한 학생들의 영어와 수학성적이 향상되었다.

영국 정부는 정부가 책정한 학교 예산에 연장학교 운영예산을 포함하여 이를 학교에 배정해 준다. 이는 연장학교 프로그램을 위한 특별 재정과 더불어서 학교가 받는 주요한 재정 지원형태이다.

3) 연장학교(Extended School) 운영 평가

연장학교의 성패는 관련 기관이 얼마나 광범위하게 참여하는 가에 달려있다. 학교가 주도적으로 필요한 프로그램을 계획하기 보다는 아동, 가족, 그리고 지역사회의 요구를 얼마나 충분히 반영하는가가 매우 중요하다. 이런 맥락에서 연장학교 프로그램을 계획하는 과정에서부터 평가, 조언과 상담을 통해서 프로그램을 수정 보완하는 작업이 필수적이다. 각 지역의 담당 행정부서는 슈어스타트(Sure Start의 아동센터와 연계하여 상담과 조언, 평가의 기회를 마련해야 한다. 교육법 2002(Education Act 2002)는 프로그램을 시행하기 전에 행정부처가 프로그램을 포괄적으로 검토할 것을 명시하고 있다. 이들은 최소한의 범주에서 학교에 등록한 아동의 부모, 아동, 프로그램을 실행하는 직원들, 그리고 지방 정부 관련자들을 면담해야 한다. 연장학교 프로그램에 참여하는 단체에 대한 상담 및 평가도 수행되어야 한다.

다음의 평가과정을 통해서 프로그램의 지속성 여부를 결정하게 된다.

- 서비스의 필요성 확인
- 어떤 부모와 지역사회가 어떤 프로그램에 대해서 비용을 지불할 의사여부 확인
- 운영과정과 순서 등이 적절한지 확인
- 서비스의 형태를 구성하기
- 어디서 서비스를 제공하는 것이 적합한지 확인

프로그램에 대한 평가가 일회성의 의례적인 과정이 되어서는 안 된다. 지속적, 정기적으로 프로그램에 대한 평가가 이루어져야 한다.

연장학교에 대한 교육표준국(Ofsted: Office for Standards in Education)의 규정은 여러 차례 개정되었다. 평가를 받는 학교는 평가 당일 직전에 평가 통보를 받게 된다. 연장학교는 직접 평가 대상은 아니며 학교의 자기평가 자료가 중요하게 활용된다. 최근 아동법 2004에 의해서 Every Child Matters의 성과지표에 대한 평가가 교육표준국의 평가에 새롭게 추가되었다. 평가자는 연장학교 프로그램을 진행하는 당사자에게 프로그램에 대해서 물어본다. 현재 8세 이하의 아동에게 직접적으로 서비스를 제공하는 아동보육기관은 교육표준국(Ofsted)이 아닌 다른 기관에 등록되어 있지 않다. 교육표준국(Ofsted)은 이들 서비스 기관의 등록과정에서 최소한의 권위를 행사할 뿐이다. 아동보육시설에 대한 평가도 학교자체 점검과 같은 맥락에서 진행된다.

05 관련 기관 간 협조 체계

영국 연장학교의 관련 기관 간 협조 체계는 프로그램의 성패를 좌우할 정도로 핵심 사안이다. 학교는 연장학교 프로그램의 핵심 기관이지만 학교가 독자적으로 운영할 수는 없다. 아동은 자신의 잠재력을 발휘할 수 있는 곳에서 자신이 필요한 활동을 하거나 서비스를 제공받을 수 있어야 한다는 전제는 연장학교의 관련 기관 협조 체계 구축의 중요성을 확고히 해 준다. 아동에게 더 많은 기회가 주어지고

PHIL ADAMS

Youth services could be affected if new directors do not come through the ranks

더 나은 지원을 받을 수 있도록 부모 및 아동양육에 관여하고 있는 사람들이 모두 연장학교 프로그램에 참여해야 한다.

각 지역에 있는 공공기관 및 민간기관들이 연장학교 프로그램에 참여한다. 예를 들면, 어떤 지역은 휴일에 제공되는 연장학교 프로그램을 교대로 실시하고 있다. 부모들은 자신이 살고 있는 곳과 가까운 학교에 아동을 데려다 주고 다른 학교에서 아동을 집으로 데려오는 경우도 있다. 특히 건강지원과 보육서비스는 관련 기관 간의 협조 체계를 통해서 그 효과를 극대화할 수 있다.

학교는 여러 단체에 가입할 수 있다. 2006년까지 모든 학교가 학교스포츠연합에 가입하였다, 이로써 학교는 스포츠 시간에 이 단체의 지원을 받을 수 있다. 지방 정부는 연장학교에 참여할 수 있는 관련 기관에 대한 정보를 학교에 제공해야 한다. 지방 정부는 참여기관들에게 필요한 조언을 해주고 참여기관들이 최고의 협력 관계를 유지할 수 있도록 도와야 한다.

학교를 중심으로 제공되는 서비스를 통해서 아동들이 즐겁고 행복할 수 있을 것이며, 새로운 기술을 습득할 수 있을 것으로 희망한다. 아울러 결핍 환경의 아동들을 지원할 수 있을 것이며, 부모들은 자녀들의 학습과정에 참여하며, 능숙하게 자녀를 양육할 수 있게 될 것으로 기대한다. 이러한 모든 과정을 통해서 아동들이 보다 더 폭넓은 욕구를 표출할 수도 있을 것이다. 영국 정부는 이러한 정책을 통해 아동과 가족이 경험하는 서비스의 질적 차이를 줄일 수 있을 것이며, 아동 및 부모, 가족 모두에게 긍정적 효과를 가져다 줄 것으로 믿고 있다.

생각하기

1. 학교가 지역사회 아동을 위한 서비스에 참여할 수 있는 방안을 생각해 보자.
2. 학교와 각 지역의 아동관련 기관들이 아동 생활환경의 변화를 위해서 어떻게 연대할 수 있는지 논의해 보자.
3. 우리나라에 연장학교와 같은 프로그램의 도입이 가능할 지에 대해 논의해 보자.

▌참고문헌▐

DfES(2005). Extended schools : Access to opportunities and services for all A prospectus.

DfES(2006). Extended Schools –a Guide for Governors I. Extended Schools Publications.

Extended schools: access to opportunities and services for all(Prospectus) publications. teachernet.gov.uk/wholeschool/extendedschools

Extended Schools guidance www.teachernet.gov.uk/wholeschool/extendedschools/

Kelly(2005. 6.13). Heads raise workload concerns over extended schools plan. The Guardian.

CHAPTER 10

아동정책 전달 체계 및 정책 전망

영국의 아동 관련 업무는 고든브라운 총리 취임 이후 신설된 아동, 학교, 가족부(Department of Child, School, and Family)가 담당하고 있다. 토니블레어 정부가 교육기술부(DfES)의 아동청소년가족국에서 아동 업무를 관장해 오던 것과는 차이가 있다. 세계에서 아동이 살기 가장 좋은 곳을 만들고자 하는 영국 정부의 아동정책 비전을 실현하기 위한 근본 토대가 마련되었다. 영국 내에서 미래 인적 자본에 대한 투자 대상으로서 아동정책 업무의 중요성에 대한 인식이 증가하고 관련 정책의 개발이 기대된다.

01 아동정책 전달 체계

1) 아동정책 부서

영국은 교육기술부(DfES)에 아동과 청소년 가족국을 두고 아동 관련 정책을 개발, 실행해 왔다. 아울러 아동권리에 관한 업무는 보건부(Department of Health: DOH)에서 관장하고, 보건부 내에 이와 관련된 몇 개의 산하 부서를 두어왔다.

2007년 6월 28일 고든브라운 총리 취임 이후 3개의 부처 즉 아동, 학교, 가족부(DCSF: Department for Children, School and Family), 혁신, 대학, 기술부(DISU: Innovation, Universities and Skills), 기업규정 혁신부(DBERR: Department for Business, Enterprise and Regulatory Reform)가 신설되었다. 이번 정부 개편에서 가장 큰 변화는 교육 영역이며, 기존의 교육부는 아동, 학교, 가족부(DCSF: Department for Children, School and Family)와 혁신, 대학, 기술부(DISU: Innovation, Universities and Skills)의 두 개 부처로 분리되었다. 기존 아동정책을 담당하던 부서였던 교육기술부(DfES: Department for Education and Skills)가 아동, 학교, 가족부(DCSF: Department for Children, School and Family)로 변경되었다.

아동, 학교, 가족부(Department of Child, School, and Family)는 영국의 아동청소년정책 담당부서로서 아동의 역량강화를 위해 통합적 아동서비스와 교육적 수월성을 보장하고자 하는 목적을 갖고 있다. 특히 지난 십년간의 정책 추진에도 불구하고 여전히 해결되지 않고 남아있는 문제들, 즉 보다 많은 아동을 빈곤에서 탈출시키고 위기청소년을 재활시키는 문제에 초점을 두고 아동에 대한 정책 성과를 높이기 위해서 전 부처를 포괄하는 업무를 추진하고 있다. 6개의 국(局), 즉 아동과 가족(Children and Families), 학교(Schools), 청소년(Young People), 의사소통(Communications), 협력서비스(Corporate Services), 법적관리국(Legal Directorate)으로 구성되어 있으며 전체 직원은 4,000명 정도가 된다.

아동, 학교, 가족부(Department of Child, School, and Family)의 정책은 각 지역에 소재해 있는 공공사무소(Government Office)를 통해서 전달되며 각 지역의 공공사무소(Government Office)는 아동, 학교, 가족부(Department of Child, School, and Family)의 다음과 같은 대표적인 아동 정책을 지원하고 있다.

- 녹서 "Every Child Matters"
- 아동법, 2004. 11
- "Every Child Matters"의 비전을 실천하기 위해 제일 먼저 시작된 'Changes for Children Programme'

아동, 학교, 가족부(Department of Child, School, and Family) 조직을 신설하고 이 부서가 담당하는 업무를 통해 정부 조직 개편은 몇 가지 특징이 있다. 먼저, 학교에서 아동복지와 가족복지서비스를 제공하는 역할을 포함하고 있다. 둘째, 초·중등학교 영역과 대학의 고등교육 영역을 분리하고 있다. 셋째, 고등교육 영역에 상공부 영역의 일부가 포함되었다. 즉, 학교교육은 '기초교육'과 '아동복지'에 전념하고, 고등교육은 '노동 기술력 향상'에 집중하도록 조직되었다. 이는 영국의 아동복지에 대한 신념을 반영한 것이다. 아동복지의 핵심을 '교육기회의 평등'의 문제로 보았기 때문에 학교가 아동복지의 기능을 수행할 수 있도록 하였다. 부처명에서 볼 수 있듯이 가장 우선하는 정책 대상은 아동이며, 그리고 학교와 가족이다.

스코틀랜드는 '아동기구(Chidren's Issues Unit)'를 설립하고 아동차관(Minister for Children's Issues)을 1997년 7월 임명하였다. 이 기구는 스코틀랜드 정부 내 각 부처 간의 협력을 이끌어 내고, NGO의 의견을 반영하여 아동권리 이행상황에 대한 보고서를 작성하고 있다(Scotland Executives People & Society, 2005; Kathryn, 2000). 웨일즈 지방 정부 역시 1997년에 아동부를 창설하고 아동부 차관(Minister for children)을 임명하였으며 이 산하에 아동문제에 대한 부처 간 조정 위원회(Departmental Committee on Children's Issues)를 조직하였다. 여기서 아동 관련 정책을 결정한다.

2) 아동정책 부서의 조직

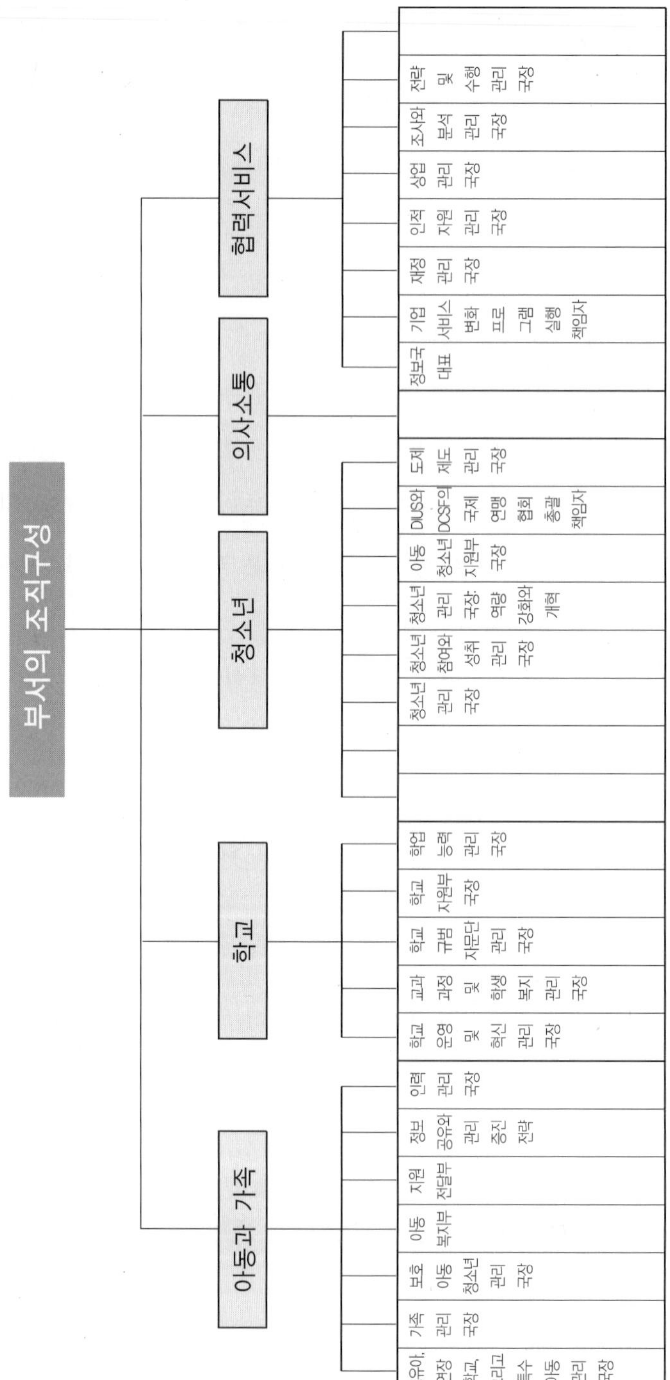

[그림 10-1] The Department's Board and Structure(http://www.dcsf.gov.uk)

02 아동서비스 전달 체계 : 관련 기관 간 연계 체계

영국 정부는 아동보호서비스 관련 기관들 간의 연계 체계를 아동보호서비스에서 필수 조건으로 본다. 그만큼 연계 체계가 서비스를 받는 아동에게 미치는 영향이 막대하다.

1) 지역사회 연계 체계 구축의 효과

영국 정부는 지역사회 연계 체계를 구축함으로써 아동에 대한 개별서비스, 서비스의 전문성 확대가 가능해 진다고 판단한다. 영국의 경우, 중앙 정부 및 지방 정부의 주도 하에 아동보호서비스가 추진되고 있다. 아동복지를 추진하고, 적합한 서비스를 제공할 법제적인 의무를 갖고 있는 지방 정부는 아동복지서비스의 전 과정에서 조정자로서 주도적인 역할을 한다. 아동보호에 있어서 국가와 지방 정부 그리고 민간단체들의 역할이 아동법에 상세하게 규정되어 있다. 이로써 정부와 민간기관이 협력 체계를 유지하는 것이 가능하고 정부가 사례현장에 실제 참여함으로써 재빠른 정책의 보완 및 수정과 현실성 있는 정책 시행령이나 지침을 제공하는 것이 가능하다(황옥경, 2002).

지역사회 관련 기관 간의 연계 체계는 몇 가지 측면의 긍정적 효과가 있다(www.everychildmatters.gov.uk).

(1) 아동과 가족의 긍정적 변화(NFER, 2004)

학교교사들은 정신보건의와 협조 체계를 이루어 아동서비스를 제공한 후 이들의 행복감이 상승되었고, 또래관계도 개선되었으며, 학습 과정에 적극적으로 참여하고 학습능력에 진전이 있었음을 발견하였다(Pettit, 2003). 자존감이 향상되었고, 문제되는 행동 비율이 감소하였고, 학교 네트워킹 서비스를 받은 아이들은 미래에 대한 긍정적 기대를 갖는다(Hallam et al, 2004). Darnell and Tinsley On Track 연계 체계를 통해 프로그램을 제공하기 시작한 지 2년만에 0-17세 사이의 아이들이 아동보호서비스 의뢰 수가 50% 감소하였고, 10-12세 사이의 범죄율로 줄었다(Yorkshire and Humber Children's Fund, 2004). 전에 이용할 수 없었던 서비스를 이용하게 되었고, 부모가 긍정적으로 자녀를 지원하게 되었으며, 아동의 필요가 보다 적합하게 표현되었다. 무엇보다도 연계 체계가 아동과 가족에게 가져다 준 긍정적 영향은 조기개입과 예방이 가능해진 점이다(Atkinson et al, 2002).

- 조기개입과 예방이 가능
- 행동의 긍정적 변화 · 부모와 교사, 그리고 또래들과의 관계 개선
- 학교교육의 적극적인 참여 및 학습능력의 발달
- 정서적, 사회적 안정감 증가, 특히 자신감과 자존감의 획득
- 부모들에 대한 적극적인 지원

(2) 서비스 제공자들에 대한 지원

서비스에 참여하고 있는 종사자들이 서로 정보를 공유함으로써 서비스의 중복을 피하고 다른 기관의 서비스에 대한 이해를 도모할 수 있다. 아동에게 필요한 전문서비스를 제공할 가능성을 높이며, 궁극적으로는 지역발전에 기여하게 된다.

- 중복서비스를 제공할 가능성이 없음
- 다른 기관들에 대한 이해
- 전문성 향상
- 지역 발전 참여 및 기여
- 관련 기관들의 연계 강화

(3) 아동과 가족이 원하는 서비스 제공

- 아동이 원하는 다양한 서비스를 제공할 수 있다. 이를 테면, 건강, 교육, 사회보장서비스 및 주거서비스를 제공할 수 있다.[5)]

5) 장애아를 둔 가족의 경우, 평균 10개 기관에 속한 전문가들을 만나고, 1년에 20회 이상 의료관련 서비스를 제공받는다.

2) 성공적인 연계 체계 구축의 요건

연계 체계를 구축하는 데 필요한 보편화된 일반적 원칙은 없다. 이는 연계 체계 자체가 각 지역별로 갖고 있는 자원이 다르고 다양한 배경을 갖고 있는 사람들이 관여하기 때문이다.

아동보호서비스 관련 기관 간의 연계 체계의 성공요인은 ① 전략 수립(Strategic), ② 연계 체계 운영(Operational), ③ 지역사회와 민간기관의 참여(Community and voluntary sector involvement), ④ 평가(Evaluation)의 네 가지 측면으로 설명할 수 있다(http://www.everychildmatters.gov.uk).

(1) 전략 수립

- 공통의 목표를 수립
  공동의 목표를 수립할 때 네트워킹이 보다 간결하게 작동된다.
- 시간계획을 수립
  한 서비스를 제공하여 소정의 목적을 달성하는 데 필요한 적정 시간을 배분
- 각 관련 기관들의 역할과 책임 규정
  구조가 간결할수록 기관들 간의 의사소통이 활발하고 회의도 최소화할 수 있다.
- 기존의 협력 체계를 활용
  시간을 단축, 효과 상승
- 동일한 행정적인 한계
- 각 지역의 기초자료 확보

(2) 연계 체계의 운영

- 비전과 목적의 명료화
- 각 기관의 역할규정
- 인력활용
  보수와 조건이 비슷한 인력들이 팀을 이루도록 함. 공동교육 네트워킹에 필요

한 기술 습득(Common Core of Skills and Knowledge for the Children's Workforce 개발)

- 기관 간 협약체결
- 정보의 교환

(3) 지역사회와 민간기관의 참여

- 필요한 자원(예, 재정) 지원
- 피드백
- 외부 장애요인 극복
- 내부 장애요인 극복(재정, 물리적 환경, 역량부족, 리더십의 결여, 관리역량)

(4) 평가

- 다양한 평가방법
- 비슷한 평가척도의 사용 : 각 기관이 사용하는 평가도구가 비슷한 내용, 수준이어야 함.
- 도전 : 목표한 바를 달성하지 못했다고 해서 반드시 실패했다고 평가하지 않음.

이와 같은 요인들은 지역사회 관련 기관들 간의 연계 체계 수행규정이나, 업무매뉴얼, 평가척도 및 지침, 교육계획 등을 수립할 때 충분히 고려되어야 할 것이다.

3) 지역사회 네트워킹의 형태

영국 정부가 추진하고 있는 연계 체계는(DfES, 2004) ① 관련기관의 위원선정(multi-agency panel), ② 관련 기관의 팀 구성(multi-agency team), ③ 통합서비스(integrated service)의 세 가지 모델로 구분할 수 있다. 관련기관의 위원선정(multi-agency panel)은 관련자들이 자기가 원래 근무하던 기관에 소속된 직원 신분으로 연계 체계에 참여하는 모델이고, 관련 기관의 팀 구성(multi-agency team)

은 연계 체계를 이루기 위해 각 소속 직장으로부터 차출된 직원들이 새롭게 조직을 구성하여 활동하는 것으로 이들은 지도와 훈련을 통해 소속기관과 연결된다. 통합서비스(integrated service)는 지역사회의 서비스 제공의 허브기능을 담당하는 것으로 다양한 서비스 제공 기관들을 끌어들인다.

다음에 제시될 네트워킹의 형태는 이 세 가지 유형 어느 경우에도 해당된다.

(1) 최종 목표 수립

지역사회기관들의 연계 체계를 통해 달성하고자 하는 장기 목표를 수립하여 이를 중심으로 실천전략을 개발한다.

- 각 지역과 국가 차원의 목표를 고려
- 목표에 따른 지표 설정
- 각 목표에 대한 세부 수행평가 준거를 개발하고 관련 기관들은 아동보호서비스를 계획할 때 이를 충분히 반영하여 계획을 수립해야 함.

아동복지서비스를 통해 달성하고자 하는 국가적 목표가 수립되어야 하며, 이것은 지역사회의 필요를 반영해야 한다. 아울러 수립된 국가 목표가 지역사회에서 정책을 개발하는 과정에서 충분히 반영되어야 하고, 이를 통해 일관적 국가 정책 운용을 가능하게 해야 한다.

(2) 필요한 서비스 제공 – 관련 기관의 참여 제도화

다양한 지역사회기관들이 참여하여 아동에게 필요한 서비스를 직접 실행하는 과정이다. 경찰과 의료인력, 지방 정부는 이 과정에서 중추적 역할을 수행해야 한다. 문제 아동만이 아니라 일반 아동들을 위한 각종의 프로그램이 제공될 수 있도록 다양한 기관이 참여할 수 있어야 한다. 학교는 주요한 협력기관이 될 수 있어야 하며, 전략적 파트너가 되어야 한다. 각 관련 조직들 간의 효과적인 의사소통이 필요하고, 이를 위해서 강력한 공조가 필요하다.

- 위험으로부터 보호

- 개별화된 양질의 서비스 제공
- 자신의 잠재력을 발현할 기회를 부여
- 효과적인 조기개입
- 효과적이면서 전문적인 서비스 제공
- 필요할 때 꼭 필요한 지원을 받도록 하는 것임

(3) 공통 평가척도 사용 및 정보공유

아동보호서비스 관련 기관들이 독자적인 평가척도를 갖고 아동에게 필요한 서비스가 무엇인지를 확인하게 되면 혼란이 야기된다. 아동의 발달초기에 아동을 대하게 되는 학교, 방문보건인력, 아동센터, 보육시설, 유치원 등이 아동이 처한 위험상황의 정도를 평가하고, 아동이 필요한 서비스의 내용을 파악하기 위해 공통의 평가척도를 사용해야 한다. 평가하는 데 소요되는 기간과 평가횟수를 줄일 수 있다. 또한 지역의 각 기관들이 갖고 있는 정보를 공유하는 정도가 많을수록 네트워킹의 긍정적 효과가 나타날 것이다.

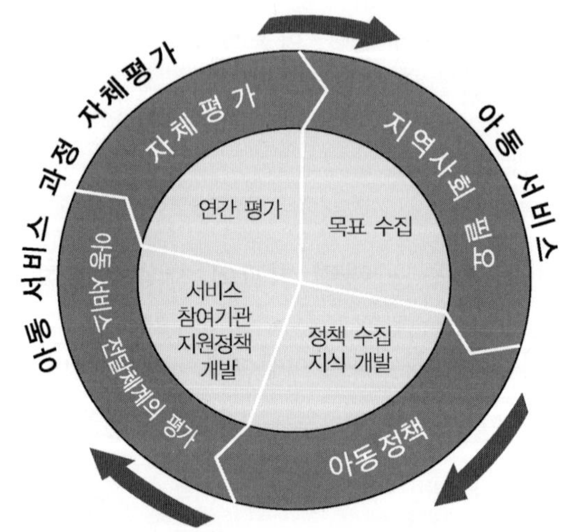

[그림 10-2] 서비스 과정

- 공통의 평가척도(CAF: The Common Assessment Framework) 개발, 사용
  아동, 가족, 각 지방 정부의 필요를 확인하기 위해 초기에 공동 평가 실시

- 정보의 공유

가능하면 아동발달 초기에 평가할수록 아동에게 필요한 서비스를 정확하게 제공할 수 있기 때문에 아동문제의 예방에 효과적이다. 각 기관이 사용할 발달검사, 가족위기 사정평가 체크리스트를 공동개발, 사용할 수 있어야 한다.

(4) 관련 기관의 통합

아동법 2004는 연계 체계의 최종 책임을 아동서비스담당관(Director's of Children's Service)에게 부여하였다. 모든 정부는 지역아동보호국(Local Safeguard Children Board)을 설치할 것을 명시하였다. 지역아동보호국은 연계 체계 운영에서 중심적 역할을 수행한다.

각 지역의 아동정책을 수립할 때는 지역사회의 요구를 확인하고 예산을 공동으로 배정할 수 있어야 한다. 아동에게 긴요한 사안에 중점을 두고, 각 지역과 국가목표의 우선순위가 조화롭게 구성, 실천되어야 한다. 참여기관들이 아동서비스에 소요되는 비용의 일부를 각 기관의 예산의 범주에서 사용할 수 있어야 한다.

(5) 관련 기관들의 역할분담

- 협조체제: 모든 관련 기관들의 적극적인 참여
- 명확한 역할분담
- 책임소재를 분명히 함.
- 신뢰를 바탕으로 비전을 공유

[그림 10-3] 지역 관련 기관 간 네트워크의 운영

03 시사점 및 전망

영국 아동정책이 우리나라 아동정책 및 서비스 전달 체계에 주는 시사점을 정리하고 향후 전망을 해 보면 다음과 같다.

1) 아동정책을 전담하는 독립된 부서의 설치

여러 부처에 분산되어 있는 아동정책 실행 체계에서 아동정책을 실행하는 전담 전달 체계를 창설함으로써 아동을 중심에 둔 효과적인 아동정책의 실행을 촉진할 수 있는 체계로의 전환이 요구된다. 고든브라운 총리가 아동, 학교, 가족부(Department of Child, School, and Family)를 신설하고 세계에서 아동이 살기 가장 좋은 영국을 만들고자 하는 영국 정부의 노력을 눈여겨 볼 필요가 있다. 교육기술부(DfES)의 아동청소년가족국에서 아동청소년 업무를 관장하는 것은 아동청소년정책의 집중과 실효성을 높이기 어렵다는 판단에서 아동, 학교, 가족부(Department of Child, School, and Family)를 설치하였다.

아동과 관련된 업무들이 여러 정부부처에 산재되어 있어 정책의 효율성을 기하기 어렵다는 지적이 오래전부터 여러 영역에서 지적되었다. 미래사회를 이끌어 나갈 수 있는 정책을 개발하기 위해서 아동은 자신을 보호하기가 어렵고, 어릴적 손상의 경험이 평생 동안 적응의 문제를 초래할 수 있으며, 이를 보완하기 위한 사회비용의 부담이 크다는 사실에서도 아동업무를 전담할 수 있는 행정기구의 신설이 요청된다.

아동정책의 효율적인 추진을 위해서 필요한 일은 아동 현실을 정확하게 반영하고 있는 정책과 프로그램을 구성하는 것, 그리고 그것을 집행할 행정 체계를 구비하는 작업일 것이다. 변화하는 사회현실을 반영하는 아동정책의 이념을 적절히 수용해 낼 수 있는 합리적인 기구의 정립이 필요하다.

그렇다면 아동정책을 전담하는 기구를 필요로 하는 이유는 무엇인가? 그러한 변화를 요구하는 배경을 다음과 같이 구체화할 수 있다. 첫째, 아동권리 보호, 둘째, 보편주의 서비스 지향, 셋째, 아동정책의 업무추진의 효과성은 아동정책을 전달하는 전담기구의 필요성을 논의하는 근거가 될 수 있다. 이는 아동정책을 수립하고 추진하는 과정에서 가장 기본적으로 전제되어야 할 것은 아동권리보호여야 한다는 국내·외적인 동의가 있고, 아동정책의 근간을 이루는 아동복지법의 기본 이념이 보편주의를 지향하고 있으며, 정책의 실행에 있어서 효과성은 정책수행의 결과를 보여주는 중요한 지표가 되기 때문이다.

2) 아동정책 행정 전달 체계의 확립

한국 아동복지서비스가 요보호 아동을 주 대상으로 문제가 발생한 후 사후개입에 초점을 두는 협의의 서비스 체계에서 모든 아동들과 가족을 위한 예방적 서비스가 기반이 된 아동복지서비스와 지원 체계로의 변화를 꾀할 수 있기 위해서 아동관련 행정부서의 전담화 가능성을 짚어보고자 한다.

(1) 아동정책의 이념 정립

아동정책을 개발하고 이를 실행할 전담 행정 기구를 두는 것은 아동정책의 효과

성과 효율화를 높이는 데 필수적이다. 그러나 이 보다 더욱 중요한 것은 아동에 대한 사회의 합의이다. 한 사회가 아동을 어떻게 이해하고, 규정하며, 이들에게 어떠한 가치를 부여하는 가는 아동정책에 대한 철학과 이념의 토대가 된다. 아동을 사회적 약자 내지는 소수 집단으로 이해하는가, 사회의 주류로 이들을 받아들일 것인가는 아동정책과 이를 집행하는 전달 체계를 구성하는 근거가 된다. 아동정책의 이념이 추구해야 할 방향을 제시하면 다음과 같다.

- 아동이익 최우선의 원칙을 가장 중요하게 고려한다.
- 일반아동을 대상으로 하는 보편주의 아동복지정책을 지향한다.
- '아동'에 대한 사회의 차별을 극복해야 한다.

(2) 부처 간의 연관성 제고를 위한 조정기구의 활성화

유엔아동권리위원회는 다양한 정부부처에 의해 운영되는 모든 아동 관련 정책과 프로그램을 조정할 권한을 가진 상설 중앙기구가 없음을 지적하고 모든 아동 관련 정책과 프로그램에 대한 조정 책임을 지는 상설 중앙기구를 구성하고, 그 기구가 책임을 효과적으로 수행할 수 있도록 필수적 권한과 충분한 재정, 인적, 물적 자원을 보장할 것을 권고하였다. 이러한 유엔아동권리위원회의 권고에 따라 정부는 아동복지법 제4조 2에 의거 2004년 아동정책조정위원회를 신설하였다. 아동정책조정위원회(위원장: 국무총리)를 효율적으로 운영하기 위하여 산하에 아동정책실무위원회(위원장: 복지부차관)가 설치 · 운영되었다.

아동정책조정위원회는 여러 부처에서 추진하고 있는 아동정책에 대한 조정, 정책의 이행 감독 및 평가 등을 담당함으로써 아동정책의 효과성을 제고한다. 아동단체장 또는 아동관련 전문가가 위원회에 참여함으로써 아동정책의 수립에서 평가에 이르기까지 민간의 참여가 확대되었다. 실무위원회 산하에는 아동권리, 아동안전, 빈곤아동 등의 분과위원회를 설치하여 분야별로 아동정책을 수립 · 점검하며, 정책의 실효성을 검토한다.

그러나 이 기구를 정부 내에 정책조정 기구의 형태로 두게 됨으로써 전문가들로 구성된 정부 관련 부처 간의 아동정책에 대한 의견 조정과 행동계획을 수립하는 데 기여할 수 있지만, 위원들의 임무와 권한에 대한 분명한 규정이 없어 자칫 개괄적인 정책제안을 하는 것으로 이들의 역할이 제한되었다. 아동정책조정위원회의 상설 운영이 가능한 방안을 검토해 보아야 할 것이다.

(3) 아동 관련 업무수행 부서의 위상 강화

아동정책을 다루는 부서의 업무를 정책 실행의 최우선 순위에서 다룰 수 있어야 한다. 아동, 학교, 가족부(Department of Child, School, and Family)는 아동과 청소년에 대한 정책 성과를 높이기 위해서 전 부처를 포괄하고 있다.

3) 아동정책 부서의 기능 활성화를 위한 제도 확립

(1) 장기적인 아동정책을 수립하기 위한 아동조사 실시

아동정책을 수립하는 데 정확한 통계와 자료를 수집하는 것은 필수적이다. 우리나라의 1차, 2차 국가보고서에 대해 유엔아동권리위원회는 모니터링을 위한 정보수집 체계를 구축할 것을 권고하였다. 기존의 아동관련 통계들은 아동을 중심으로 생산되고 있지 않다. 대부분의 기본 통계가 5세 간격으로 구분되고 있다. 18세 미만 아동을 별도로 구분하고(한국아동단체협의회, 2004), 아동을 중심으로 한 통계의 재생산이 요구된다.

(2) 의회의 아동 관련 의회분과위원회의 구성

아동 폭력을 다루는 정부부처와 아동폭력 등의 문제를 다루는 의회분과위원회 구성을 고려해야 한다. 양부모에 의한 아동학대로 사망한 Victoria Climbié 사례가 바로 다음날부터 의회에서 논의되었고, 이에 대한 아동보호를 위한 새로운 입법추진을 과정이 정부에 의해 계속해서 보고서 형태로 출간되었고, 아동보호 입법을 추진한 'Clevland 보고서'의 분석이 해마다 계속되는 것을 보면서 의회의 관심이 아동보호서비스의 직접적인 변화를 유도해 낼 수 있다는 것을 확인하였다.

(3) 독립적인 모니터링 기구의 구성

모니터링은 아동정책의 효과성과 실효성을 높일 수 있는 중요한 활동이다(Children's Rights Alliance for England, 2004). 여러 부처에서 추진하고 있는 아동정책을 조정하고, 정책의 이행을 감독하며, 아동정책의 효과성을 평가하는 아동정책조정위원회는 아동생활 상황을 점검하고, 아동권리 침해 사례에 대한 구체적인 구제활동 등을 펼치는 아동권리모니터링 기구, 즉 옴부즈퍼슨제도와는 다르다. 따라서 아동정책조정위원회와는 다른 차원에서 아동권리 침해 사례에 대한 구제활동과 아동권리 옹호활동을 수행하고, 아동에게 영향을 주는 정부의 정책과 활동을 규칙적이고 지속적으로 파악할 수 있는 독립적인 아동권리모니터링 실행기구가 공적체계 내에 구성되어야 한다. 이를 통해 체계적인 아동정책 실행이 가능하게 될 것이다.

생각하기

1. 우리나라 아동정책 부처 및 부서를 조사해 보자.
2. 영국의 아동정책 행정 체계의 특징이 무엇인지 논의해 보자.
3. 건강한 아동발달을 돕기 위해서 우리나라가 지향해야 할 아동정책의 방향은 무엇인지 논의해 보자.

❙ 참고문헌 ❙

한국아동단체협의회(2004). 2004년 아동권리모니터링결과보고서. 한국아동단체협의회.

황옥경(2002). 영국의 아동보호 제도 분석-스코틀랜드의 아동문제 청취제도를 중심으로-. **아동권리연구**, 6(1), 5-30.

Atkinson, Wilkin, Stott, Doherty & Kinder(2002). Multi-agency Working: A Degailed Study, NfER.

Children's Rights Alliance for England(2004). State of Children's Rights in England 2004: Annual review of UK Government action on 2002 Concluding Observations of the United Nations Committee on the Rights of the Child. http://www.crae.org.uk/

cms/.

DfES(2004). *Every Child Matters: Change for Children*. Nottingham, UK: DfES Publications.

Hallam, Castle & Rogers(2004). Research and Evaluation of Behaviour Improvement Programmes: Interim Report. London: Institute of Education.

NFER(2004). Qualitative Study of the Early Impact of on Track.

Pettit B.(2003). Effective Jonint Working between CAMHS and Schools: research report RR412.

Yorkshire and Humber Children's Fund(2004). Making the Case for Prevention.

www.everychildmatters.gov.uk.

저자 소개

■ **황 옥 경**

한남대학교 가정교육과
숙명여자대학교 대학원(가정학석사)
숙명여자대학교 대학원(이학박사)
영국 Edinburgh 대학 Post-Doctoral Researcher
영국 Stirling 대학 Post-Doctoral Researcher
영국 Dundee 대학 Mphil. 수료(Child Care and Child Protection)
현재, 서울신학대학교 보육학과 교수

사회 속의 아동
-영국의 아동 관련법과 정책에 나타난 변화와 도전-

초판 1쇄 인쇄 2009년 5월 15일
초판 1쇄 발행 2009년 5월 20일

저　　자 | 황옥경
펴 낸 이 | 김기섭
책임편집 | 박윤정
표　　지 | 이상은
펴 낸 곳 | 창지사 www.changjisa.com
121-809 서울시 마포구 대흥동 161
전화 (02) 719-2211~3
팩스 (02) 701-9386
등　　록 | 1977년 4월 28일 · 제1-421호

ISBN 978-89-426-0530-9 93370
값 13,000원